böhlau

UNSER EUROPA

Kulturschaffende nehmen Stellung

Im Auftrag des Niederösterreichischen P.E.N.-Club
herausgegeben von Susanne Dobesch und Kurt F. Svatek

BÖHLAU VERLAG WIEN KÖLN WEIMAR

KULTUR NIEDERÖSTERREICH

Veröffentlicht mit freundlicher Unterstützung
der Abteilung Kunst und Kultur des Landes Niederösterreich

Bibliografische Information der Deutschen Nationalbibliothek:
Die Deutsche Nationalbibliothek verzeichnet diese Publikation in der
Deutschen Nationalbibliografie; detaillierte bibliografische Daten
sind im Internet über http://dnb.d-nb.de abrufbar.

Umschlagabbildungen: Die Flaggen von Österreich und Europa
(© Alexander Tuma / picturedesk.com)

Korrektorat: Katharina Krones, Wien
Einbandgestaltung: Michael Haderer, Wien
Satz: Michael Rauscher, Wien
Druck und Bindung: Generaldruckerei, Szeged
Gedruckt auf chlor- und säurefrei gebleichtem Papier
Printed in the EU

Vandenhoeck & Ruprecht Verlage | www.vandenhoeck-ruprecht-verlage.com

ISBN 978-3-205-23288-9

Inhalt

Inhalt

ZUM GELEIT

Johanna Mikl-Leitner

Europa sind die Menschen, die hier leben und das Fundament bilden, das alles zusammenhält

Als Landeshauptfrau von Niederösterreich, eines Landes, das in weiten Teilen so lang und so hart unter der Teilung Europas gelitten hat, ist es mir besonders wichtig, immer wieder zu betonen, wie wichtig der Fall des Eisernen Vorhanges, dessen Dreißig-Jahr-Jubiläum wir heuer begehen, für unser Land war und ist:

Niederösterreich hat vom Fall des Eisernen Vorhanges ebenso wie vom Beitritt zur Europäischen Union unglaublich profitiert. Dieses zentrale Ereignis hat unser Bundesland vom Rand in das Herz Europas gerückt. Heute sind wir eine selbstbewusste Region inmitten Europas, heute ist Niederösterreich ein Land, das wertgeschätzt wird, das gehört wird und dessen Meinung wichtig ist.

Wer aber Europa will, muss die Fragen nach dem »Warum Europa?« und »Wofür Europa?« immer wieder stellen. Wer Europa will, muss immer wieder darauf Antworten geben, ob wir überhaupt noch ein gemeinsames Europa brauchen.

Die Frage nach dem Warum ist dabei leicht beantwortet: zum einen, weil heute nicht mehr Länder, sondern Kontinente miteinander in Konkurrenz stehen. Wir leben in einem kleinen Land auf einem Kontinent, der kleiner ist als andere. Wenn wir da nicht zusammenhalten, verlieren wir. Zum anderen hat die Europäische Union seit ihrer Gründung maßgeblich zu Wohlstand und Stabilität in einem geeinten Europa beigetragen. Als größtes Friedensprojekt des 20. Jahrhunderts hat sie eine positive Gestaltung der Zukunft ermöglicht.

Auch das Wie wird immer klarer: mit Entscheidungsstärke, Bürgernähe und Effizienz. Das heißt, wir brauchen mehr und weniger Europa zugleich. Mehr dort, wo Europa groß sein kann, dort, wo nur Europa Wichtiges schaffen kann. Also mehr von den großen Linien in der Sicherheits-, in der Wirtschafts- und in der Außenpolitik. Weniger wiederum dort, wo es die Staaten besser können. Weniger dort, wo sich Europa in das Leben der Menschen zu sehr einmischt. Auf den Punkt gebracht: weniger Regulierungen und weniger Vorschriften.

Und erfolgreich wird Europa dann sein, wenn es den Menschen ein sicheres Zuhause bietet, wenn es auf Zukunftsthemen setzt und Regionen und Menschen miteinander vernetzt, wenn es weiterhin auf die Regionen und gewachsene Strukturen setzt und wenn es auf die Stimmen der Bürgerinnen und Bürger hört.

Statt europäisch oder national sollte es also heißen: europäisch und regional. Europa ist unser Dach, die Region ist unser Wohnzimmer. Beides gemeinsam ist unser Haus. Und noch eines ist ganz wichtig: Europa sind nicht »die anderen« oder »die da draußen in Brüssel«. Europa ist in jeder unserer Gemeinden, aus denen wir alle kommen, Europa sind die Menschen, die hier leben und das Fundament bilden, das alles zusammenhält.

Und Europa ist auch in dieser Anthologie des Niederösterreichischen P.E.N.-Clubs, die angetreten ist, mit Schriftstellerinnen und Schriftstellern, mit Expertinnen und Experten und Engagierten Brücken zu bauen und den Dialog über Ländergrenzen hinweg zu pflegen. Ich bin überzeugt, »Unser Europa« ist ein wichtiger Beitrag, die europäische Idee mit Leben zu erfüllen.

Ich wünsche allen Leserinnen und Lesern eine ebenso emotional berührende wie informative, ebenso spannende wie hintergründige, ebenso aufschlussreiche wie Optimismus verbreitende Lektüre.

Johanna Mikl-Leitner,
Landeshauptfrau von Niederösterreich

Susanne Dobesch u. Kurt F. Svatek

Die Vielfalt Europas spiegeln

Der Niederösterreichische P.E.N.-Club hat es sich zur Aufgabe gemacht, Autoren des Österreichischen P.E.N.-Clubs, die im In- und Ausland leben, einzuladen, sich an einer Anthologie zum Thema »Unser Europa« zu beteiligen. Darüber hinaus haben für dieses Buch auch noch weitere prominente Kulturschaffende Beiträge eingereicht. Wir wollten danach fragen, was Europa für den Einzelnen bedeutet. Österreich hat durch den Beitritt zur EU wirtschaftlich und interkulturell einen großen Aufschwung erlebt, wenn auch immerwährender Reformbedarf im Klub der Mitgliedsstaaten besteht. Deshalb stehen wir in Europa vor vielen ungelösten Problemen, wie dem Brexit, dem Urheberrecht, dem Umweltschutz und der Konkurrenz von Großmächten, die den alten Kontinent bedrängen. Möge dieses Buch dazu beitragen, die Vielfalt Europas zu spiegeln und die Zuversicht zu stärken, dass Europa nicht nur eine große Geschichte hat, sondern auch eine große Zukunft.

Warum? – Weil wir Kunst und Kultur haben, Wissenschaft und Forschung. Diese Disziplinen haben uns groß gemacht, und darauf sollten wir vertrauen. Diese Anthologie widmet sich der Kunst, die es wert ist, unter die Lupe genommen zu werden, sich zu präsentieren und in den Vordergrund zu drängen.

Wie wollen wir das angehen?

Unsere Lebenswelt »Europa«, der Bereich der alltäglichen Erfahrungen und Verständigung, beruht auf einem von uns selten diskutierten, weil als selbstverständlich vorausgesetzten, gemeinsamen Bestand an Regeln, an fundamentalen Urteilen, an Gewohnheiten.

Wir haben Gewissheiten, die niemand in Frage stellt. Man kann z.B. Antirealist sein, allerdings nur im philosophischen Seminarraum, aber nicht in der Wirklichkeit. Das betrifft auch den Bereich unserer moralischen Überzeugungen, der sich nicht einfach über einen Theorieentwurf verändern lässt.

Kunst und natürlich auch Wissenschaft sind wichtig. Wichtig für uns, wichtig für Europa. Wir Autoren und Künstler haben uns der Kunst verpflichtet und damit auch der Autonomie.

Warum ist die Autonomie der Kulturschaffenden so wichtig? Prozesse der Innovation sind Vorgänge, die von außen nicht steuerbar sind. Sie verlangen ein Offensein, ein Nichtkontrollieren, damit Ungewöhnliches. Auch Widerspenstiges entsteht. Eine kontrollierte Kunstentwicklung ist unvorstellbar. Der Sinn dieser Autonomie ist es, Freiheit zu schaffen, Freiheit für die Kunst.

Daher hat es der Niederösterreichische P.E.N. den Künstlern für dieses Buch völlig freigelassen, was und wie sie über Europa schreiben wollen. Innovation in der Kunst braucht ein Klima der Toleranz, und Irren ist keine Schande. Das Buch soll auch das Besondere in der Gesellschaft fördern. Es gehört zum Ethos und großen Kreativitätspotenzial unserer Gesellschaft, auch Abweichungen, Unbequemes, vielleicht sogar abwegig Erscheinendes zu fördern. Viele kühne Entwürfe finden sich daher in diesem Kompendium. Wir suchen darin den Dialog innerhalb des P.E.N., aber auch den öffentlichen Diskurs.

Somit sollten wir den Kulturstaat, dem wir in irgendeiner Form angehören und der mit diesem Terminus nicht in der Verfassung steht, aber zur Essenz der staatlichen, ja auch der europäischen Realität gehört, mit Leben erfüllen.

Kultur ist das, was dem Leben der einzelnen Person erst seinen Sinn gibt. Die Kunst soll in Europa im Mittelpunkt stehen, weil dies die Zukunftschancen ganz wesentlich beeinflussen wird.

KULTURSCHAFFENDE NEHMEN STELLUNG

Dato Barbakadse

Das Epizentrum*

As one that would draw thru the node of things,
Back sweeping to the vortex of the cone.
Ezra Pound, Plotin

§ 1
Liebe, ängstlich gen die Erde gerichtet,
geleitet mit Körpern,
die den gegensätzlichen Teil zum Ganzen bilden:

der Orbit, der einen Weg –
überfüllt mit ausradierten Wegzeichen – einschlug:

die Freiheit der sich ständig verändernden Größen
einer einzigen Bewegung –
die Liebe der Vorliebe
für vollkommen pulsierende Dunkelheit:

§ 2
Quasi: ausradiert von Menschen,
denen die Vergangenheit mehrerer Wege offenbart wurde:

die Vergangenheit des endgültigen Ergebnisses
irgendwann errichteter Wegzeichen
anderer mehrmals ausgetauschter Wegzeichen:

die Vergangenheit
im Namen des Guten erloschener Sterne,
die immer noch
mit ängstlicher Liebe läuten:

§3
Quasi: die Ästhetik des Beischlafes der Sterne,
überwunden im Namen des Lebens
von unbekannten innerlichen und äußerlichen Wesenheiten:

überwunden von Menschen, die im Lärm unseres Strebens pulsieren
und durch die Kraft unseres Auges
zusammenleben:

die, begleitet durch Bewegung,
nur durch die Flügel belastet,
in Vollkommenheit pulsieren.

§4
Weswegen:
der Atem des Dichters,
der mit einem endloseren Erdball bezaubert,
dank einer weiteren Sonne flammend,

der, in einen Stier verwandelt,
Europas Bitte erfüllte
und sie nach Kreta entführte,

damit es ihm, der ohne Gedächtnis geblieben,
dem in die Liebe Verliebten,
zu sehen gelänge:

einmal einen,
mit dem Wind aller Zeiten und Nächte gewobenen,
auf den Hungrige und Durstige ihre Hoffnung bauen:

fruchtreichen Baum.

* Aus dem Georgischen ins Deutsche übertragen vom Autor, redigiert von Gitte Walthers

Michael Benaglio

Willkommen Menschenrechte, Willkommen Europa

Willkommen Europa
Königin der Menschenrechte
Auf deinem blumenübersäten Thron
Sitzen wir alle
Reichen uns die Hände
Leben den Traum, Utopia
Einer freien Gesellschaft im Sonnenlicht
Schwestern und Brüder des Planeten
Im Kreis des Lebens
Im Tanz der Ekstase
Sagt jetzt nicht
Ich rede von Illusionen, von Gutmenschenträumen ohne Gesicht
Die Zukunft im Wind der Sterne
Milchstraßenwirbel vor unser'm Gesicht
Spürt genau hin
Ohne Repression
Wollen Menschenrechte
Möchte Europa
Atmend
In unseren Herzen
In unseren verdammt alltagsverseuchten
Leistungsgesellschaftverklebten
Herzen wohnen.

Willkommen
Königin der Menschenrechte.
Hi, Europa!

Ana Bilic

Die Parabel zur phönizischen Königstochter*

Ein Mann saß alleine im Zuschauerraum und schaute sich die Theateraufführung an:

Eine Frau schrie, weil sie ohne Kind blieb. Ihre Schwester tröstete sie mit Schimpfworten und zertrümmerte einen Stuhl dabei – sie verdiente ihren Lebensunterhalt als Prostituierte. Einer ihrer Kunden war Arzt von Beruf und sein Hobby war die Bärenjagd. Nach der Jagd ging der Arzt normalerweise in die Kneipe und betrank sich mit Freunden. Ein Freund vom Arzt hatte einen taubstummen Sohn. Der Sohn wollte Balletttänzer werden, konnte aber keine Musik hören. Seine Mutter brachte sich um, als der Sohn einen Freund erdrosseln wollte.

Der Mann im Zuschauerraum applaudierte.

* Die Tochter hieß damals Europa.

Marzanna Danek

Europa

alte Matrone
Europa
sie hält sich an dem Frieden fest
Quereisen
Hexenfackeln
Massenwaffe Vernichtung
Zyklon B und Krematorien
sie hat gelernt zu extrahieren
bestimmte Schlussfolgerungen aus der Geschichte
mit Blut
mit der Hand ist das Löschen am schwierigsten
obwohl eine Hand wäscht die andere Hand

alte Europa
sie hat ein rotes Trauma
färbt graue Haare
bringt viel Pulver auf
und malt die Lippen
sie möchte die Göttin Athene erinnern
oder Mutter der Götter der Könige und Kaiser
sie träumt in Poesie
sie hat plastische Chirurgie gemacht
aber nicht lyrisch, aber verjüngend
das Gesicht des Kontinents glätten
die Falten der Staatsgrenzen verblassen
Haut zu eng
sie werde bald anfangen zu knacken

die alte Europa denkt nicht an das Grab
so viele von ihnen überall
dass er in ihnen für Teile ruht

alte Europa
dient Rat, Hilfe und Erfahrung
zum ersten Mal Gewicht anbringen
zur Würde
aufhören, die Verfassung mit der Prostitution zu verwechseln
Sitzung
in einem Schaukelstuhl
mit Diamanten und Gold geduscht
lächelt und ehrt die Reichen
weil die Armen ihre Kinder behindert haben
sie zählen nicht

für einige Zeit
Sitzung
düster
– Witwe der Nationen
versuchen zu zählen
verlorene Kinder

Wolfgang Georg Fischer

Mein Staatsvertrag

Ein patriotisches Gesellenstück*

Endlich hatte ich eine zum Vögeln und dann ist uns der Staatsvertrag im Wege gestanden wie ein Findlingsstein, der vom Berg gerutscht ist und den Weg versperrt.

Endlich hatte ich eine zum Vögeln und das endlose Nach-Hause-Begleiten nach dem Krampuskränzchen, die Opern- und Theaterbesuche, die kleinen Biedermeierbouquets, die koketten Rätselspiele bei Geburtstagsfesten »Wer hat die verführerischsten Augen« erster, zweiter und dritter Preis, die Sonntagsausflüge in den Lainzer Tiergarten, das Händchenhalten in den Nachmittagsvorstellungen des Burgkinos gehörten der Vergangenheit an wie »Werthers Leiden«, wie Szenen aus Liebhaberaufführungen einer begabten literarischen Gymnasiastengruppe – aber trotzdem nicht zu unterschätzen, denn auch die scheinbar kitschigsten Szenen und die grellsten Gartenzwerge sind noch Teil des weiten Landes der ersten Liebe, an die wir uns lebenslang erinnern werden. Diese kleinen Inseln der Konvention, welche ihre Erkennungsflaggen tragen mit Wappenbildern wie Krampuskränzchen, Opernbesuch mit »Zauberflöte«, Geheimzeichen der Blumensprache und Pentagramme der Rätselsprache, sind wie die runden Steine eines japanischen Wassergartens, auf denen man bestimmt und vorsichtig gehen muss, um zum Ziel zu gelangen: zur Mitte mit dem Becken der aufgeblühten Wasserrosen und mit der reich verzierten Pagode, unter deren geschwungenem Dach das Himmelbett der Vereinigung stünde …

Genug jetzt vom Schäferszenario mit den gleichaltrigen und jüngeren Inges, Heddas und Annemaries, man möchte doch Mann werden wie die Satyrn mit erigierten Schwänzen auf griechischen Vasenbildern und sich und der Welt beweisen, dass die irdische Liebe neben der himmlischen jenen biographischen Platz bekommt, der ihr schon lange zusteht.

Da wäre doch eine Einladung gestattet an die flotte Agnes mit dem Bubikopf, Französischdolmetscherin und mit nachweisbarer Vergangenheit als alleinerziehende Mutter, Nichte eines berühmten Literaten und vielleicht nicht abgeneigt, eine Freitagabend-Einladung in das Nobelbeisl »Weißer Rauchfangkehrer«, Ecke Weihburggasse und Rauhensteingasse, anzunehmen.

Ja, da könnte man sich erklären, ohne Biedermeiersträußchen und Händehalten, könnte ein bisschen »Großer Herr« spielen und mit dem Kellner die Feinheiten von vollmundigem Gumpoldskirchner und spritzigem Kremser besprechen. Da könnte man den stets anwesenden Hausastrologen und Handleser an den Tisch kommen und sich von ihm die Zukunft einer neuen Liebe voraussagen lassen. Wäre das nicht eine gute Bühne, um die Probe zu beenden und das Spiel beginnen zu lassen?

Der Hausastrologe spielte seine Rolle wie im Burgtheater, sagte uns eine sonnige Zukunft voraus, der Tafelspitz mit Kren war ebenso gut wie im Hotel Sacher und meine Lieblingsmehlspeise – Brandteigkrapfen mit Schokoladensauce – schmeckte uns beiden.

Ja, und man müsste die Worte des Hausastrologen nicht ganz so ernst nehmen, meinte Agnes; man könnte ja eine gemeinsame Reise, ein nahes Wochenende, ins Auge fassen, und so ist eine Fahrt nach Dürnstein, in die Wachau, an jenem Abend beschlossen worden …

Dürnstein als Wochenschau aus dem eigenen Leben, als Klischeebild einer idealen Donaulandschaft, eingehüllt in Rosen; Schneewolken von Pfirsichblüten, dort wo vormals der Sänger Blondel seinen König Löwenherz durch unermüdliches Spielen der Erkennungsmelodie wieder gefunden hat, dort im Zimmer 34 des Hotels »Richard Löwenherz« mit Blick auf die Donau hat jene Vereinigung stattgefunden, die dem denkwürdigen österreichischen Staatsvertrag eine untergeordnete Rolle in meinem damaligen Leben zugewiesen hat, für die sich jeder wahre Patriot nun schämen müsste …

Endlich hatte ich eine zum Vögeln, und jetzt ist auch noch die Liebe dazu gekommen – wie ein Geschenk des Königs Löwenherz an seinen treuen Sänger Blondel. Hand in Hand über das Kopfsteinpflaster des Stiftshofes gehen, sich über das Steingeländer der Balustrade der Stiftskirche mit dem feingeschwungenen Turm beugen und die an- und ablegenden Ausflugsschiffe betrachten, am Rand der alten Stadtmauer über die Landschaftsbühnen der alten Weinterrassen gemeinsam noch höher kraxeln, bis man die alte Raubritterburg am anderen Donauufer, dem Ort Schwallenbach gegenüber, sehen konnte, und der Kirchturm so klein geworden war wie eine Figur aus einem Halmaspiel, bei dem man nicht verlieren konnte!

Was gehen Agnes und mich die wie aus Pappkarton geschnittenen Schattenspielfiguren an, die – wie vom unsichtbaren Puppenspieler bewegt – über die Titelseiten der Zeitungen huschen? Kein Märchenspiel für Frischverliebte, diese Pantomime der Macht, vielleicht eher als Stoff für karikierende Übertreibungen, verwertbar im Sinne von Orwells »Animal Farm«. Den schlaksigen amerikanischen Außenminister John Foster Dulles könnte man als Giraffe auftreten lassen, gerade dem Zirkus Barnum & Bailey entkommen, seinen russischen Gegenspieler Wjatscheslaw Michailowitsch Molotow natürlich als Tanzbären, dem der Brite Harold Macmillan mit dem Schnauzbart in der Verkleidung eines schottischen Hirtenhundes nachzottelt und der kleine Franzose Antoine Pinay, als wäre er ein dressierter weißer Pudel, der auf den Hinterbeinen steht und rote Aktenordner mit diplomatischen Memoranden auf seiner feinen Nase balanciert.

Im Schattenspiel wäre auch das hinterhältige asiatische Lächeln Molotows nicht sichtbar, mit dem er die endlosen Verhandlungen im Kreml quittiert hat. Warum sollte sich der russische Tanzbär gerade aus Österreich zurückziehen, wo er sich doch überall sonst weiter nach Westen schieben möchte und nicht nur aus ganz Deutschland ein rotes Bärenland machen möchte, wie er es bereits in Polen, Ungarn, Rumänien, Bulgarien und in der Tschechoslowakei getan hat?

Müßige Fragen und unbeantwortbare Vermutungen …

Unser Glück ist ein Glas vom Dürnsteiner Flohhaxn, dem spritzigen Wachauer. Unser Glück ist auf dem kleinen Stückchen Land rechts und links von den Windungen der Donau, von der Wachau bis in den Nibelungengau hinein, nahe den Stiften Göttweig und Melk, und hier, im Gasthof »Löwenherz«. Hier in Dürnstein ist weit und breit kein russischer Besatzungssoldat zu sehen, der uns mit dem Hissen einer roten Sowjetfahne oder dem Anbringen von Hammer- und Sichel-Symbolen stören könnte.

Von Wochenende zu Wochenende leben, dazwischen Vorlesungen schwänzen, um im Zimmer eines kleinen Stundenhotels weiterzulieben. Ausflüge nicht nur in die Wachau, sondern auch in das Ötschergebiet und auf den Semmering einplanen, aber in den Zeitungen nur die Titel überfliegen – mit einem Wort: sich so benehmen, als wäre jetzt die Zeit der Erfüllung gekommen, von der selbst ein zwischen Venedig und Böhmen hin- und herpendelnder Casanova nur träumen könnte, das waren die Motive meiner kleinen Sehnsuchtssymphonie vom Frühjahr 1955. Privat und ungestört sollten sie unsere Uraufführung lassen trotz des Staatsvertrags, denn »mein Staatsvertrag« konnte ohne diplomatische Vorbereitungen und ohne politische Winkelzüge ausgeführt werden.

Das große Welttheaterspektakel hat, wie man weiß, auf dem Balkon des Belvederes stattgefunden. Da sind sie oben gestanden, hoch über den Köpfen Tausender befreiter, in Begeisterungsschreie ausbrechender Österreicher, die Inkarnationen ihrer Nationen: der hochgewachsene Amerikaner neben dem gedrungenen Russen, der wie aus dem Fauteuil eines Gentlemen-Club aufgestandene Brite neben dem kleinen französischen Tambourmajor, welcher als Außenminister statierte, und in der Mitte die Figur des Urösterreichers, die trinkfeste Gestalt unseres Poldl, Außenminister einer gerade souverän gewordenen Nation.

PROSIT!

In Karikaturen wird seinen gerührten Landsleuten gezeigt, wie er die russischen Granden des Zentralkomitees, die furchterregenden Kremlgewaltigen unter den Tisch trinkt und vom Zitherspieler Karas das Leitmotiv aus dem »Dritten Mann«, das Harry-Lime-Motiv, so lange vorspielen lässt, bis alle gerührt in Tränen ausbrechen und gar nicht anders können, als den österreichischen Staatsvertrag willig zu unterzeichnen.

Ja, und in der Mitte des Gruppenbildes aus der einzigen erfolgversprechenden Episode des kalten Krieges wirft unser Poldl die Arme empor, in denen er das unterzeichnete und gesiegelte Exemplar des Staatsvertrages hält, und ruft der Menge drei Worte zu, aufwühlend und weltbewegend wie ein klassischer Liebesschwur:

»Österreich ist frei!«

Muss nicht jeder gute Österreicher in dieser welthistorischen Stunde dabei gewesen sein? Muss nicht jeder wahre Patriot ein Bad in der Menge zwischen dem oberen und dem unteren Belvedere genommen haben?

Ich wette, dass neben den Tausenden im Park auch sieben Millionen Österreicher dabei gewesen sind zwischen Bodensee und Neusiedlersee, denn an Tagen der wundertätigen Ereignisse verlieren die physischen Orte des Daseins ihre Bedeutung – nicht mehr und nicht weniger als die diskutierbare Zahl der Engel, welche auf der Spitze einer Nadel Platz finden könnten (eine Spitzfindigkeit der byzantinischen Theologie), Hunderte, Tausende oder auch Millionen, ohne Probleme, sobald die irdische Beckmesserei aufgehoben ist und nichts mehr zu sagen hat.

Wird man mich bestrafen, wird man mich auf die schwarze Liste setzen, wird man mein ›mea culpa‹ jetzt, fünfzig Jahre später, als die schwächliche Rechtfertigung eines alten Mannes zu den Akten legen, wenn ich gestehe, dass ich an jenem 15. Mai weder ein Bad in der Menge im Park des Belvedere noch im Pilgerzug patriotischer Begeisterung zwischen Boden- und Neusiedlersee genommen habe?

Mein Staatsvertrag wird sich nicht in Archiven finden lassen, wird auf keinen Ölbildern der Unterzeichnungszeremonie nachzuweisen sein und in keinem Farbfoto eines Geschichtsbuches für die höheren Schulen Eindruck auf interessierte Maturanten machen können. Mein Staatsvertrag ist in der Form eines Wienerwaldausflugs mit Agnes in Erinnerung geblieben. Wir haben den Staatsvertrag einfach umgangen wie einen Felsblock, der dem Wanderer den Weg zu versperren scheint, dem man aber mit einigen geschickten Schritten nach links oder rechts leicht ausweichen kann.

Wir sind, statt in den Belvederepark zu gehen, mit der Straßenbahnlinie 38 nach Grinzing gefahren und haben dort den Autobus auf den Kahlenberg genommen und haben von oben wie der Polenkönig Sobieski und der Herzog von Lothringen 1683 beim Sturm auf die belagernden Türken hinunter auf die Stadt geblickt, ohne historische Parallelen zu ziehen, die mir erst hinterher eingefallen sind, ja ohne überhaupt ein Wort darüber zu verlieren, dass dieser Tag ein ebenso bedeutungsvoller sein könnte wie der herbstliche Befreiungstag von anno dazumal.

Hand in Hand sind wir von der Sobieski-Kapelle und vom Hotel Kahlenberg abgestiegen in Richtung Nussdorf, und am Weg über die »Eiserne Hand« sind wir bei einem Weingarten über den Zaun geklettert, um unter einem Weinstock zu rasten, als müssten wir Modelle zu einem bukolischen griechischen Vasenbild abgeben. Wir haben uns umarmt, geküsst und auf freiem Feld unter dem Weinstock geliebt.

So ist mir dieser Tag in ganz anderer Erinnerung geblieben als den vielen jubelnden und von der neuen Freiheit berauschten Menschen, wie sie von Fotoreportern und Wochenschaukameras für die Nachwelt festgehalten wurden.

* Die Grundlage zu diesem Text aus dem Jahre 2005 ist eine wahre Begebenheit vom Jahr 1955 (Staatsvertragsabschluss) aus meiner Biographie. Meine erste Freundin ist die Nichte des Dichters Felix Braun gewesen. Sie war die Tochter seiner Schwester Käthe Braun-Prager (1888–1967), hatte die NS-Zeit im Pariser Untergrund verbracht und dort 1944 ihre jetzt in Berlin lebende Tochter Tatjana Popovic geboren, deren Vater ein jugoslawischer kommunistischer Aktivist aus Montenegro gewesen ist. Tatjana Popovic gab ein Buch mit Texten ihrer Mutter unter dem Titel *Die Stadt der Ewigen und andere Novellen* und einem Werkverzeichnis und zahlreichen Abbildungen heraus. (Alekto Verlag, Klagenfurt 2000, Edition Mnemosyne, herausgegeben von Armin A. Wallas und Primus-Heinz Kucher, Band 11).
Uli war dreizehn Jahre älter als ich und die eher kurze Beziehung hatte viele schöne Höhepunkte. Uli übersiedelte später nach München und lehrte Französisch und französische Literatur an der dortigen Volkshochschule.

Frank Gerke

Traum Europa von T. L.

Für Thiên Long, the Love of My Life

1.
Irgendwann warst Du da
Vor meinem Angesicht
Sagtest, Du willst
nach New York geh'n

2.
Und ich fragte Dich:
Warum so überstürzt?
Und Du:
Alle wollen da hin

R1.
Du warst noch niemals in New York
Noch niemals in Berlin
Oder London, noch in Schwerin

Du träumst von London
Träumst von L. A.
Doch wohin soll Dein Traum schon geh'n?

IN MEIN HERZ ... Oder?

3.
Und ich fragte Dich:
Wohin treibt es Dich?
Immer nach meinem Traum
Sagst Du ... allein Du

4.
Also hoffte ich, fragte Dich?
Dein Leben interessiert mich nicht
Sagst Du. Und nun, was bin nun ich?
Eine Episode, letztlich ohne Dich

R2.
Du warst noch niemals in New York
Noch niemals in Berlin
Oder London, noch in Schwerin

Du träumst von Hamburg
Träumst von Hawaii
Doch wohin soll Dein Traum schon flieh'n?

WENN NICHT IN MEIN HERZ? – Das Du nicht brauchst?

5.
Und nun, mein lieber Freund
Hast Du erlangt, wovon Du einst träumtest?
Liebe, und so weiter
Nein, sagst Du, leider nicht

6.
Ich warte in Saigon
Warte auf Dein Licht
Auf dieses schönste Wort:
Ich hab' doch nur Dich

R3.
Du warst noch niemals in Saigon
Noch niemals in Hanoi
Doch hier mit mir, in meinem Herz

Traum Europa von T. L.

Du träumst von London
Träumst von L.A.
Doch wohin soll Dein Traum schon geh'n?

OHNE MICH? – EGAL, SAGST DU, OHNE DICH!

Jacqueline Gillespie

Vielen Ländern gehört mein Herz

Ich war von Anbeginn, so gänzlich ohne mein Zutun und bloß zufällig, lange bevor man auf diesem Kontinent meist daran gedacht oder es gar in den Mund genommen hat, Europäerin.

Es wird wohl ein kühler, feuchter Tag gewesen sein, an dem mein Vater in den mühseligen vierziger Jahren ein Schiff in einem britischen Hafen bestieg, durch Winston Churchills unerschrockene Reden inspiriert. Man umrundete Irlands Nordküste, nahm Kurs auf Gibraltar, Algerien war das Ziel. Atlantische Wogen gingen hoch, das Schiff schlingerte durch wilde See, und nicht jedem war es in diesen Momenten gegeben, noch für Künftiges zu brennen, so mancher sah seine letzte Stunde gekommen. Nach der Straße von Gibraltar jedoch glich das Mittelmeer einer großen Wasserwanne, Algerien war angenehm temperiert, nach Schottland vielleicht ein wenig zu warm, und die Wassermelonen köstlich.

In Afrika blieb man nicht. Man landete in Bari, rechts unten am Sporn des italienischen Stiefels, zog hinauf durchs ganze Land, bis ganz hinauf nach Österreich, kurz nur verweilte man in Rom. Die grüne Steiermark entzückte, erinnerte an grün britische Hügel, und in Wien, oder was davon noch übrig war, machte man tatsächlich Halt. In der Kommandantur des dritten Bezirks beim Stadtpark. Der Krieg, er war vorbei.

Der englischen Sprache war meine Mutter mächtig, nicht in der Partei und überdies für eine Mitgliedschaft beim Bund Deutscher Mädel zu alt gewesen. Zwei Jahre vor dem Ende des ersten Weltkriegs bereits geboren. Einer Tätigkeit als Dolmetsch für britische Befreier stand daher nichts im Wege.

So lernte sie meinen Vater kennen. Und was sie da gesehen, gefiel ihr nicht. Sein Aussehen schon – er war David Niven, einem britischen

Schauspieler, den man heute kaum kennt, äußerst ähnlich –, seine Manieren nicht. Arrogant, hat sie mir einmal erzählt, er hatte sie distanziert über den Rand seiner Times gemustert. Ein Jahr später waren sie verheiratet und blieben in diesem devastierten Wien. Für seine Frau war schottisches Wetter nicht konvenabel, fand der Herr Papa.

Mit dem Deutschlernen ließ er sich Zeit. Heutzutage undenkbar. Erst im Jahr 1958, dem Jahr meiner Geburt, trat er dem Gedanken näher. Und dennoch, zu Hause sprach er Englisch, bei der Sandkiste im Burggarten oder Volksgarten, oder mit meiner Mutter, plauderte ich Deutsch.

Für mich suchte und fand man einen englischen Kindergarten, am Rennweg gleich beim Belvedere. Ein großes Spielzimmer, doch einen Platz für mich, den gab es nicht. Nur im französischen Zimmer war etwas frei, hier durfte ich bleiben, bis im englischen Zimmer etwas frei werden würde. Als es dazu kam, konnte ich auf Französisch grüßen, bitten und danken, und meine Mutter fand es wunderbar, mich in die französische Schule zu schicken. Ins Lycée Français de Vienne.

Vor der Volksschule gab es damals noch ein Jahr Vorschule im Lycée, Kindergarten auf hohem Niveau. Am ersten Tag wurden wir in einer Zweierreihe vom Schulhof in die Klasse geleitet, daran kann ich mich noch erinnern. Auch daran, dass wir auf Deutsch einiges gefragt wurden, und daran, dass ich aus heiterem Himmel nur noch beharrlich englische Antworten gab, was die Aufsichtspersonen ein wenig durcheinanderbrachte. Eine kleine Mitschülerin entlarvte mich. Sie hat gerade eben noch vorhin Deutsch gesprochen, verkündete sie. Diesen Verrat nehme ich ihr noch immer übel.

Es waren meine schottischen Jahre. Mädchen und Kleider fand ich langweilig, aber mit einem Kilt als Kleidungsstück fand ich mich ab. Und wenn wir im Sommer in Schottland weilten, schluckte ich mit Todesverachtung und angehaltenem Atem Bissen eines alten fetten Hammels. Bei bittersüßer Orangenmarmelade auf salziger Butter, verzog ich keine Miene. Ich gehöre dazu, hatte ich wohl gedacht. Es hat sich bitter gerächt. Seit ich erwachsen bin, rühre ich kein Schaffleisch an, schon der Geruch ist mir unangenehm, höchst bedauerlich, es ist davon auszugehen, dass kulinarische Köstlichkeiten mir entgehen.

Von meinem fünften bis zu meinem achtzehnten Lebensjahr habe ich mehr Französisch als Deutsch gesprochen, Schule war von halb neun bis halb fünf. Meine französischen Jahre. Unterrichtet haben uns veritable Franzosen, uns im Geiste der großen Philosophen erzogen. Voltaire, Rousseau und Diderot. La Grande Nation, die Französische Revolution und ihre Ideale, und natürlich Napoleon. Wir konnten die Marseillaise singen, so wie in der Volksschule französische Kinderlieder. Beim Wiener Kongress war im Geschichtsunterricht dann oftmals Schluss. Allerdings kann ich mich nicht erinnern, dass großartig vom Vichy-Regime die Rede gewesen wäre.

Ein Teenager-Flirt aus Rom hat wohl zu meiner späteren Studienwahl mit beigetragen. Romanistik, Italienisch und Französisch. Mit der neuen Sprache erschloss sich eine weitere neue Welt.

Ich kann mich noch an ein Europa erinnern, in dem man an Grenzen halten und warten musste. Ich kann mich noch an ein Europa erinnern, in dem wir, wenn wir im Sommer in die schottische Heimat fuhren, vier Brieftaschen für Devisen mitführten. Für Deutschland, Belgien, Frankreich und Großbritannien. Nach der Rückkehr sammelte man das Kleingeld in Säckchen für die nächste Reise, Banken tauschten Münzen nicht um. Bei der nächsten Reise wusste man nicht mehr, wo man die Säckchen denn hingegeben hatte.

In meiner Studentenzeit war ich Schifahren in Tirol, fuhr zurück über das Deutsche Eck. An der Grenze zückte ich meinen britischen Pass, einen österreichischen besaß ich nicht. Man wollte meine Aufenthaltsgenehmigung sehen, das fand ich spaßig. Ich hätte schon immer hier gelebt, erklärte ich lächelnd, seit Jahrzehnten zahle meine Vater Steuern. Ob er mir das glauben solle, fragte der Zöllner. Das bleibe ihm unbenommen, erwiderte ich amüsiert. Nach kurzem Zögern winkte er mich durch.

Als mein Mann und ich im Rathaus das Aufgebot bestellen wollten, war die Sachbearbeiterin in heller Aufregung. Eine Doppelstaatsbürgerschaft könne ich nicht haben, das wäre gegen das Gesetz, Rücksprache mit einem Kollegen müsse sie halten. Bis sie wiederkehrte, war mir die Lust auf unsere Hochzeit vergangen. Es löste sich in Wohlgefallen auf. Die Änderungen waren erst nach meinem Geburtsjahr in Kraft getreten und betrafen mich nicht. Die Doppelstaatsbürgerschaft war meins.

Eines Tages fuhren wir nach Spanien, meine Mutter, unser vierjähriger Sohn und ich. Ich habe mit unserem Sohn bis zu seinem zwölften Lebensjahr nur französisch gesprochen. Nun saßen wir also hier in einem Restaurant und plauderten. Meine Mutter Deutsch mit unserem Sohn und Englisch mit mir, und ich mit unserem Sohn Französisch. Es dauerte eine Weile, bis ein Herr vom Nebentisch sich zu uns herüberbeugte. Es ginge ihn beileibe nichts an, aber, Verzeihung, woher kämen wir denn nun tatsächlich?

Ich bin nahezu großelternlos aufgewachsen. Die schottische Großmutter starb, da war ich zwei, der schottische Großvater, da war ich fünf Jahre alt. Den Vater meiner Mutter mit ungarischen Familienwurzeln hab' ich nie kennen gelernt, im Krieg irgendwo in Oberösterreich auf einer Geschäftsreise gestorben. Magendurchbruch, so erzählte man. Sein Lieblingspferd hatte sich am Tag vor seiner Abreise geschreckt, mit der Hinterhand ausgeschlagen, ihn unglücklich mit den Hufen in der Leibesmitte getroffen.

An Großmama mütterlicherseits hab' seit Jahren nicht mehr gedacht. Sie ist gestorben, da war ich neun Jahre alt. Davon erfahren hab' ich an einem trüben Wintertag. Wir saßen im Auto, über ein Schneefeld fegten Windböen, wirbelten Schneepuderwölkchen von gefrorenen Schollen und zausten dürftige Halme.

Bleichsalbe hatte sie Mama für diesen meinen schottischen Teint einmal vorgeschlagen. Sommersprossen auf weißer Haut. Ordinär. Für eine passable Haltung verordnete sie ein Buch auf dem Kopf zu balancieren, einen Stock durch abgewinkelte Ellenbogen zu fädeln.

Ich kann mich an ein Lächeln von Großmama nicht erinnern. Und als ich einmal krank war, kam sie, mich zu hüten. Ich saß im Salon im großen Ohrensessel, und Großmama, die den Raum eine Weile verlassen wollte, befahl mir, nicht aufzustehen. Niemals, anderenfalls würde eine Lähmung sich einstellen. Und ich bin doch aufgestanden, ein Buch, ein Spielzeug werden wohl nicht in unmittelbarer Nähe gelegen haben. Dann kauerte ich mich sitzend auf meine Füße und als ich mich nach einer hübschen Weile rühren wollte, waren meine Beine taub. Gelähmt! An das Entsetzen, das mir den Magen hochgekrochen kam, kann ich mich nach all den Jahren noch erinnern. Diese Lüge habe ich ihr lange nicht verziehen.

Ich musste erwachsen werden, nicht nur, um zu spüren, sondern auch zu wissen, dass Großmama mich nicht gemocht hatte. Warum sie mich nicht hatte leiden können, hab' ich all die Jahre nicht hinterfragt. Erst vor kurzem fiel es mir wie Schuppen von den Augen. Ich war die Fremde.

Brite, halbe Britin, das ist heute elegant. Ausländer, Ausländerin aus der richtigen Himmelsrichtung, aus dem Norden, dagegen ist nichts einzuwenden.

Damals im Jahr 1946 war Engländer, Schotte sein, bei Gott nicht elegant. Damals war das der Feind, nicht der Befreier, sondern der Besetzer. Und meine Mutter war hingegangen und hatte einen solchen geheiratet. Und wenn es auch noch zwölf Jahre dauerte, bis Nachwuchs sich einstellte, so hatte Großmama mit ihren sudetendeutschen Wurzeln ihr das nie verziehen.

Heute ist es so elegant, Schotte zu sein, dass es Mode geworden ist, auf Festivitäten ohne familiären Hintergrund im Kilt zu erscheinen. Allüren, denen ich nichts abgewinnen kann. Mein Vater hatte in Österreich den Kilt in den Familienfarben nur zu unserer Hochzeit getragen, sonst nie. Für clowneske Auftritte hatte er keinen Penchant gehabt. In diesem Kilt wurde er zu Grabe getragen.

Ich habe zu lange kosmopolitisch gelebt, um andere Welten hassen zu können. Wenn Sprachen nicht genügen, lasst Musik sprechen, sie rührt unsere Herze ohne Umwege an. Ein Schubert-Lied, Dudelsackklänge auf den Hügeln, ein Chanson von Prévert, eine Arie von Monteverdi.

Wir werden noch viel Kraft und Hoffnung brauchen in diesem Europa. Wie der Mann, der die Frau im devastierten Feindesland geheiratet und bei ihr blieb, und die Frau, die den Feind gegen den Widerstand der eigenen Leute zum Manne nahm.

Seit Jahren misstraue ich der Politik und der Infektion patriotischer Begeisterung. Auf welche Seite sollte ich mich denn ernsthaft stellen?

Es ist, wie es ist. Ich habe Europa in der DNA.

Rüdiger Görner

Europäische Bruchzonen

Aphorismen und Reflexionen

Europa, schönste der Fremden, von Zeus nach Kreta entführt. Würde sie heute eine Aufenthaltsgenehmigung irgendwo in der Europäischen Union erhalten? Immerhin findet sie sich auf der Rückseite griechischer Euro-Münzen geprägt – ob verewigt hängt von der Validität des Euro ab.

Europa, das sich selbst weiter und weiter entwirft, was Europäer dann wieder verwerfen.

›Europa‹ beginnt auch mit den Bettelnden auf und unter den Brücken in den Wohlstandszonen, migrierend Gestrandete, für aussätzig Erklärte, die ihre wenigen hingeworfenen Cents bei Einbruch der Dunkelheit noch dunkleren Hintermännern abliefern müssen.

Weder die radikale Rechte noch die radikale Linke weiß, was sie mit Europa anfangen soll. Und was hat Europa mit ihnen vor? Ihre Auswechslung?

Der letzte gesamteuropäische Monarch, der polyglotte Kaiser Karl V, sprach Spanisch mit Gott, Italienisch mit Frauen, Französisch mit Männern und Deutsch mit seinem Pferd. Als Tizian ihn porträtierte, stammelte er Latein und soll ganz unmajestätisch verwirrt mehrmals aus dem Bild gelaufen sein.

Europäische Identität ist die jeweils verschiedene Art kollektiver Erinnerung, als Anlass verstanden für Extrapolationen in die Zukunft.

Eureka! *Ich habe es gefunden!* Es hätte das Leitwort für Europa sein sollen, für die Europäische Union, aber im Sinne von: Wir werden sie finden! Doch Kalifornien war damit rascher zur Stelle und erklärte *Eureka!* zu seinem Bundesstaatsmotto nach der dortigen Entdeckung eines spektakulären Goldvorkommens um 1850 im später Sacramento genannten Gefilde des Deutschschweizers John Augustus Sutter. Ursprünglich prägte Archimedes von Syrakus diesen Ausruf in seinem

Badezuber, als er das Prinzip entdeckte, nach dem der statische Auftrieb eines Körpers in einem (flüssigen) Medium genauso groß sei wie die Gewichtskraft des vom Körper verdrängten Mediums. Und Carl Friedrich Gauß gebrauchte den Ausruf 1796, als er entdeckte, dass sich jede positive Zahl als Summe von höchstens drei Dreieckszahlen darstellen lasse: ευρηκα! $num = \Delta + \Delta + \Delta$

Eureka ist somit physikalisch, geologisch und mathematisch beglaubigt. Politisch ist der Ausruf noch … unterwegs.

Die weitere Architektur der Europäischen Union muss vom Umgang mit Tektonischem ausgehen.

Pflichtlektüre für alle Europäer: Franz Kafkas Erzählung *Der Bau* (1923/24), die er folgerichtig unvollendet ließ. Das Menschentierchen in seiner Mitte, neurotisch besorgt um die Perfektionierung seines labyrinthischen Erdbaus, hat in Wirklichkeit eine immerwährende Baustelle konstruiert.

Europäisches Bewusstsein: Der Rostschutz für das Atomium auf dem Heysel-Plateau in Brüssel.

Die sprachliche Vielfalt ist die Farbenpalette Europas. Die Schwierigkeit: sich über die Mischungsverhältnisse zu verständigen.

Wie oft hat man ihn herbeigesehnt, einen europäischen Patriotismus; den bloßen Gedanken an ihn wieder als unrealistisch verworfen. Gibt es aber Desillusionierenderes als den Umstand, dass ein solcher ›Patriotismus‹ ausgerechnet in der faschistoiden Vereinigung »Patriotischer Europäer gegen die Islamisierung des Abendlandes« (Pegida) sein Forum und seine Perversion fand?

Es heißt immer wieder: Europa brauche ein ›Narrativ‹. Europa müsse erzählt werden. Europa habe einen genetischen Code, den es lesbar zu machen gelte, bis zurück in die biblischen Quellen, die griechisch-römischen Substanzen und ihre ›barbarischen‹ Antikörper. Wovon Europa erzählt? Vom Scheitern imperialer Ideen. Vom Sinn des Entwerfens. Von dem komplexesten Versuch in der Geschichte, Frieden zwischen Erzfeinden von einst zu wahren und zu sichern.

Gustave Moreau schuf 1868 eine mythologische Darstellung, die Europa und den sie entführenden Zeus in inniger Harmonie zeigt:

Europa ist entführbar, lässt sich entführen, ja will sich verführen lassen. Wenn Walter Benjamin recht hat und am Fuße eines jeden Meisterwerks die schiere Barbarei lagert, dann steht zu vermuten, dass sie sich auch ins Barbarische entführen ließ, das sich göttlich gab.

Die Gedenkstätte Auschwitz als neue Hauptstadt der Europäischen Union, fiktiv-authentisch von Walter Hallstein proklamiert: mit dieser Provokation hat Robert Menasse die literarische Öffentlichkeit brüskiert, weil er diese Proklamation als historisch verbrieft ausgegeben hatte. Die Schwäche der Vorstellungskraft liegt eben darin, dass sie Wahrheit mit Lüge gleichsetzt.

»Europa ist nicht das Letzte für uns. Wir werden Europäer unter der Bedingung, dass wir eigentlich Mensch werden.« (Karl Jaspers)

Roberto Esposito denkt ›Europa‹ als einen Bereich, der aus sich heraus heterogene ›Räume‹ generiert (in: *Una filosofia per l'Europe*), darin Henri Lefebvre nicht unähnlich. Für Jacques Derrida ist Europa das Werdende schlechthin. Aber: das Werden zu was? Zu Odysseusianer, dauernden Grenzüberschreitern, die dem Fremden begegnen *wollen*, um durch dieses Begegnen das Fremde als Eigenes und/oder als Eigenwert (an)zuerkennen.

Europa von seinen Rändern her verstehen (Enzensberger) – zur Abwechslung aus der Perspektive der ein bewusstes Schattendasein führenden britischen Kanalinseln, Inseln der (un)selig Selbstgerechten, wo Steuerhinterzieher und Geldwäscher sich immer hemmungsloser bereichern und zudem noch ihre bizarren Inselmythen vom (in Wahrheit kollaborationsgetrübten) Widerstand gegen die einstigen Wehrmacht-Besatzer wie kostbare pseudo-tropische Gewächse hegen. Jüngste statistische Erhebungen weisen übrigens für Jersey Vermögenswerte von im Schnitt nicht vorstellbaren fünf unversteuerten Milliarden Dollar pro Quadratmeile aus. Die Ironie will es, dass Jersey rechtlich ein sogenannter Bailiwick ist, von Französisch ›bailie‹, also wörtlich: der Sprengel eines Landvogts oder Gerichtsvollziehers. Er wird in Jersey von der Krone als Inselverweser eingesetzt, erfreut sich ansonsten aber völliger Autonomie, die es ihm erlaubt, unbehelligt von allem das soziale Gewissen im Atlantik zu versenken. Ein europäisches Skandalon, das grotesker und anachronistischer nicht denkbar ist. Skandalöser noch, dass nicht wenige der führenden Brexisten diese insularen Niedrigsteueranlageparadiese als Modell für ein künftiges von allen sozialen EU-Auflagen befreites Britannien ansehen. Käme es auf diesen krummen Inseln je zu einer Besteuerung, die den Namen verdient, aus dem Inselvogt müsste dann wohl ein Steuereintreiber oder womöglich tatsächlich ein Gerichtsvollzieher werden.

Wer sich international unmöglich machen will, bekennt sich zum Eurozentrismus. Eurasisch zu sein ist eine Spur politisch korrekter, sofern jeglicher neokolonialistischer Beigeschmack fehlt. Asiaeuratisch wäre eine treffliche Umkehrung, die der neuen weltpolitisch/globalen Gewichtung vermutlich eher entspräche.

Der europäische Gedanke – einst einte, jetzt entzweit er. So wird aus einer Idee ein Spaltpilz. Doch auch Spaltpilze bilden unterirdisch Myzele.

Sich aber auf die europäische Gesinnung neu besinnen: Was bedeutet das? Endlich den Mut wieder zu haben, sich zu den kulturellen Werten dieses Kontinents zu bekennen. Nein, sie haben zwei Weltkriege und die Shoa nicht verhindert; im Gegenteil, diese Ungeheuerlichkeiten sind aus ihrer Mitte hervorgegangen. Doch nicht einmal sie haben diese europäischen Werte zerstören können. Umgeformt wurden ihre schwer beschädigten Reste in das politisch Kostbarste, was Europa bislang geschaffen hat: die Europäische Union. Noch ihre größten Schwächen sind Stärken verglichen mit dem, was vor ihrer Gründung lag. Und wenn Publizisten wie John R. Gingham bereits einen Nachruf auf sie in Buchform veröffentlichten, und wenn Larry Elliott und Dan Atkinson triumphal verkünden »Europe Didn't Work« und ihr nur noch Vergangenheit zuzuschreiben gewillt sind, dann haben sie dieser Union nichts, aber auch gar nichts Eigenes an die Seite zu stellen. Schuman, Monnet, Spaak, de Gasperi und Hallstein verfügten über mehr europapolitische Vorstellungskraft und Kreativität als die politischen Denker und Praktiker seit der Aufklärung zusammengenommen. Wie erbärmlich aber, den brexistischen Verrat an der

Europäischen Union zum Maßstab für die eigene, nur wieder am Nationalen orientierte Einfallslosigkeit zu erklären.

Nein, diese Union sei wieder eine Gemeinschaft von fortwährend politisch Gestaltenden in (kon)föderalem Raum, sozial bewusst, humanistisch motiviert, von Gerechtigkeitsbewusstsein bestimmt und von kulturellem Ethos durchdrungen. Was gefordert bleibt, sind von diesem gemeinschaftlichen Gestaltungswillen inspirierte europäistische Curricula an den Schulen und anderen Bildungseinrichtungen der Mitgliedsländer.

›Europa‹, das sind nicht die Anderen, sondern immer Wir.

Geboren wurde ich im Jahr der Unterzeichnung der Römischen Verträge, *dem* Gründungsdokument des modernen Europa; es war jedoch das Europa des Kalten Krieges, der jedoch diese Römischen Verträge nicht spürbar affektierte. Es ist ein Dokument der Öffnung; Erweiterung ist in ihm angelegt.

In die Wiege gelegt war mir Europa dennoch nicht, auch wenn ich auf der damals privilegierten Seite des Eisernen Vorhangs aufwuchs. Denn Europa bedeutet Arbeit, ein unablässiges Bemühen um Einstellung und Perspektivierungen.

Ich glaube mich zu erinnern, dass ich zum ersten Mal das Wort ›Europa‹ wirklich in mich aufnahm, als wir, meine Eltern und ich, wieder einmal die Europa-Brücke über den Rhein bei Kehl nach Strasbourg querten. Später las ich bei Ingeborg Bachmann, dass alle Brücken einsam seien. Und womöglich ist dem ja so: Wenn das Verbindende geleistet ist, bleibt es verlassen zurück – wie eine sich schließende Muschel am Strand.

Aber Europa hatte für mich bald auch einen besonderen Klang. Zuweilen tauchte auf dem Bildschirm unseres wohnzimmerlichen Grundig-Standgeräts ein Sternenkranzzeichen auf, die eine sogenannte Eurovisionssendung ankündigte, untermalt oder überspielt von einer sehr feierlich-getragenen Musik, von der ich erst später hörte, sie sei das Präludium zu Marc-Antoine Charpentiers *Te Deum* gewesen. Beethovens Schlusschor seiner *Neunten* hat diese Melodie inzwischen als offizielle Europa-Hymne verdrängt, aber noch immer fröstelt mich, jagen Schauer über meinen Rücken und durch mich hindurch, wenn ich diese Klänge Charpentiers höre. Sie sind wie ein Aufruf: Europäer wacht auf. Lernt euch zu bekennen. Streift euren Kleinmut ab. Dieses Präludium zu Charpentiers *Te Deum* wird immer meine Europa-Fanfare bleiben.

Europa, das war in meiner Schwarzwälder Kleinstadt das Schild am Ortseingang mit den beachtlich zahlreichen Namen der europäischen Partnerstädte; Europa, das wurde der Schüleraustausch, der mich erstmals in die Bourgogne-Franche-Comté brachte, nach Autun und Vézlay, das war das Treffen ›junger Europäer‹ in Bad Marienberg im Westerwald und in Rheine in Westfalen mit Ausflügen in die holländische Provinz, in eine der EUREGIO-Zonen. Mein Europa lebte zunächst weniger in den großen Städten, sondern eher in den Provinzen, dort, wo grenzübergreifendes Bewusstsein wirkt, in der Bodenseeregion etwa, wo ich seit frühester Kindheit die Nähe anderer Länder zu spüren lernte.

Europa, es zeigte sich mir im spielerischen Überqueren einstiger Grenzen, die Jahrhunderte lang ihren Blutzoll gefordert hatten, aber auch in den Schüleraufsatzwettbewerben des Rates der europäischen Bewegung ebenso wie später in Generationen von Studenten, die dank des Erasmus-Programms nach England kamen und die ich in meinen diversen akademischen Institutionen betreuen durfte; sie gehörten im Schnitt zu den Reflektiertesten, die mir an Studenten begegnet sind. Europa, das ist zu einer Lebenswirklichkeit geworden von einer in der Geschichte nie dagewesenen Konkretheit; zu ihr gehören die Wahlen zum Europaparlament ebenso wie die europäische Gemeinschaftswährung, die Europa-Fahne und der Pass der Europäischen Union. Nötigt man mir die Frage nach der Staatsbürgerschaft ab, schreibe ich seit Jahrzehnten: *Europäische Union (deutscher Abkunft).*

Mit den Augen den Konturen des europäischen Kontinents auf der Landkarte nachgehen: von der französischen Atlantikküste, den Anrainerregionen des Mittelmeers, dem italienischen Stiefel entlang, der bizarr ausgefransten griechischen Küste bis zum Bosporus, dem Ural, hinauf ins Skandinavische bis in die scharfkantigen Tiefen der

Fjorde … da wird der Blick zum Seismographen; er spürt Verwerfungen auf, tastet sich Bruchlinien entlang, schreibt die Konturen der Länder ins Gehirn. Im Englischunterricht, die Lehrerin erteilte auch Geographiestunden, mussten wir den Umriss der britischen Inseln auswendig zeichnen lernen. Das war meine erste Kontaktaufnahme mit diesen Inseln, die mir Bestimmung werden sollten und die sich jetzt selbst, brexistisch geworden, zum Schicksal geworden sind. Damals stellte ich der Lehrerin die Frage, ob zu diesen Umrissen der britischen Inseln auch Gibraltar zähle. Sie lachte hell auf. Was ich damals nicht wusste: Ihre Mutter war Spanierin.

Wer die innerdeutsche Grenze unter Lebensgefahr überwinden konnte, geriet in den Ruf eines Helden. Wer versucht, als schwarzafrikanischer Flüchtling, die Mittelmeergrenze zur – aus ihrer Sicht – ›Festung Europa‹ zu überwinden, muss sich Wirtschaftsflüchtling schimpfen lassen. Manche dieser zynisch so bezeichneten Flüchtlinge werden sich eines Tages von Ölkartellen anwerben lassen, um das schwarze Gold, das in großen Mengen vor den Küsten Israels und des Libanon vermutet wird, zu schürfen. Die sogenannte ›operative Zusammenarbeit‹ der europäischen Staaten an ihren Außengrenzen hat ein Codewort: Frontex. »Soundso viele Tote vor Pantelleria angespült, soundso viele Überlebende in Lampedusa interniert, das ist die traurige alljährliche Statistik, die Europas Humanismus schwer auf die Probe stellt. Keiner, der am Mittelmeer Urlaub macht, bleibt von den Tatsachen verschont, und diese sind mehr als nur Schlechtwetternachrichten. Es macht keinen Spaß, an Stränden herumzualbern, an denen eben noch Leichen angespült wurden.« (Durs Grünbein) Das *mare nostrum* ist nicht unser. Es gehört … den Fischen.

Wirtschaftsflüchtling – das kann auch bedeuten: Flucht vor oder aus dem Primat des Ökonomismus: vor der Wirtschaft auf der Flucht sein, innerhalb und außerhalb Europas.

Schriftsteller und Europa. Von Erasmus bis Novalis, von Ivo Andrić, Vaclav Havel, Imre Kertész bis Ismail Kadare: Sie geben dem Wort seine schicksalhafte Geschichte zurück und perspektivieren es neu.

(Kadare hält übrigens Albanien für Europa *in nuce* – wie auch die ihrem Land gegenüber kritischer eingestellte Journalistin, literarische Aktivistin und Übersetzerin von Rilke, Musil und Thomas Bernhard Jolina Godola; Kadare argumentiert, dass erst der italienische Faschismus, dann der Kommunismus, schließlich der Islam dieses kleine Kernland balkanischer Europäizität sich selbst entfremdet haben. Oder sind Selbstdeformationen nicht in jeder Kultur angelegt? Ist nicht jede Region in Europa ein Kernland, jedoch gegen regionalistisch-nationalistische Tendenzen nie wirklich gefeit?)

Fraglos, Europa braucht seine Schriftsteller, denn es will beim Wort genommen werden und sich wieder und wieder zur Sprache bringen – auch wenn es das *nicht* geben kann: *das* europäische Narrativ, es sei denn als erzählter polylingualer Widersinn.

Auf manchen Lippen dienten die Bekenntnisse zum europäischen Geist als Kompensation für nationale Frustrationen oder Verhängnisse. Doch kann darin immer wieder auch der Wille keimen, sich dem europäischen Projekt konstruktiv zu widmen.

Die Europäische Union kann Antagonismen überwölben und bis zu einem gewissen Grad neutralisieren. Man denke selbst an die Spannungen zwischen Ungarn und Rumänien (vom Vertrag von Trianon herstammend, der seit dem Ende des Ersten Weltkriegs ein ungarisches Trauma darstellt, an die Situation in Nordirland und Katalonien oder die Antagonismen zwischen Flamen und Wallonen. Man hofft auf eine ähnliche Wirkung für den gesamten Balkan und noch immer auf eine Lösung für das geteilte Zypern, die »gefolterte Insel« (Arnold Sherman). Diese Union bleibt entgegen aller Unkenrufe ein konfliktentschärfender Schirm und gleichzeitig untergründiges wachsendes Fundament, geeignet, paradox gesagt, den Nationalismen und regionalistisch-provinziellen Ethnismen den Boden auf Dauer zu entziehen.

Immer diese Frage, was Europa *ist*. Ob es an seiner Geschichte erstickt und nur deswegen lebt, weil es sich regelmäßig über seine Untaten hinwegtäuscht. Das Konzentrationslager, der Genozid, sie waren europäische Erfindungen, der Humanismus auch, der Buchdruck und die Dampfmaschine. Europa ist bedeutend in seinen krassen Widersprüchen und in seinen immer wieder überraschenden Potenzialen. Scholastik und Dada, Logik und Chaostheorie, die Ideologien und die Symphonik, europäische Erfindungen durchweg. Europäer sein bedeutet, aus diesen grundstürzenden Widersprüchen zu lernen, die Bruchzonen der Bedeutungen zu vermessen, den Bruchlinien nachzugehen, dem inneren Limes entlang.

Eingrenzung, Abgrenzung, Ausgrenzung: auch das Grenzbewusstsein ist europäisch. Europäer haben das (blutige) Spiel mit Grenzen exportiert, mit dem Lineal ganze Kontinente aufgeteilt, dabei auch wiederholt sich selbst. Die Geschichte Europas, sie ließe sich als eine Dialektik von Trennungen und Vereinigungen beschreiben. Grenzen schützen, verletzen, legen fest, geben sich unüberwindlich, wecken aber auch die Hoffnung auf Durchlässigkeit.

Johann Amos Comenius entwarf vor dem Hintergrund des Grauens und der Verheerung, die der Dreißigjährige Krieg über Europa gebracht hatte, seine Konzeption einer europäischen Allerziehung, genannt *Pampaedia*. Ihr Ziel war die Befähigung zu friedvoller Konfliktlösung. Dass ein Bildkünstler europäischen Formats, Oskar Kokoschka nämlich, in Comenius eine Leitfigur erkannte, scheint folgerichtig. Denn Comenius war der erste Aufklärer in Europa – wir werden ihn immer aufs Neue nötig haben –, bis zuletzt.

Beim Karneval mit Totenmasken, Prunksitzung mit Büttenreden auf dem Friedhof. Makaber, sagen die einen; folgerichtig, raunen die anderen – beiden ist dabei europäisch zumute.

Während ich hier Gedanken zu Europa, gar ›meinem‹ Europa, verstreue, quer übers Blatt wie ein Würfelwurf mit Worten, spielt sich das Brexit-Fiasko ab und lässt aus dem Würfelwurf ein Roulette werden, ein russisches *à l'anglaise*. Es ist das beschämendste Schauspiel, das sich diese britischen Inseln in neuerer Zeit geleistet haben, und illustriert, was geschehen kann, wenn eine Haltung (Verlassen der EU) zum irrationalen Dogma wird. In einer Hinsicht jedoch ist der Brexit logisch: Er ist die Wurzel, gezogen aus der Summe der Sonderwege und Sonderregelungen und *opting-out*-Klauseln, die sich Britannien seit seinem Beitritt zu ›Europa‹ ausbedungen hat. Wie schwer macht es einem inzwischen dieser Inselstaat, dem Vorurteil vom ›perfiden Albion‹ zu widerstehen.

Die zum Zeitpunkt dieser Notizen weiterhin mehr als denkbare, ja greifbar gewordene Abspaltung Schottlands von England und jene Nordirlands vom noch Vereinigten Königreich und mögliche Vereinigung mit der Republik Irland wäre der Fall eines nationalen Partikularismus, der paradoxerweise die europäische Idee stärken könnte. Denn es grenzt an Widersinn, dass die schottische Nationalpartei pro-europäisch votiert. Das aber deutet auf die im vielfachen Sinne ›Aufhebung‹ des Nationalen in der Europäischen Union.

Gewitzte Spekulanten werden auch am Brexit verdienen. Sie können dann die Quadratmeilen auf den britischen Kanalinseln (siehe oben) weiter vergolden – oder … versilbern.

Jeder hat seine Geographie von Europa; der eine sah die Klippen von Dover im Harz (Samuel T. Coleridge), Böhmen am Meer (Ingeborg Bachmann mit William Shakespeare), die Wolga in die Seine münden (Marina Zwetajewa), sieht Partnerstädte sich einander auswechseln und den Reiter über den Bodensee in Ascot gewinnen oder dort zu Tode stürzen.

Die Europäische Union ist zum verlässlichsten Garanten des Friedens in Freiheit geworden. Ihre Dynamik hängt vom Grad ihrer Föderalisierung ab, von der Umsetzung des Subsidiaritätsprinzips, am meisten aber: von der Erkenntnis ihrer Bewohner, dass der Eigenwert dieser Union alles übersteigt, was Europa bislang hervorgebracht hat.

Frank Hoffmann

Für ein vereintes Europa

Als Geborener des Jahrgangs 1938 und damit als Zeitzeuge eines großen Teils des 20. Jahrhunderts halte ich ein »Vereintes Europa« für unabdingbar. Unabhängig davon, wie dieses Projekt ausgestaltet wird. Denn es ist in erster Linie ein Friedens-Projekt, und es ist mir wichtig, dieses noch zarte und hellgrüne Pflänzchen »Europa« in Händen einer nachfolgenden Generation zu wissen, die es dereinst zu einem großen, alles überragenden Baum heranwachsen lässt und den Nutzen eines solchen Bemühens besser einzuschätzen weiß, als es die provinzielle Wagenburg-Politik unserer Zeit vermag. Denn die derzeit in ganz Europa um sich greifende Schrebergärtner-Mentalität, die die eigenen Salat- und Gurken-Beete gegen die wilden Horden aus Ost oder Süd verteidigt, die zwar weder Horden sind noch die Beete der Kleingärtner verwüsten wollen, halte ich für extrem engstirnig und unsolidarisch. Und noch engstirniger scheinen mir jene Politiker, die diese Bestrebungen der Abgrenzung unterstützen, wenn nicht gar befördern. Und wenn sie nicht engstirnig sind, dann sind sie zynisch, und dieser Zynismus, eingesetzt zum eigenen kurzfristigen politischen Vorteil, ist in Wahrheit ein krimineller Akt, denn er erfüllt die Tatbestände der Hetze und des Vorsatzes.

Davon, dass jeder Zeuge eines Unfalls im Fall von unterlassener Hilfeleistung zurecht wegen eines solchen Delikts angeklagt und verurteilt werden kann, die einschlägig bekannten Politiker aber im Fall hunderttausendfacher Unterlassung von Hilfeleistung, die sie zudem noch zum politischen Programm erhoben haben, von ihresgleichen umjubelt werden und letztlich auch noch ungestraft davonkommen, halte ich, der das hilflos mit ansehen muss, für einen moralischen Bankrott in der Geschichte des 21. Jahrhunderts.

Neben dem Gedanken, dass es wenig wahrscheinlich ist, dass zwischen den Mitgliedsstaaten eines vereinten Europa Krieg geführt werden wird (wann hätte in jüngerer Vergangenheit beispielsweise jemals eine kriegerische Auseinandersetzung zwischen North und South Carolina oder zwischen Texas und Oklahoma stattgefunden?), ist Europa in einer immer enger vernetzten Welt nur vereint ein ernst zu nehmender Wirtschaftsfaktor, um den kein Weg herumführt. Man wage nur einmal einen Blick z.B. in die Zukunft Chinas oder Indiens mit ihren in die Milliarden gehenden Populationen. Dagegen kann allenfalls ein vereintes Europa, das mit einer gemeinsamen Stimme spricht, die Interessen seiner Mitglieds-Staaten und deren Einwohner wahrnehmen. Aber dass Europa nur in seiner Gesamtheit kraftvoll seine Interessen vertreten kann, daran geht wohl kein Weg vorbei.

Es gäbe noch einen endlosen Katalog an Vorteilen, die ein vereintes Europa mit sich bringt, wie die schier endlosen Synergien, die derzeit noch ungenutzt brachliegen und daher den Steuerzahler belasten. All das zu erörtern, ist hier nicht ausreichend Platz.

Dies sind die Gedanken eines Großvaters zum Wohlergehen seiner Enkel, der den Großangriff auf Dresden in den Februar-Tagen des Jahres 1945 verschüttet, aber dennoch einigermaßen heil überstanden hat und der danach in der sowjetisch besetzten Zone Deutschlands eine Hunger-Periode überstanden hat, die, heute erzählt, nur ungläubiges Staunen erntet, und der letztlich als 6-Jähriger kurz vor seinem Lebensende stand, weil er in seinem Körper eine Vereiterung hatte, die mit Penicillin leicht hätte geheilt werden können, das damals aber an den noch immer existierenden deutschen Feind nicht ausgeliefert werden durfte. Ein Einzelschicksal, gewiss. Aber eines, das symbolisch für Tausende und Abertausende steht, die Ähnliches erleben mussten. Über die Unterdrückung und Unfreiheit der Menschen im kommunistischen Teil Deutschlands als Folge des Weltkriegs und bis 1989 andauernd will ich mich gar nicht erst äußern.

Solcherlei Erlebnisse möchte ich meinen Enkeln gerne erspart wissen, und ein Weg zur Vermeidung kriegerischen Irrsinns und der Folgen politischer Kurzsichtigkeit ist die Utopie eines Vereinten Europas, das lernt, in Freundschaft, Partnerschaft und gegenseitiger Unterstützung miteinander zu leben und sich – und das wird sicher nötig sein – gelegentlich auch auf die christlichen Werte besinnt, auf die die Parteien sich da und dort beziehen oder die sie sogar in ihren Namen tragen.

Sarita Jenamani

Europa mon amour

In deinen ewig kalten Abenden sitzt du
neben den vom Krieg befleckten Fenstern
der schönen Kaffeehäuser deiner Städte

Gern hörst du Chopins Nocturne

während du über die Metaphysik

der Vergänglichkeit diskutierst
Du schaust ab und zu hinaus
um den schönen Anblick

der verschneiten Abende

zu genießen

doch der kalten Winternächte Elend
das fühlst du nicht
und lässt den Schnee

eines Jahrhunderts

für die fremd klingenden Seufzer
ein Schlaflied singen

Halb verzaubert, halb gelangweilt
bummelst du einsam
durch die Gassen

deiner ungeklärten Geschichte
aber es gibt nichts zu sehen
in deinen Jahrhunderte alten
Nachtreisen in ferne Länder

Halb wach, halb schlafend

in deiner Dunkelheit
plapperst du mit deinem Liebhaber
wenn du an deinen Träumen vorbeigehst
Dein Begehren frisst

den Staub der Monotonie

Ein graues Zischen

der Gleichgültigkeit lauert
in deiner Nacht, Europa
Reise zurück

in die Dämmerung
und biete den Tauben deiner Städte

ein Zuhause
die versuchen, ihr Nest
in einer beliebigen Nische

deines majestätischen Palasts

der Demokratie zu bauen

Angela Jursitzka

»Mein« Europa, wird es das je sein?

Mein Europa wäre an sich unser Europa. Wen interessiert schon *mein* Europa, wenn selbst in Familien verschiedene Meinungen herrschen? Es beginnt mit dem irrwitzigen Farbenspiel der politischen Parteien. Die Symbolik der Farben ist bekannt. Je mehr Parteien, desto schwieriger gestaltete sich die Suche nach einem aussagekräftigen Farbton. Wer zuerst kommt, malt zuerst. Grundfarben, oft schwierig zu erkennen, sobald sie sich in neuen politischen Parteien vermischten. Die Kennfarben stehen außerdem für Sinneseindrücke, sie wären ein Versprechen, das kaum ein stolz gefärbtes Staatskunst-Logo erfüllt. Europa ist bunt geworden, »mein« Europa ist es nicht.

Einmal angenommen, Politiker aller Farben hätten statt des nächsten Stimmenfangs das große Ganze, also Europa, im Sinn, und er oder sie ließen den Reden gleich Taten folgen. Jeder ringt in der Staatsführung um zukunftsträchtige Visionen. Die Wirklichkeit sieht anders aus. Die hochgelobte EU brachte uns bald in des Teufels Küche, wo fast jeder sein eigenes Süppchen kocht. Für *mein* Europa hätte ich mir Staatsoberhäupter erträumt, die sich zu ihren eigenen Fehlern bekennen.

Nach einem Rat, wie man in der Welt leben sollte, suchte längst ein Minnesänger. Statt vor dem PC bekanntlich auf einem Stein sitzend, was den Blickpunkt erweiterte. Meist standen – und stehen – zwischen den Zeilen der schreibenden Weltenretter auch private Begehren. Selbst Europa ist zu groß, um es auf einen Nenner zu bringen.

Im meinem kleinen Rahmen inmitten Europas stünden auf Gemüsemärkten vorwiegend einheimische Produkte. Gewissensnöte verleiten mich zu einem besonderen Wunsch: Tiere, die ich esse, sollen menschlich getötet werden. Abgesehen davon, übertrifft missverstandene Tierliebe eine tatkräftige Humanität weit über die Grenzen *meines* Bundeslandes hinaus.

Als ich 1946 mit sieben Jahren nach Österreich kam, hatte es vier alliierte Besatzungszonen. Dann endlich sangen wir in der Volksschule unsere neue Bundeshymne. Heute vermag sich kaum jemand diese Flut von Gefühlen – und Tränen – vorzustellen. Ich höre Nationalhymnen nach wie vor gern. Nicht alle, erkläre ich mich erst in zweiter Linie zur Europäerin. So denken vermutlich viele Menschen, sind hauptsächlich Italiener, Deutsche, Franzosen … Österreicher.

Geografisch liegt mein Land in Europa, auf bekennende Europäer treffe ich meist nur in politischen TV-Sendungen. Wie überall die Ichsucht schmäht: Nichts ändert sich, bald ist's zu spät!

Isabella Maria Kern

Mein Europa

Ich sitze vor meinem Globus – quasi ein »Relikt«, das heute vermutlich nur mehr wenige Menschen benutzen – und starre auf den kleinen Kontinent.

Viel hat sich verändert in den letzten Jahrzehnten. Das Europa meiner Kindheit gibt es nicht mehr. Etwas wehmütig denke ich an eine Fünfhundert-Lire-Münze, die ich als kleines Mädchen krampfhaft und glücklich in der Hand hielt, während ich mir aufgeregt im Lunapark das nächste Autodrom aussuchte, mit dem ich um die Kurven flitzen wollte.

Nein, es liegt nicht an der Münze per se, es sind meine Erinnerungen, meine Kindheit, die einen Anflug von Melancholie in mir hervorrief, denn in Wahrheit genieße ich die Tatsache, dass ich meistens keine Wechselstube und keinen Umrechnungskurs mehr brauche.

Ich bin ein Teil Europas.

Mit stolzgeschwellter Brust bin ich Österreicherin und somit ein Teil unseres schönen Europas. Ein Europa, das sich der schnelllebigen Zeit und seinen damit verbundenen Veränderungen, die ich nicht immer alle gutheiße, nicht entziehen kann.

Ich liebe mein Europa mit all seinen Facetten, seinen Sprachen, Kulturen und seinen Menschen, die unseren Kontinent zu einem lebenswerten Stück Erde machen.

Auch schätze ich an Europa, an der Europäischen Union, dass Menschenrechte, Natur- und Tierschutz zweifellos eine große Rolle spielen, was auf anderen Kontinenten oft nur unter »ferner liefen« behandelt wird.

In der Handelsakademie hörte ich das erste Mal von der EWG, der europäischen Wirtschaftsgemeinschaft, und fand die Idee von Zusammenschlüssen mehrerer Länder zum Zwecke gemeinsamer Interessen genial. Als naive Fünfzehnjährige fragte ich mich, warum das nicht mit allen Ländern dieser Erde funktionierte, weshalb wir nicht einfach alle gemeinsam an einem Strang ziehen konnten?

... und lernte gleichzeitig vom kalten Krieg zwischen der USA und der Sowjetunion.

Beide Supermächte vertraten ihre Systeme, die unterschiedlicher nicht hätten sein können, und so stand dem Kapitalismus der Kommunismus gegenüber und beide Konfliktpartner propagierten ihre Systeme und rüsteten um die Wette, was ich als Jugendliche nicht verstehen konnte.

Schockierend war für mich auch die Abstimmung zum »Brexit« im Jahre 2016, da Großbritannien seit dem Jänner 1973 der Europäischen Gemeinschaft angehört. Es traf mich in eigenartiger Weise persönlich und hat meine Beziehung zu England verändert, denn ich kann nicht unbeschwert an Europa denken, ohne England schmerzhaft »draußen« zu wissen.

Der »Eiserne Vorhang«

Ich lebe seit meiner Geburt, also seit dem Jahr 1968, nur durch eine dreijährige Episode in unserer einzigartigen Bundeshauptstadt Wien unterbrochen, am Fuße des Böhmerwalds, der gemeinsam mit dem bayrischen Wald die größte zusammenhängende Waldkette bildet, die sich quer durch Mitteleuropa erstreckt und unsere »grüne Lunge« ist. Mehrere Nationalparks in Tschechien und Bayern schaffen einen natürlichen Lebensraum für Wildtiere, Insekten und die vielfältige Pflanzenwelt.

Ich liebe es, mit meinem Mann und meinem Hund über die sanften Hügel des Mühlviertels zu wandern, und bin dankbar für jeden Augenblick des Friedens und der Freiheit, die es in unserem Land zu genießen gilt.

Doch das war nicht immer so.

Als Kind wanderte ich oft mit meinen Eltern in die »Bayrische Au«, welche das einzige Spirkenhochmoor Österreichs ist und von wo aus man einen guten Blick auf den Moldaustausee hat. Ich erinnere mich mit einem mulmigen Gefühl an die großen rot-weißen Tafeln mit der

Aufschrift »Achtung Staatsgrenze«, die es natürlich auch heute noch gibt, die aber keinen furchteinflößenden, sondern nur mehr einen informativen Charakter haben.

Vom Rande des Moores aus kann man heute noch auf eine kleine Brücke blicken, auf der vor 1989 Panzer und bewaffnete Soldaten patrouillierten.

Wir hatten keine Ahnung, was sich hinter dem »Eisernen Vorhang« abspielte, der nur ein paar Kilometer von unserer Haustür entfernt wie ein Gespenst über dem Wald lag. Der Mythos, dass Wanderer, die vom Weg abkamen, spurlos verschwanden und in tschechoslowakischen Gefängnissen verrotteten, spukte in unseren Köpfen und es galt immer besondere Vorsicht, wenn man sich in der Nähe der Grenze aufhielt.

Man musste damit rechnen, von einem Wachposten erschossen zu werden, wenn man nicht genug achtgab, wobei uns jedoch kein konkreter Fall bekannt war.

Als dann 1989 der »eiserne Vorhang« fiel und ich im Fernsehen jubelnde, feiernde, weinende und glückliche Menschen sah, konnte ich nicht anders, als mich mit ihnen zu freuen und vor Glück zu weinen.

Ein Wandel stand bevor, der uns von der Sicherheit des imaginären Zauns in eine Ungewissheit katapultierte, die niemand richtig einschätzen konnte.

Die ersten Ausflüge in die Tschechoslowakei lösten gemischte Gefühle in uns aus. Meinen ersten Besuch in Krumau werde ich nie vergessen.

Die Gassen und Häuser waren in sehr desolatem Zustand, um nicht verfallen zu sagen, der Novembernebel drückte die Braunkohleabgase in unsere Nasen, die wir uns zum Teil zuhalten mussten, weil der Gestank unerträglich war, und die leeren Regale in den spärlichen Supermärkten drückte auf unsere Stimmung.

Mein erstes Mineralwasser, das ich zu einer nicht gut schmeckenden Fleischspeise bestellte, musste ich stehenlassen, weil es nach faulen Eiern stank. Wir schämten uns, weil wir nur ein paar Schillinge dafür bezahlen mussten.

Doch sehr schnell ging es bergauf in dem nun freien Land. Die Wirtschaft blühte auf, das Essen schmeckte plötzlich und wir begegneten Menschen voll Tatendrang und Offenheit, die sich sogar bemühten, unsere Sprache zu lernen.

EU-Beitritte und Grenzöffnung

Als 2004 Tschechien der EU beitrat, gab es, gerade bei uns im Grenzland, zahlreiche Stimmen, die sich gegen die Grenzöffnung erhoben. Die Angst, unser Arbeitsmarkt würde nun von tschechischen Arbeitern überschwemmt und unsere Landsleute würden bei der Arbeitssuche durch die Finger schauen, erwies sich aber als Trugschluss. Noch größer aber war die Angst vor plünderndem Volk aus Tschechien und Polen, und der Witz »Machen Sie Urlaub in Polen – Ihr Auto ist bereits dort!« kursierte in jedem Haushalt.

Jeder Diebstahl wurde fortan Banden aus dem Osten zugeschrieben. Diebstähle einheimischer Räuber gingen in den kleinen Spalten der Presse unter. Den Gegnern der Grenzöffnung lief bei jeder Veröffentlichung in der Zeitung der Saft im Mund zusammen, jede Festnahme, ein Festmahl.

»Wir haben es ja gewusst!« – die Parole.

Doch die Wogen haben sich gelegt.

Der Fokus der Menschen, die ich Schwarzmaler und Pessimisten nenne, liegt fortan auf Rumänen, Bulgaren und den Asylwerbern.

Heute sind MitarbeiterInnen aus dem ehemaligen Ostblock aus unserer Wirtschaft nicht mehr wegzudenken. Ich wage sogar zu behaupten, dass die österreichische Gastronomie ohne AusländerInnen nicht mehr funktionieren würde. Dasselbe gilt für das Baugewerbe, die Landwirtschaft, das Gesundheitswesen usw.

Doch mit den Menschen aus dem Ostblock und dem ehemaligen Jugoslawien haben wir uns ausgesöhnt und die Aufschreie verhallten.

Doch sie werden da wieder laut, wo es andere Gruppen von Menschen gibt, die sich von uns Österreichern unterscheiden.

Die Flüchtlingswelle

Ich weiß noch, als wäre es erst gestern gewesen, als ich an einem strahlend schönen, aber eisig kalten Oktobermorgen 2015 den Berg hinunter zur Eisstockschützenhalle in Julbach fuhr. Es kam mir eine Schlange von Menschen entgegen, die Rucksäcke und Kinder den Berg hinaufschleppten. Sie zogen Hand in Hand, Alt und Jung, die Gesichter angstvoll und doch voller Hoffnung, an mir vorbei und lösten bei mir Emotionen aus, die ich nicht unterdrücken konnte. Heulend meldete ich mich beim Ortskommandanten des Roten Kreuzes an und fragte, wo ich helfen konnte.

In den darauffolgenden Wochen, in denen ich die Zeit mit den HelferInnen und geflüchteten Menschen verbrachte, veränderte sich auch mein Leben. Ich bin sehr dankbar für die Erfahrungen, die ich machen durfte, und war überwältigt von der Hilfsbereitschaft und dem Zusammenhalt der HelferInnen, die teilweise selbst überfordert und innerlich »zerrissen« waren.

War es richtig, was wir taten?

Waren es nicht zu viele Menschen, die zu uns kamen?

Wie würde sich unsere Zukunft gestalten?

Es stellten sich uns viele Fragen und wir waren oft von Emotionen hin- und hergerissen.

Die meisten Menschen wollten nach Deutschland weiterziehen und wir hielten sie nicht auf. Als Krankenschwester konnte ich eine Ärztin unterstützen und mit meinem bescheidenen Farsi-Wortschatz, den ich mir schon Jahre zuvor angeeignet hatte, da mein Vater durch sein Studium Freunde in Persien hat, zauberte ich so manches Lächeln auf die gepeinigten Gesichter der Flüchtlinge.

Das Putzen der Toiletten stellte uns vor große Herausforderungen und uns wurde schmerzlich bewusst, dass der Kulturunterschied bereits bei diesen scheinbar nichtigen Grundbedürfnissen weit auseinanderklaffte. Böse Zungen behaupteten, die Flüchtlinge würden »auf uns scheißen« und absichtlich die Toiletten verschmutzen und unbrauchbar machen.

Ich habe Persien bereist und weiß, dass es Landstriche gibt, wo keiner von der Existenz eines Sitzklos je gehört hat, geschweige denn von Toilettenpapier, wo die Benützung eben dieses, anstelle von Wasser, geradezu als unhygienisch gilt.

5 Toiletten für 1500 Flüchtlinge, ohne Wasser und oft auch ohne Papier! – mehr will ich dazu gar nicht sagen.

Natürlich habe ich das eine oder andere Gespräch mit Menschen, vor allem aus Syrien und Afghanistan, gesucht. Meine bescheidenen Kenntnisse über Syrien habe ich aus dem Internet. Ein Land, das eine alte Kultur hat und zum Teil hochentwickelt ist, zerfallen zu sehen, ist schmerzlich. Viele junge Menschen sprachen fließend Englisch und schienen sehr gebildet zu sein, doch natürlich waren auch andere dabei, deren Wissenshorizont sehr beschränkt war.

Und ich wusste, es würde nicht leicht für sie werden. Und für uns auch nicht.

»Wir werden euch alle abschlachten und die Wege mit euren Köpfen pflastern«, soll ein Flüchtling zu einem Dorfbewohner gesagt haben. Dieser Satz kursierte im ganzen Ort und verbreitete Angst und Schrecken. Die Bewohner verließen kaum ihre Häuser. Ich war erstaunt über den wirklich beeindruckenden Wortschatz dieses angeblichen Asylwerbers und gab es schließlich auf, die Leute davon zu überzeugen, dass es sich hierbei nur um ein böses Gerücht handeln konnte.

Fragen über Fragen drängen sich in meinen Kopf.

Was war gut – was war schlecht?
Was ist gut – was ist schlecht?

Als im August 2015 auf der Autobahn von Ungarn nach Wien ein Kühllastwagen mit 71 Leichen aus Syrien, dem Irak und Afghanistan entdeckt wurde, hörte ich nicht nur einmal: »Naja, sind wenigstens ein paar weniger«, was in mir tiefe Betroffenheit auslöste. Nicht nur die Gefühllosigkeit dieser Aussage, sondern auch die Aussichtslosigkeit von einem friedlichen Leben aller Menschen auf dieser Welt stürzten mich in eine tiefe Traurigkeit.

Allein was in den letzten Jahrhunderten in Afrika passierte – Kolonialisierung – Unterdrückung – Menschenhandel – Waffenhandel – Ausbeutung –, all das treibt diese Menschen nun zu uns, in ein vermeintlich besseres Leben, das die wenigsten hier finden werden.

Warum ist Deutschland der viertgrößte Waffenhändler der Welt?

Wer verdient am meisten bei diesem Geschäft?

Wir Europäer haben eine Verpflichtung all jenen Menschen gegenüber, die durch unsere Waffen getötet oder vertrieben werden.

Zugegeben.

Nicht jeder Asylwerber ist ein guter Mensch.

Zugegeben.

Auch nicht jeder Europäer ist ein guter Mensch.

Das Bild Europas

Das Bild Europas wird sich weiter verändern, so, wie es sich im Laufe der Geschichte ständig verändert hat. Europa wird bunter werden.

Ich bin stolz ein Teil dieses Europas zu sein, mit all seinen bunten Menschen und dem pulsierenden Leben.

Unsere Kulturen sind mannigfach und jede für sich erlebenswert, denke ich nur an mittelalterliche Dörfer und Städte, an das einzigartige Venedig, um das uns die ganze Welt beneidet.

Wir steigen auf den schiefen Turm Pisas und lassen unsere Augen vom Eiffelturm aus über ganz Paris schweifen. Wir erfreuen uns an den Wiener Ringbauten und den im Jugendstil erbauten U-Bahnstationen, an Hallstatt, Salzburg und Bad Ischl.

Städte wie Rovinj lassen Einblicke in das 19. Jahrhundert zu und die Akropolis lässt uns zweieinhalbtausend Jahre zurückblicken, genauso wie Rom, das mich schon als Kind faszinierte und nicht mehr losgelassen hat.

Gebirgsketten prägen die Landschaft Mitteleuropas und hunderte bezaubernde Inseln und Küsten laden zum Verweilen ein.

Ich schließe die Augen und sehe lila Lavendelfelder, die sich bis zum Horizont erstrecken, rieche das Meer und streife durch mittelalterliche Gassen. Im Geiste bewundere ich die Fachwerkbauten, die schon Jahrhunderte bestehen und eine Menge zu erzählen hätten, könnten sie sprechen.

Das nordische Europa hat architektonisch nicht weniger zu bieten und besticht zusätzlich mit unberührter Natur, wo in vielen Teilen der Mensch noch nicht eingegriffen und etwas verändert hat.

Europa ist Faszination, Schönheit und Vielfalt. Wir können an den schönsten Stränden der Welt Urlaub machen oder Alpengipfel erklimmen, wir können in glasklaren Seen baden oder uns in Städten voller Kultur und Sehenswürdigkeiten tummeln.

Kein Menschenleben reicht aus, um auch die entlegensten Winkel Europas zu bereisen.

Jedes Land hat seine Eigenheiten und jede Sprache eine Faszination, die aber leider durch die Globalisierung etwas verlorenzugehen drohen.

So sehr ich es schätze, dass ich in jedem Supermarkt ein »Pesto genovese« bekomme, so sehr vermisse ich auch die Aufregung, die freudige Erwartung, dass früher eben ein Solches meinen Urlaub in Italien »ganz speziell« machte.

Parmesan & Co gehören heute in ganz Europa zum Sortiment der Supermärkte und schmälern dadurch leider das Urlaubsfeeling, denn mit dem Konsum nutzt sich auch der Geschmack ab.

Doch das ist eben der Preis, den wir zahlen, wenn wir »eins« sind.

Frieden in Europa

Noch nie in der Geschichte unseres Kontinents hat eine Friedensperiode so lange angedauert wie eben jetzt. Für diese Tatsache sollten wir alle dankbar sein.

Die europäische Bündnispolitik sichert unseren Frieden und beschert uns viele Möglichkeiten, wie wir uns entfalten und ein Leben gestalten können, das unseren Vorstellungen entspricht.

Es muss alles vermieden werden, was das europäische Friedensprojekt gefährdet.

Vor allem wünsche ich mir, dass auch die Medien in die Verantwortung genommen werden, welche einen großen Einfluss auf die Bevölkerung haben und sehr viel zur Meinungsbildung beitragen.

Die Prägung des Begriffs »Jammern auf hohem Niveau« trifft den Zahn der Zeit.

Ich bin noch in einer Generation aufgewachsen, die sich nur am Wochenende Schlagobers, oder Schlagsahne, wie unsere deutschen Nachbarn sagen, leisten konnte und sich überlegte, ob sie Butter oder Margarine kaufen sollte.

Dass seit dem Euro alles teurer geworden ist, kann ich nicht nachvollziehen. Noch nie konnten wir uns, oder haben wir uns so viel geleistet wie heute.

Wenn einem meiner Söhne das Handy am Boden zerschellt, wird noch vor Geschäftsschluss eine neues gekauft, was vermutlich für einen Großteil der Österreicher gilt. Ein paar hundert Euro für ein neues Handy schmerzen zwar, werden aber ausgegeben.

Wir tanken, wenn das Auto nach Treibstoff schreit, wir gehen ins Kino, wenn uns danach ist, und essen, was uns schmeckt. Wir haben Zugang zu den tollsten Ausbildungen und haben die Möglichkeit, aus unserem Leben etwas zu machen.

Wir reisen durch Europa und fliegen um die Welt.

Ich bin Optimistin.
Ich liebe das Leben und ich liebe die Menschen.
Ich liebe Europa.
Es wird nicht immer leicht sein, muss es auch nicht.
Aber wir können daran arbeiten. Jeder von uns!
Ich wünsche mir vor allem Toleranz und Wertschätzung.
Ich wünsche mir ein Europa, das vor allem auf gegenseitigen Respekt achtet.
Ich wünsche mir ein Europa, in dem Menschsein geschätzt wird.
Ich wünsche mir Achtsamkeit untereinander und ich wünsche mir auch Achtsamkeit gegenüber unseren Tieren.
Ich wünsche mir Menschen, die unsere Natur respektieren und nicht ausbeuten.
Und ich wünsche mir eine Veränderung zu einem verantwortungsvollen Konsumverhalten.

Unsere Wegwerfgesellschaft steht vor einer Wende – muss vor einer Wende stehen.
Wir werden es schaffen.
Ich glaube fest daran.
Gemeinsam.
Vereint.

In unserem schönen Europa.

Victor Klykov

Ansicht aus dem Ost-West-Zugfenster

Föhren, Birken und Gras
schauen in das Zugfenster,
aber die Vorposten teilen sie
und stören mein Blickfeld.

Sie bewachen die Grenzen,
sie teilen die Menschen,
doch wollen die Leute, wie Vögel, fliegen,
wohin ihre Seelen mögen.

Wann werden wir im freien Verkehr
ohne Visa, Pässe und Grenzen
auf friedliche Weise, wie Vögel,
den irdischen Ball durchkreuzen?

Ich träume davon, um fortzufahren:
Die Grenzen werden überall fallen,
und die Menschen zwischen den Ozeanen
frei, friedlich und freundlich wandern …

Victor Klykov

Der Musengöttin

Voll Ehrfurcht beug' ich meine Knie,
der Musengöttin, vor dir.
Ich sehe dich nur aus der Ferne,
vor der Nähe spür' ich Angst in mir!
Auf dem Olymp der hohen Kunst
leuchtest hell du vorm Altar.
Die Inspiration befeuert mich,
so wie zur Jugendzeit es war.
Wenn ich den Talenten lausche
und so viel verschiedene Gesichter sehe,
ruf' ich mit Dir im Freudenrausche –
»Ich bin von ganzem Herzen
für ein Europa ohne Grenzen!«

* An die Organisatorin des Konzerts »Für ein Europa ohne Grenzen« in der Elisabethkapelle der Franz-Josephs-Kirche am Mexikoplatz, Wien, 18. Mai 2004.

Schönbrunn Wien

Ich sitze im »Residenz«,
ganz in der Mittagssonne.
Die Luft ist kühl und rein.
Zufrieden murmeln die Touristen,
es zwitschern frech die Vögel.
Wärme im Oktober
(nie werd' ich mich daran gewöhnen).
Der Park ganz grün, in voller Blüte,
und ich versinke in wunderbare Ewigkeit,
ins Herbstkleid der Natur.
In ihr, da bin ich aufgestanden,
wanderte entlang der Pfade
der Alleen in des Herbstes Pracht.
Göttinnen daneben, nackt
im Laube, still von Trauer.
Neptun, in den Kreisen edler Nymphen,
ließ Wasserfälle stürzen zum Palaste hin,
und weiße Schlangen
ringelten sich zischend,
stoben dann in Blasen an Steinen auseinander,
legten sich auf der Fontäne grauen Leib,
und ringelten sich im Schaume
in der Schale voll von Wasser ...
Jahrhunderte dahin, vom Augenblick,
da starkes Reich, Paläste herrlich wuchsen,
doch stehen auch bei der Gloriette
in Rüstung Bäume,
und umringt von Löwen.

Nachts liegt Algier ruhig da

Nachts liegt Algier ruhig da,
plötzlich Walzerklänge,
kreisend, aus der Tiefe her …
Familie Strauß ist stets versammelt:
Geigenzauber klingt,
dann springt die Polka flott dahin,
der Csárdás lässt die Herzen schluchzen!
Und ich – ich bin so froh!
Als wär' von neuem ich in Wien,
dass mich mit seinem Klang umkreist!

Harald Kollegger

Europa als seltsamer Attraktor

Gedankenspiel über ein beispielloses Experiment

Könnte man die Welt in das Modell eines nichtlinearen dynamischen Systems pressen, erschiene Europa in einem Segment des Phasenraums vielleicht als seltsamer Attraktor. Seltsam heißt ein Attraktor dann, wenn er sich aus Linien zusammensetzt, die einander nicht kreuzen, und durch Dehnung, Kompression oder Faltung Gebilde entstehen, die man im Jargon der Chaostheorie fraktal nennt. Fraktale Formen kommen zustande, wenn in einem begrenzten Raum unendliche Wiederholungen stattfinden, deren Muster kontinuierlich auf sich selbst abgebildet werden. Ein solches System birgt eine Reihe von Variablen, die nicht unabhängig sind, sondern in fortlaufenden Schleifen einander verstärken oder abschwächen, wodurch prognostische Einschätzungen nicht nur erschwert, sondern unmöglich werden. Umso überraschender mutet es an, dass in solchen Systemen immer wieder wie von Geisterhand Ordnungsinseln auftauchen, die weit vom Gewohnten abweichen.

Fasst man, wie der 1933 von Nazi-Schergen ermordete Theodor Lessing in den 1920er Jahren dargelegt hat, Geschichte als Sinngebung des Sinnlosen auf, erhält man wie in manchen Algorithmen der Chaostheorie unerwartete Ergebnisse, die sich einer kausalen Zuordnung und einer ganzzahligen Dimensionierung entziehen. Weil Menschen Fehler unterlaufen, sie also Mängelwesen sind und deswegen in ihrem Tun und Lassen unerwartete Effekte eine ungleich größere Rolle spielen als die störungsfreie Durchsetzung von Absichten, sind weder Akteure noch scheinbar Unbeteiligte von Einflüssen seltsamer Attraktoren gefeit. Wie in der relativ überschaubaren Alltagsarena des Einzelmenschen gibt es im ungleich größeren sozialen bzw. politischen Handlungsraum, in dem sich Kombattanten mit differierenden Interessen umtun, keine kleinen, schnell und reibungslos zu verrichtenden Arbeiten. Wie uns die Vertreter einer heuristisch orientierten Philosophie (Schleiermacher, Gadamer, Marquard) gelehrt haben, sind beim Erheben und Gewichten von Daten, bei ihrer Darlegung durch Bild und Sprache, beim Aushandeln und Entscheiden Missverständnisse die Regel und nicht die Ausnahme. Weil gegenseitiges Verstehen ohne Mühe nicht zu haben ist, bleibt uns, wollen wir unerwünscht destruktive Attraktoren (negative Attraktoren oder Repelloren genannt) – Krieg, soziale Klüfte, ökologische Krisen, spirituelle Verarmung – vermeiden, nichts übrig, als unentwegt tausend schöne Lügen von wenigen unschönen Wahrheiten abzugrenzen. Bei allen politischen und weniger politischen Unternehmungen, bei Attacken und Abwehrmaßnahmen, gilt es, das Wesentliche nicht aus den Augen zu verlieren, einem Attraktor zu folgen, der nichts Seltsames an sich hat, weil er in klar erkennbaren, historisch vielfach verschränkten und oftmals aus Kämpfen hervorgegangenen Handlungslinien verankert ist, deren Geflecht wie eine nicht beliebig dehnbare Hülle Freiheit, Demokratie und Menschenrechte umschließt.

Europa (46 Staaten, 170 Sprachen, 730 Millionen Einwohner) ist als Realgebilde und als Idee eingebettet in eine 500-jährige, bis in die allerjüngste Zeit blutige Geschichte, in der Verfolgung und Ausrottung an der Tagesordnung waren. Auf engem geographischen Raum und mit erstaunlichem Furor wurden in wenigen Jahrhunderten koloniale Eroberungsstrategien, rassistische und/oder religiöse Wahnvorstellungen und die Vernichtung lebensunwerten Lebens ebenso in der Realität verankert und weiterentwickelt wie Nationalstaaten, Wissenschaft, Philosophie, Literatur, Technik, Handwerk, Industrie und Musik. In fortwährender Beschleunigung überlappten sich europaweit und auf anderen Kontinenten Initiativen und Widerstände, fixe Ideen und rückblickend kaum vorstellbare Nachlässigkeiten, ausgegeben als Dogmen und Toleranzen, maskiert als Euphorie, Apathie und Verdruss als ein unüberschaubares Netzwerk einander beeinflussenden Variablen. Man muss kein Skeptiker sein, um sich zu wundern, dass im offenen nichtlinearen dynamischen System europäischer Geschichte zuweilen wo Gefahr im Verzug war, auch das Rettende wuchs (Hölderlin), aber schon zwei Türen weiter destruktivste Ereignisse nicht ausblieben. Schmerzvoll und irritierend muss man zur Kenntnis nehmen, dass das infernalische Potpourri von Aggression und Vergeltung so manche Grenzen zwischen Tätern und Opfern verschwimmen hat lassen oder für immer verwischt hat.

Der Stier, auf dem Europa stets aufs Neue entführt wird, trottete und trottet mit gesenktem Haupt dahin und irrt, gepeinigt von immer neuen Nasenringen, vorwärts in eine unbestimmte Zukunft. Manchen seiner Treiber sind weder Menschenrechte noch Demokratie heilig, weder Freiheit noch Solidarität, weder Natur- noch Minderheitenschutz. Andere, eher auf Schonen, Behüten und Besinnen als auf strenge Dressur bedachte Treiber wissen mit Begriffen wie Technikfrömmelei, inspirierter Unterlassung, pathologischem Tourismus, Wohlfühlzwang, Reizschutz oder digitaler Demenz etwas anzufangen und trachten deswegen danach, den Spiel- und Kommunikationsraum zwischen Schrei und Befehl zu erweitern. Kaltes Grauen packt sie, und ihr Goodwill wird auf eine harte Probe gestellt, wenn rechtspopulistische EU-Mandatare der Hand, die sie pflichtschuldig füttert, die ersten Finger abbeißen, Regierungen in Italien, Österreich, Polen und Ungarn Steuer- und EU-Gelder missbrauchen, um Asylsuchende zu verhöhnen, Pressefreiheit einzuschränken, Minderheiten zu diskriminieren, liberale Rechtssysteme auszuhebeln und nationalistische Ressentiments zu schüren. Leider unsichtbar windet Europa sich auf dem unhörbar brüllenden Stier, weil ein seltsam destruktiver Attraktor ihr ans Leder will, dessen Anhänger offen oder hinter verschlossenen Türen dem Leitspruch zum Durchbruch verhelfen wollen: *Für dein Geld, schöne Frau, ist uns nichts zu teuer, nicht einmal deine Auflösung.* Wie hat es kommen können, fragt Europa auf dem schweißnass glänzenden weißen Fellrücken des Stiers, dass sich die Nachfahren plündernder Kaiser- und Königreiche gegen Verantwortung, Reue und Wiedergutmachung abschotten, weder Kosten noch Mühe scheuen, Xenophobie und Menschenrechte, Armut und Steueroasen, Täter und Opfer, nationalistische Selbstwertobsessionen und versöhnliches Weltbürgertum unter einen politischen Hut zu bringen, der all dieser Widersprüche zum Trotz 2012 mit dem Friedensnobelpreis dekoriert wurde?

Wäre ich der Ururenkel von Kautschukarbeitern der Anglo-Belgian India Rubber Company im Freistaat Belgisch-Kongo, die, sagen wir im Jahr 1895, als Sigmund Freuds und Josef Breuers *Studien über Hysterie* als Buch erschienen, abgeschlachtet wurden, könnte ich die Gräuel, die meinen Vorfahren und acht Millionen andere unfreiwillige Untertanen des belgischen Königs Leopold II. aus dem Haus Sachsen-Coburg und Gotha das Leben gekostet haben, nicht einmal annähernd begreifen, geschweige denn angemessen nachempfinden. Käme ich 120 Jahre später als Asylsuchender nach Europa, nach Österreich, ins Flüchtlingslager der Stadt Traiskirchen beispielsweise, welches korrekt Bundesbetreuungsstelle für Asylwerber heißt, jüngst jedoch auf Vorschlag des österreichischen Innenministers umbenannt wurde in Ausreisezentrum, fiele mir in meiner Verzweiflung über den Sarkasmus und die krankhafte Zuversicht der Übersättigten in diesem Land vorerst wenig Tröstliches ein. Später käme mir vielleicht Hannah Arendts Werk *Elemente und Ursprünge totaler Herrschaft* unter die Augen und hielte mich in Atem, insbesondere dessen auf Ausgleich abzielende Parole *Verzeihen & Versprechen*. Durch welches Versprechen, fragte ich mich, würde welche Person oder Institution welche Gräueltaten an welchen meiner Vorfahren verzeihen können?

Käme ich als talentierte Tochter einer prekär beschäftigten alleinstehenden Frau, die an der Supermarktkasse in Ottakring oder Oberwölz ihren Unterhalt verdient, auf die abwegige Idee, an der Karl Landsteiner Privatuniversität in Krems oder an der Paracelsus Privatuniversität in Salzburg Medizin studieren zu wollen, hätte ich außerhalb des ausgebooteten staatlichen Bildungswesens meines Heimatlandes mit jährlichen Studiengebühren von 15 000,- € plus Miet- und Lebenserhaltungskosten von jährlich rund 15 000,- €, insgesamt also satten 2 500,- € monatlich zu rechnen, mehr als das Doppelte des Einkommens meiner Mutter. Ihre beiden anderen Kinder, die wie ich überdurchschnittlich begabt sind, möchten ebenfalls an einer privaten Universität ein Studium absolvieren, wodurch sich unsere finanziellen Ausgaben auf das Sechsfache des Familieneinkommens erhöhten. Beispiellos ist, was sich in Bezug auf die sogenannte höhere Bildung in einem Mitgliedsstaat der EU in den letzten zwei Jahrzehnten getan hat. Die öffentlichen Hochschulen, hinsichtlich Lehrpersonal, Laboratorien und Geld ausgehungert, der private Bildungssektor mit dürftiger akademischer Tradition und Fachleuten ungeprüfter Gelehrsamkeit beladen, kostspielig und dennoch boomend. Um nach vielleicht sieben Studienjahren in Österreich oder anderswo als Ärztin arbeiten zu dürfen, muss ich entweder schon im ersten Semester eine Bank überfallen, mich als Callgirl verdingen oder einen Kredit aufnehmen, der mir einen Schuldenberg in der Höhe von 210 000 Euro aufbürdet, den ich abgetragen haben werde, wenn die ersten Hitzewallungen mir den Beginn meiner Menopause anzeigen. Als EU-Bürgerin mit einer Lebenserwartung von 84,1 Jahren packt mich beispiellos blankes Entsetzen bei der Erkenntnis, dass rein ökonomische Effizienzpostulate auch späterhin sowohl meine Fortbildung als auch meine Erholungszeiten verkürzen werden, während der BUWOG-Prozess in sein zwanzigstes Jahr geht, Kärntens Hypo-Alpe-Adria-Entschuldung noch immer nicht auf die Zielgerade einbiegt, unversteuerte Milliarden europäischer Betriebe in den Briefkastenfirmen Jerseys und den Stiftungen Liechtensteins unangetastet bleiben und die Küchenbelegschaften der Nobelrestaurants in Kitzbühel oder Ischgl weiterhin für einen Hungerlohn 60 Stunden pro Woche und mehr herunterzubiegen haben.

Wäre ich chronisch krank oder pflegebedürftig, müsste ich, um in meinem österreichischen Krankenzimmer mit der reisemüden Frau, die mich rund um die Uhr betreut, zu scherzen oder sie zu ermahnen, Rumänisch, Ungarisch oder Slowakisch sprechen und meinen Kindern monatlich rund tausend Euro abknöpfen, zeigten sich doch all meine Bundesregierungen aus den letzten 50 Jahren unwillig oder außerstande, Ausbildungs- und Rahmenbedingungen zu schaffen, die meinen jungen Landsleuten eine fachkundige und gut bezahlte Alten- und Behindertenbetreuung schmackhaft machte, anstatt sie bei jeder Gelegenheit zu hochriskanten Start-up-Abenteuern im World Wide Wirrwarr zu ermutigen. Mein Neffe, der mich regelmäßig besucht und nicht auf den Mund gefallen ist, sagt beim Abschied immer leise Servus, fügt aber manchmal hinzu, es wäre für alle Leidtragenden erzkonservativer Politik in Europa, insbesondere seine geschlechtsneutral schlaffen AltersgenossInnen, höchste Zeit, ihr Biedermeiergetue, ihr naives Selbstgefühl abzulegen und zu kapieren, dass sie können, wenn sie wollen, was sie müssen, nämlich ihre Komfortzonen zu verlassen und Widerstand leisten statt als Haustiere ihrer Wischmaschinen vorzeitig zu vergreisen. Wer nicht begriffen hat, dass mühelose Wege nicht der Mühe wert sind, möge ungestört verblöden, ätzt mein lustiger Neffe Oskar und versteigt sich, wenn seine Wut gegen die Verwüstung der Welt und die Verwahrlosung des Denkens ihn übermannt, zur Aussage: Wer kein Elend erlebt hat, möge aufhören, über Liebe und Gerechtigkeit zu schwadronieren. Die zwei Bücher, die mir Zornbinkel Oskar aufs Nachtkästchen und ans Herz gelegt hat, lese ich äußerst langsam, um keinen Satz zu versäumen. Das eine trägt den Titel *Gnade und Schwerkraft,* das andere *Über die Schönheit der Seele.*

Diese drei Beispiele, in denen weder von Immobilienspekulation noch von Waffenexporten, weder von mediterranen Massengräbern noch vom Brexit, weder von Vetternwirtschaft in EU-Gremien noch von kartellspezifischem Lobbyismus die Rede ist, zeigen: Auch das ist Europa. Das Friedensprojekt Europa, welches immer wieder lobend erwähnt wird, besteht auf seiner Schattenseite aus einem Staatenbund, dessen Normalbetrieb massenhaft und unausgesetzt Ratlosigkeit, Ungewissheit und Misstrauen herstellt und deren Lenker keinen Anstoß daran zu nehmen scheinen, dass gesellschaftliche Auseinandersetzungen immer öfter durch doktrinäre Gewissheiten ersetzt werden. Ohne politische Gegensteuerung auf das Wirken problemlösender seltsamer Attraktoren zu hoffen, ist naiv, denn der Markt, den neoliberale Dogmatiker und Sozialismusgegner wie Friedrich Hayek und Milton Friedman wie einen Fetisch unermüdlich beschworen und dem sie nahezu weltweit zum Durchbruch verholfen haben, hat wie der Prozess der Aufklärung oft und nachhaltig bewiesen, dass geldschwere Investoren und deren Berater, ja zuweilen selbst Halunken und Hochstapler Wissen, Freiheit und andere Hebel zur Durchsetzung von Interessen besser zu nützen verstehen als öffentliche Einrichtungen, Religionsgemeinschaften, politische Parteien, Gewerkschaften, Handwerksbetriebe, Non-Profit-Organisationen oder gar Einzelpersonen. Wenn Europas Bürger und Eliten in gemeinsamer Anstrengung keinen Impfstoff entwickeln gegen zukünftige Schrecken, werden in nicht allzu ferner Zukunft totalitäre Regime die jetzt noch unverstandenen Probleme für sie lösen. Mit welchen Methoden, Konsequenzen und Opfern ist jenen, die über Europas Geschichte genügend wissen und nicht jede hoffnungslose Lage als Herausforderung schönreden müssen, hinlänglich bekannt.

Wem auf unserem Katastrophenglobus, auch wenn wir im Vergleich zum globalen Süden hierzulande noch gut abschneiden, lediglich Friede, Freude, Eierkuchen als knebelnde Parole und der Weisheit letzter Schluss einfallen, muss sich der Betriebsblindheit bezichtigen lassen, auch oder gerade dann, wenn er oder sie mit Führungspositionen betraut ist. Denn beispiellos ist, wie auf dem schwankenden Boden der Weltrisikogesellschaft (Ulrich Beck hat als deren drei Komponenten den drohenden Ökokollaps, die Auswirkungen des High Frequency Trading auf die Realwirtschaft und die Unberechenbarkeit terroristischer Anschläge festgemacht) die Europäische Union und ihre gesetzgebenden Organe mit sozialer Ungleichheit, den destruktiven Auswüchsen des Überwachungskapitalismus (der Rohstoff Mensch und seine Verzweckung zum Nutzen Dritter durch die instrumentäre Übermacht von Google, Facebook & Co., wie kürzlich von Shoshana Zuboff dargelegt) und der sogenannten Flüchtlingskrise umgeht. Im Zeitalter des Zorns (Pankaj Mishra), dessen Frust- und Freudenfeuer nicht zu löschen sein werden, solange sogenannte Wohlfahrtsstaaten und ihre hyperaggressiven Konzerne im globalen Norden den eigenen Wohlstand wahren, indem sie ihn anderen, die im globalen Süden ein dürftiges Leben fristen, vorenthalten, ist es mittlerweile auch für die meisten Profiteure unheilvoll, Armut, Ungerechtigkeit, Abfall und Hass auszulagern, Reichtum, Demokratie, Bildung und andere Privilegien hingegen für sich zu beanspruchen (Stephan Lessenichs Buch über den Preis der Externalisierungsgesellschaft ortet *Neben uns die*

Sintflut). Öffentliche Güter zu privatisieren, Unternehmenssteuern und Einkommen niedrig zu halten und ohnedies entfesselte Märkte weiter zu deregulieren, ist sowohl ökologisch als auch sozial ein Business-Modell für rasche und nachhaltige Selbstauslöschung.

Kaltschnäuzigkeit und Unverfrorenheit auf Seiten der Mächtigen werden über kurz oder lang dazu führen, dass sich der Vertrauensverlust der Mehrheit und die Gratifikationskrisen der Begabten zu kaum beherrschbaren Epidemien auswachsen. Will sich Europa nicht auf ein Experiment einlassen, dessen Endstrecke schmutzig sein wird, weil neben trostloser Durchschnittlichkeit und malignem Amüsierzwang noch unzählige andere Gefahren unser Alltagsleben unterminieren (Dürre, Ernteausfälle, Artensterben, Demokratieverlust, Zensur, *gated communities* und *public attention deficit disorder*, um nur einige der Schädlinge zu nennen), ist es höchste Zeit, den Lehren einer ergokratischen Volkswirtschaftslehre Taten folgen zu lassen anstatt der neoliberalen Liturgie zu huldigen, welche die wachsende Zahl der *working poor* und Arbeitslosen ebenso prekär im Regen stehen lässt wie jene Gebildeten, die sich nicht als Zukunftsdiebe und Hofzwerge des Maschinenparks missbrauchen lassen, in der Öffnung zum absolut Anderen (Emmanuel Lévinas) hingegen die einzige und vielleicht letzte Chance erblicken, eine Ethik zu begründen, die der Beziehung das Primat einräumt vor dem Sein. Politische Charakterferkel, die in der Selbstauslöschung der Menschheit kein gravierendes Problem sehen oder diese, von Minderwertigkeitsgefühlen zermürbt, sogar betreiben, müssen zur Demokratie erzogen oder abgewählt werden, auch wenn die Mehrheit des Wahlvolks den Unterschied zwischen *erziehungsfähig* und *zähmungswillig* nur schemenhaft zu erkennen scheint. Demokratische Spielräume mit allen Mitteln zu erhalten und ohne Furcht vor Expertenkritik einen Stab oder viele Stäbe zu brechen für reife Gefühle, originelle Ideen und das freie Wort, möge neue Segmente der Existenz erhellen. Ah (Staunen), aha (Entdecken) und haha (Lachen) könnten dort gedeihen und die feierlichen Plattitüden aus dem Mund von Jungspunden in Kanzlerpose und dauerentrüsteten Innenministern als antidemokratische Ablenkungsmanöver entlarven.

Nichts zu machen kann als trotzige Entsagung oder vernünftiges Eingeständnis einen Gegenpol schaffen zu einem Heer von Omniexperten, das in digital vermintem Gelände Leichtgläubige mit Anmutungen, Stuss und Gerüchten löchert. Ein vorbildlicher, weil kosmopolitisch armierter Europäer, als den man den Dichter und Übersetzer Philip Jaccottet ohne Zweifel bezeichnen kann, hat den Verzicht auf Klamauk und Nonsens in die Devise *Verhaltenheit sei meine Art zu leuchten* gefasst. Wenn die Sprache die Kleidung der Gedanken ist, muss bei jeder anzüglichen oder eruptiven Wortspende die Frage erlaubt sein, wie wir denn heute angezogen sind.

Sounder thinking through clearer writing wäre als psychohygienisch günstige Trendwende auszuloben, könnten durch sie doch Studentinnen, Journalisten, Politikerinnen, Influencer, Poster, Bloggerinnen und sonstige Gefährder, was vorschnelle Schlüsse im Kerker des Gleichen betrifft, ganz ohne *Gas geben, alles richtig gemacht, Augenhöhe, breiter Brust, zeitnah, schlau* und *spaßbefreit,* von Plappersucht und Gedankenflucht bleibend genesen. Ein derzeit noch im Möglichkeitssinn vegetierendes Gemeinwesen namens SADE (Self-Aware Democracy Europe) könnte durch Mäßigung und Takt das Licht der Welt erblicken, denn, nicht nur Universaldilettanten haben erkannt: Große Geister diskutieren Ideen, mittelmäßige Ereignisse und Kleingeister Leute.

Wer nichts Besseres zu tun weiß, könnte als Europäer oder Europäerin in der Öffentlichkeit auch über Macht reden, dann vielleicht eine Weile verstummen, um Überlegungen anzustellen, welche Bemühungen geeignet sind, leeren Spaß in schwarzen Humor und schäumende Wut in skeptisch konstruktive Rebellion zu verwandeln. Im richtigen Moment auf Anregungen und Einwände zu verzichten, um Hitz- und Flachköpfe nicht zu befeuern, ist vermutlich auch kein Fehler. Statt zu jedem Würstchen seinen Senf dazuzugeben, könnte das Geschöpf, über das wir gerade spekulieren, auch singen oder unerwartet zu einem Spaziergang aufbrechen, Verrichtungen, die auch ohne WLAN und Gesichtserkennungssoftware leicht zu erledigen sind. Wie ein Sommerregen könnten stummes Dahinschreiten und aufmerksames Intonieren den Acker benetzen, der seit undenklichen Zeiten brach liegt und in dessen Boden ein beispiellos seltsamer Attraktor, wenn auch viel zu langsam, heranreift: Ein Europa, das die Geschichte der Besiegten zu schreiben beginnt, weil immer mehr Bürger – seien sie sozial bedürftig, kognitiv top, propagandaresistent oder süchtig nach Spielen, die den Tod überdauern – sich auflehnen gegen den Ausnahmezustand, den Überflieger und Untergriffkoryphäen verhängt sehen möchten als Abschreckung gegen Zivilcourage, Partizipation und Urteilskraft.

Hannah Arendt, Elemente und Ursprünge totaler Herrschaft, Piper 1991
Ulrich Beck, Weltrisikogesellschaft, Suhrkamp 2015
François Chen, Über die Schönheit der Seele, C. H. Beck 2018
James Gleick, Chaos – Making a New Science, Penguin 1987
Jacques Le Goff, The Birth of Europe, Blackwell 2007
Naomi Klein, Die Schock-Strategie, Fischer 2009
Stephan Lessenich, Neben uns die Sintflut, Hanser 2017
Theodor Lessing, Geschichte als Sinngebung des Sinnlosen, Matthes & Seitz 1983
Emmanuel Lévinas, Totalität und Unendlichkeit, Alber Studienausgabe 2014
Pankaj Mishra, Das Zeitalter des Zorns, S. Fischer 2017
Simone Weil, Grace and Gravity, Routledge Classics 2006
Shoshana Zuboff, Das Zeitalter des Überwachungskapitalismus, Campus 2018

Anna Krapfenbauer

Mein Europa

Mein Europa – die große Friedensidee
Kosmos------Universum------Unendlichkeit
Endlichkeit des blauen Planeten unserer Mutter Erde
Geliebtes Österreich meine Heimatwelt
Ein Hoffnungszelt
Unsere begrenzten Flächeneinheiten
Verglichen mit unendlichen Weiten
Europa die Hoffnung von Menschenmassen
Aller Kulturen Rassen Klassen
Erwartungshaltung Integration
Öfters nur eine Illusion
Option Möglichkeit und Freude am Leben
Wir können sie nicht alleine geben

Mein Wunsch an Europa:
Es möge gelingen
Hilfe vor Ort den Bedrängten zu bringen
Es möge gelingen
Umwelt zu schonen auf dieser Erde
Rohstoffe und Trinkwasser allen gehören
Es möge gelingen
Menschenrechte und den Frieden zu wahren

Europa umgeben von Menschenmassen
Aller Kulturen Rassen Klassen
Erwartungshaltung Immigration
Für viele nur eine Illusion
Option Möglichkeit und Freude zum Leben

Anna Krapfenbauer

Wir können sie nicht allen geben
Keine Lösung angewiesen sein auf milde Gaben
Auf der Straße zu leben keine Bleibe haben
Mein Wunsch an Europa:
Es möge gelingen
Hilfe vor Ort zu geben
Es möge gelingen
Umweltprobleme zu lösen
Als Lebensmittelpunkt sehr begehrt
Aus Unmöglichkeit oft verwehrt
Nur Angewiesensein auf milde Gaben
Auf der Straße leben keine Bleibe haben
Erwartungshaltung Migration
Für viele leider nur eine Illusion
Option und Freude zum Leben
Wir können sie nicht allen geben
Ein Sonnenzelt der schönste Bereich der EU
Ein Zentrum geliebtes Österreich

Anja Krystyn

Mein Europa

Von Olmütz in Mähren bis nach Nürnberg in Bayern fährt man mit dem Auto lockere sechs Stunden. Über die tschechisch-deutsche Grenze ist es ein Katzensprung, der ohne Gefahr für Leben oder persönliche Freiheit gelingt.

In meiner kindlichen Erinnerung an das Jahr 1966 sieht dieser harmlose Übergang ganz anders aus. Ich sitze mucksmäuschenstill auf dem Rücksitz unseres hellgrünen Skoda Oktavia Kombi und höre den Herzschlag meiner Mutter, als wäre es mein eigener. Neben ihr kurbelt mein Vater das Fenster der Fahrerseite herunter und reicht dem bewaffneten Grenzbeamten die beiden Reisepässe. Wir Kinder sind in seinem eingetragen. Der Mann in graugrüner Uniform schaut erstaunt ins Auto.

»Wieso fahren die alle gemeinsam?«, fragt er seinen danebenstehenden Kollegen. Der Herzschlag meiner Mutter wird schneller. Als polnische Staatsbürgerin musste sie mit ihrem Pass nicht beim Innenministerium, sondern beim polnischen Konsulat um Ausreise ansuchen. Nur aufgrund der fehlenden Kommunikation der Behörden sitzt die ganze Familie im Auto, ansonsten muss immer ein Familienmitglied als Pfand zuhause bleiben, damit die anderen ins sozialistische Paradies zurückkommen. Dass wir vorhaben, dieses für immer zu verlassen, ist den pflichtbewussten Gesichtern meiner Eltern nicht anzusehen.

Der Grenzer fordert meinen Vater auf, auszusteigen und das Rückverdeck des Wagens zu öffnen. Zelt, Campingsachen, Benzinkocher mit kleinem Kanister, Werkzeug, der Zöllner findet nichts Verdächtiges. Seine Stimme klingt noch immer nicht freundlich, aber er scheint beruhigt. Meine Eltern sind es nicht, das spüre ich auf dem Rücksitz. Neben mir macht mein Bruder ein ungewohnt gleichgültiges Gesicht, auch er hat die Situation verstanden. Nicht reden, nicht auffallen, bis die Lebensgefahr vorbei ist. Mein Vater steigt wieder ein. Der Beamte in Uniform zögert, sieht nochmals prüfend ins Fahrerfenster und winkt uns schließlich durch. Wir haben die Grenze aus der kommunistischen Tschechoslowakei überschritten. Das Kind auf dem Rücksitz weiß instinktiv, dass die Türen des Gefängnisses sich geöffnet haben. Etwas völlig Neues, lang Ersehntes liegt vor uns. An die Grenzposten in Bayern kann ich mich nicht mehr erinnern, ich war wohl eingeschlafen, da von den Beamten keine Gefahr ausging.

Das panische Herzklopfen musste ich nie wieder erleben. Nach einer Woche bei meiner Tante in Bielefeld ging es nach Wien, wohin mein Vater schon vorgefahren war, um für uns eine Wohnung und für sich einen Arbeitsplatz zu finden. Politisches Asyl bekamen wir ohne Probleme. Ich durfte in Österreich aufwachsen, einem Land, wo Freiheit und Demokratie den Menschen von Geburt an gehören.

Diese beiden Qualitäten sind für mich Europa, wären es aber beinahe nicht geworden. Die selbstverständlichen Grundrechte haben damals einige Kilometer nördlich von Wien aufgehört. Heute ist es unvorstellbar, dass auf einem idyllischen Grünstreifen scharf geschossen worden wäre, falls jemand ins benachbarte Österreich spazieren wollte.

Alles Vergangenheit?

Solche Zustände kommen nie wieder, denken wir und schauen gelassen zu, wie sich in anderen Staaten erneut autoritäre Fesseln ausbreiten, gewebt von den Erben des Kommunismus und deren Trittbrettfahrern. Die EU kritisiert und schaut zu. Offenbar ist der Eiserne Vorhang so schwerelos gefallen, dass einige seine Wucht vergessen haben.

Zwischen West und Ost beginnt sich wieder ein Graben aufzutun, dessen Ursachen niemand wirklich ernst nimmt. Vierzig Jahre Diktatur wirken nachhaltig in den Menschen, ohne auf den ersten Blick sichtbar zu sein. Die wirtschaftliche Misere, die in einigen südosteuropäischen Ländern bis heute andauert, liegt nicht an mangelnden Ressourcen und Fähigkeiten. Es sind die charakterlichen Eigenschaften, die sich manche Bürger in diesem System angeeignet haben. Sich aneignen mussten, um halbwegs unbeschadet durch den Alltag zu kommen. Ein guter Teil der Lebensenergie erschöpfte sich im Organisieren der einfachsten Dinge. Nicht selten gab es nach stundenlangem Schlangestehen nichts mehr. Für Werkzeug und Baumaterial musste man bestechen oder diese in der eigenen Arbeitsstelle abzweigen. Stehlen wurde zur Normalität, alle taten es, somit deckten einander alle. Je geschickter du betrügst, umso besser lebst du. Etwas Geld in die richtigen Hände springen zu lassen, war normal, um Behördenwege erfolgreich zu erledigen oder das Kind auf eine gute Schule zu schicken.

Das Prinzip des Handaufhaltens hält sich in einigen dieser Länder bis heute hartnäckig. Stehlen und Korruption blockieren die Wirtschaft auch nach dreißig Jahren. Viele der damals Aufwachsenden sind heute an der Macht. Schlechtes Gewissen, Unrechtsbewusstsein? Fremdwörter im diktatorisch erzogenen Charakter. Leider setzt er sich immer noch gegen jene durch, die heute ihr Land nach rechtsstaatlichen Werten aufbauen wollen.

Die korrupte Persönlichkeit ist immun gegen gutgemeinte Ratschläge. Diese bietet die westlich erzogene EU zur Genüge, samt finanzieller Anreize in Milliardenhöhe. Der Lebensstandard der Menschen in Südosteuropa müsste sich längst erheblich gebessert haben. Pech gehabt, das Geld ist in undurchsichtigen Kanälen versickert. Ein paar Leute sind sehr reich geworden, die meisten bleiben arm oder verlassen das Land.

Welcher Mensch wäre ich geworden, wenn der tschechische Grenzer damals unser Auto zurückgeschickt hätte? Mit welchen Werten wächst ein Mensch auf, für den Diktatur und Unfreiheit den Alltag bestimmen? Er/sie bekommt einen anderen Charakter als der freie Bürger, das wage ich heute zu behaupten. Durch eigene Leistung weiterzukommen, war nur etwas für den Kapitalismus, der brutal ausbeutete, immer und überall, so wurden schon die Kleinen erzogen. Dass Leistung nicht immer zum Schaden der Anständigen gereicht, manchmal sogar echt belohnt wird, stand im sozialistischen Erziehungsprogramm nicht drin. Kein Wunder, dass einige bei der Wende durch den Rost gefallen sind und sich die Macht des Proletariats zurückwünschen.

Leistung als guter Motor

Die meisten Tschechen gehören nicht zu dieser Kategorie, was nicht allein am starken Freiheitsdrang dieser kleinen Nation liegt. Vor allem ist es die Bereitschaft zu Leistung und eigener Initiative, die dem Land seit der samtenen Revolution beachtlichen wirtschaftlichen Aufschwung gebracht hat. Die niedrigste Arbeitslosenrate in der EU, viele Start-ups mit innovativen Technologien, stetig steigender Lebensstandard. Vergleichsweise wenige Tschechen verlassen das Land, da es ihnen in der Heimat gut geht. Die Wurzeln des freien Denkens haben sich durch vierzig Jahre Diktatur nicht abtöten lassen.

Wäre ich ein Kind des Sozialismus geblieben, hätte mich die Wende eine Generation zu spät erreicht. Dem kindlichen Gehirn hätten sich verdrehte Werte als normal eingepflanzt. So aber wurde in meiner Familie Leistung hochgehalten. Die erste Zeit der Emigration war hart. Vor allem hieß es: Sprache lernen, nicht irgendwie, sondern sehr gut. Und dann Bildung, immer wieder Bildung. Dass sie nicht nur Akzeptanz in der neuen Gesellschaft, sondern den Schlüssel zu einem freien Leben bedeutet, habe ich zuhause früh gelernt. Ebenso, dass es wichtig ist, über Geschichte Bescheid zu wissen, um die heutigen politischen Zusammenhänge zu verstehen. Dass selbständiges Denken geübt werden muss, um nicht auf Propaganda und Populismus hereinzufallen. Dass fehlendes Wissen die Menschen gutgläubig und blind für autoritäre Strömungen macht.

Ich bin dankbar, im freien und demokratischen Österreich aufgewachsen zu sein. Dieses Privileg scheinen einige im vereinten Europa nicht wirklich zu schätzen. Die Lockerheit, mit der sich wieder undemokratische Machthaber ausbreiten dürfen, macht mir große Sorge. Der autoritäre Charakter ist gefährlich, da von Unmenschlichkeit getrieben. Er kennt genau die Gefahr, die gebildete und autonome Bürger für seine Herrschaft darstellen. Daher weg mit der Bildung! Lerninhalte aus Schulbüchern streichen, Pressefreiheit und Journalisten unterdrücken, den Zugang zu objektiver Information erschweren. Es wird nicht lange dauern, bis die unbequemen Fakten aus den Köpfen eliminiert sind.

Dass die Central European University aus Budapest vertrieben, die Akademie der Wissenschaften finanziell ausgehungert werden soll, gehört zum Plan, die Menschen manipulierbar zu machen. Dieser langsam schleichende Prozess kann schnell zum Flächenbrand werden. Die EU kritisiert, ohne ernsthaft zu sanktionieren. An Freiheit gewöhnte Europäer begreifen nicht, dass totalitär geprägte Menschen nur die Sprache des Zwanges verstehen. Über gutgemeinte Kritik lachen sie nur.

Netz der Unfreiheit

Auch in unserem demokratischen Österreich beginnen sich Netze der Unfreiheit auszubreiten. Die Mehrheit der Bürger scheint dies nicht zu stören. Warum unterstützen so viele diese Regierung? Deren Vorschläge, das Recht auf persönliche Freiheit in der Verfassung zu beschränken, sind alarmierend. Die Opposition verweigert dem Gesetz ihre Zustimmung, Juristen nennen es »brandgefährlich«. Bei etlichen Bürgern hört man wenig Protest gegen die geplante Aushebelung von Menschenrechten. Wo ist das Volk auf der Straße? Haben die Menschen Angst, sich die Finger zu verbrennen, falls die Verfassung wirklich geändert werden sollte?

So harmlos beginnt die Katastrophe. Die Politik lotet die Grenzen des für das Volk Zumutbaren aus. Zuerst kommt die Rhetorik, damit die Tat danach nicht mehr so böse aussieht. Man hat sich schon gewöhnt, andere Länder machen es auch so, es geht ja nur um Asylwerber, vor denen – seien wir ehrlich – eh viele irgendwie Angst haben. Der Schutz der eigenen Bevölkerung zieht als stärkste emotionale Trumpfkarte.

Die Regierenden tun, als stünde Österreich kurz vor dem Kollaps durch kriminelle Ausländer. Dabei gehören wir, laut Statistik, zu den sichersten Ländern der Welt.

Wieso gelingt das Schüren von Ängsten so leicht? Am besten geht es bei Menschen, die sich zu kurz gekommen fühlen, im Job, im gesellschaftlichen Status, auf der Leiter des Wohlstandes. Natürlich gibt das niemand zu, um das eigene Ego nicht noch mehr zu drücken. Stattdessen sind andere schuld, jetzt eben die Asylwerber, die einem den Arbeitsplatz, die Sozialleistungen und das erfüllte Leben wegnehmen.

Sich genauer zu informieren und über Fakten nachzudenken, würde dieses Selbstbild stören. Bequemer ist es, Politikern zu glauben, die dem Volk aufs Maul schauen. An der Wahlurne entscheidet das Gefühl, nicht der Kopf. Dieser würde nämlich erkennen, dass ein autoritäres Netz uns nur scheinbar auffängt, um uns allmählich zu fesseln und schließlich zu erdrosseln. Emotion im Wahllokal kann sich bitter rächen, auch das gehört zum Wesen der Demokratie.

Unabhängig denken

Die Dumpfheit des Denkens ist eine Erblast lang andauernder Diktaturen. In der Demokratie sollten wir uns kollektive Verdummung nicht leisten. Jeder kann klare Fakten erkennen, wenn er/sie will. In Zeiten des Internets kann man, trotz Fake News, die Wahrheit herausfiltern. Niemand muss auf populistische Sprüche der Politiker hereinfallen. Allerdings erfordert dies ein gutes Maß an unabhängigem Denken. Wie gewinne ich diese Unabhängigkeit?

Nicht zuletzt durch die Emigration habe ich gelernt, dass man sich finanziell unabhängig machen soll, um wirklich frei zu sein. Nicht protzend reich, aber angemessen. Auch wenn manche das nicht gerne hören, halte ich Wohlstand und Freiheit des Denkens für Geschwister. In der sozialistischen Diktatur hätte ich diesen angemessenen Wert des Materiellen nicht gelernt. Die erzwungene Gleichstellung der Menschen hat nicht zu Bescheidenheit geführt, im Gegenteil. Die materiellen Werte wurden zu den höchsten erhoben, ihr Erwerb rechtfertigte die Mittel. Nach der Wende schlug das Pendel des Mangels in die Gegenrichtung aus, viele sahen die neue Freiheit in der Anhäufung materieller Werte.

Dass die Solidarität sich allmählich verabschiedet hat, ist klar. Die heutige Weigerung dieser Länder, auch nur wenige Flüchtlinge aufzunehmen, ist eine Folge dieser antrainierten Kälte. Solidarisch zu sein gilt nicht als Tugend, sondern als Dummheit. Klug hingegen ist, wer Geld der EU annimmt und im Gegenzug nichts gibt.

Auch bei uns sind die Leute gierig? Gewiss, aber wir haben die freie Wahl. Wenn ich mich mit Konsumgütern zuschütten will, kann ich es tun oder das Geld spenden, wofür sich bei uns viele Menschen entscheiden. Wohlstand kann Mitgefühl beflügeln, erzwungener Mangel tut dies selten.

Lüge als Tugend

Im unserem menschlichen Zusammenleben gilt Wahrheit als ethischer Wert. Dass manche Politiker es damit nicht so ernst nehmen, weiß jeder. Kein Problem, in unserem freien Land kann man jederzeit seine Meinung dazu äußern. Was passiert aber, wenn ich Angst habe, die Wahrheit zu sagen, weil sie mich oder meine Lieben hinter Gitter bringen könnte? Ich werde mit gutem Gewissen lügen. Wenn die Obersten im Staat fortwährend Märchen über die tollen Verhältnisse im Sozialismus erzählen, wird auch unter den Menschen die Unwahrheit allmählich zur Tugend.

Sage nie, was du wirklich denkst. Sei ein Radieschen, außen schön rot, der kommunistischen Idee ehrlich verpflichtet, die Mächtigen als Helden verehrend, egal, was sie sagen. Welche Farbe ein Radieschen innen hat, weiß jeder.

Es gab viele dieser zweifärbigen Charaktere die für sich und die Ihren ein erträgliches, manchmal gutes Leben herausschlugen. Die Devise lautete: Habe zu niemandem Vertrauen, auch wenn er dich hofiert, dir Geheimnisse anvertraut, dein enger Freund wird. Er/sie ist vielleicht ein Spitzel, der über dich ein Tagebuch führt, dich bis in die kleinste Intimität ausspäht. Längst ist über dich eine Akte in der Sicherheitsbehörde angelegt. Die wahre Gesinnung darf höchstens in der Familie, oft nicht einmal dort, ausgesprochen werden.

Was passiert mit den menschlichen Beziehungen, wenn man nie weiß, ob der andere lügt? Das menschliche Gehirn ist manipulierbar, es speichert eingeübtes Verhalten als richtig. Wenn ich lerne, zuhause andere Dinge zu sagen als in Gesellschaft, wird die Doppelzüngigkeit irgendwann automatisch, ich kann gar nicht mehr anders.

Jemanden zu mögen und gleichzeitig zu belügen, erfordert das Verdrehen menschlicher Werte. Statt Mitgefühl kommt Härte, statt Solidarität Egoismus, statt Großzügigkeit Geiz samt Rechtfertigung, diesen zu befriedigen. Auf Kosten der anderen, denn sie belügen mich ohne Hemmungen. Jeder muss auf sich selbst schauen.

Natürlich wird auch in der freien Welt gelogen, privat und politisch. Der Unterschied ist wieder die freie Wahl. Wenn ich mich für die Wahrheit entscheide, riskiere ich nicht mein Leben oder das meiner Familie.

Menschen, denen damals die Flucht aus der kommunistischen Diktatur gelang, haben ihre Kinder mit einem wachen Gespür für Wahrheit erzogen. Sprüche von Politikern, die Freiheitsrechte einschränken und dies als harmlos verkaufen wollen, werden schnell erkannt. Samt der Notwendigkeit, sich zu wehren, bevor die ersten Schritte zur Diktatur unumkehrbar werden. Ich frage mich, ob alle Bürger den Mut aufbringen, rechtzeitig die Wahrheit zu sagen.

Freiheit erzeugt Lust

Ist uns wirklich bewusst, welchen Wert das freie Europa für uns bedeutet? Wer jemals in den Straßen eines kommunistischen Landes auf Besuch war, versteht meine Erinnerung an die Stimmung, die mir entgegenschlug. Über den Gesichtern hing die Freudlosigkeit wie eine dumpfe Glocke, die nicht läuten darf. Stillhalten, unterdrücken, nichts anpacken, was sich frei entfalten könnte. Immer werde ich beobachtet, sanktioniert, vielleicht gerade dann bestraft, wenn mein Tun gelungen ist. Warum soll ich überhaupt etwas anfangen? Zum Glück hat die Natur das Phänomen der Gewöhnung erfunden. Nach einiger Zeit stört einen die Anpassung nicht mehr, außer, wenn man jemanden trifft, der frei und im Wohlstand lebt. Also Grenzen schließen, Medien zensurieren, Leute einschüchtern, notfalls wegsperren, wenn sie die Wahrheit fordern.

Gegen die schlechte Versorgung wurde man gleichgültig. Durch die halbleeren Regale der Supermärkte zog sich der Dunst der Resignation. Lähmung durchzog die Wirtschaft bis zu deren Zusammenbruch.

Die Nachwehen dieser Stimmung scheinen sich nur langsam aus den Herzen der Menschen zu verziehen.

Ein zu pessimistisches Bild, das längst der Vergangenheit angehört? Keineswegs, wenn man die heutigen Machthaber in Ungarn und Polen beobachtet. Wieder wollen sie den Menschen Fesseln anlegen, indem sie die Justiz und die Medien an die Kandare nehmen. Die EU setzt bürokratische Aktionen und tut ansonsten nichts. Wieder bleibt der Ernst der Lage den protestierenden Massen auf der Straße überlassen.

Bürger verursachen Zustände

In Ländern mit demokratischer Tradition haben die Rechten immer mehr Zuspruch. Wissen die Menschen, welches Leben sie mit diesen Politikern zu erwarten haben? Welche menschliche Grundhaltung hat jemand, der die Charta der Menschenrechte ignoriert? Der das Recht zum Diener der Politik machen will? Am Ende steht die Aushebelung der Verfassung, Abschaffung des Rechtsstaates, Etablieren der Diktatur.

All dies beginnt mit der Ignoranz jedes einzelnen Bürgers, der zu bequem zum Nachdenken ist, zu feige, das Nachgedachte zu äußern, zu opportunistisch, seinen persönlichen Vorteil aufzugeben. Hier beginnt der Tod der freien Meinung, langsam und schleichend.

Für mich persönlich brachte das freie Europa den Aufbruch in ein neues Leben. Die Achtung von Menschenrechten ist damit eng verbunden. Ein politisches System kann nur dank seiner Bürger funktionieren. Nicht die Politiker verursachen die Zustände, sondern die Menschen, die sie wählen. Gute Zustände sind ein Reflex von uns allen. Indem wir politische Entscheidungen zulassen, heißen wir sie willkommen. In der Diktatur haben die Menschen keine Wahl, in der Demokratie sehr wohl. Ich frage mich, ob uns allen diese Verantwortung bewusst ist. Nach welchen Werten wählen wir unsere Politiker?

Marlen-Christine Kühnel

Reise ins Ungewisse

Wenn bis ins letzte Beduinenzelt
der Reichtum Europas strahlt,
weil Satelliten Nachrichten bringen,
die Hoffnungen schüren,
dann darf sich keiner wundern,
wenn Völker ihre Pakete schnüren
und sich auf die Reise machen.
Auf die Reise in jenes Paradies,
das aus dem Fernseher leuchtet,
dort, wo hundert verschiedene Käsesorten,
hundert verschiedene Joghurts,
hundert verschiedene Brote
in den Regalen zum Angebot liegen.
Wo sanfte Musik
aus glitzernden Auslagen rieselt,
und Menschen am Stephansplatz
Walzer tanzen.
Wo man sich auf der Wiesn
tagelang mit Maß voller Bier amüsiert,
wo der Songcontest Nationalitäten verbindet,
dort, dort wollen sie hin
und schnüren ihre Pakete.
Und jetzt?

Auf der Flucht

Getrieben durch Leid,
vertrieben aus Not
zu allem bereit
für ein Stückchen Brot.
Nach Europa marschieren
ins Ungewisse hinein.
Am Fluchtweg erfrieren,
Kinder auf der Reise allein.
Doch von Hoffnung getragen
auf ein friedliches Leben
wollen sie alles wagen,
ihr letztes Erspartes geben.
Und dann prasselt Enttäuschung nieder,
die Reise endet am Zaun.
Es hallen keine Willkommenslieder,
worauf können sie jetzt noch baun?
Gespalten sind unsere Herzen
zwischen Misstrauen und Fragen.
Wir verstehen zwar ihre Schmerzen
und hören auch ihre Klagen,
doch haben Angst vor diesen Massen,
die unsere Grenzen überschreiten,
wir können die Anzahl nicht fassen,
ihnen kaum Zukunft bereiten.
Getrieben durch Leid,
vertrieben aus Not
zu allem bereit
für ein Stückchen Brot.
Die Geschichte ist uralt

und oft schon geschehn.
Menschen auf der Flucht vor Gewalt
vertrauen auf Rettung, auf unser Verstehn.

Karl Lubomirski

Mein Europa

Mein Europa war das Europa des Aufbruchs, nicht des Abbruchs. Es war das Europa u.a. einer gemeinsamen Währung, Vorbild Dollar, Hintergrundstolz Taler. Es war das Europa der selbstverständlichen Aufnahme flüchtender Ungarn. Figl, Raab, de Gaulle, de Gasperi, Adenauer glaubte man und mit der gebrauchten Ente fuhr man zu viert oder fünft die Welt ab und korrigierte die Meinung der Eltern und glaubte an USA und Kennedy. Es war fast ein naives Europa, aber eben nur fast, denn ich entsinne mich genau meines Aufatmens, als der Tod Stalins im Rundfunk verbreitet wurde. Ich zählte noch keine 14 Jahre.

Das darauffolgende halbe Jahrhundert brachte jene Ernüchterung, die jeder kennt. Die soggenannte Wohlhabenheit. Reichtum macht letztendlich arm. Dem Glauben an Geld fiel ein großer Teil der Kunst, der Bildung, der Kultur, der Rücksicht, des Weltverständnisses und der Glücksfähigkeit zum Opfer. Dreijährigen kann man allerdings heute noch mit einem Buch ein Geschenk machen. Ein gutes Buch kann eine Welt sein, eine Welt.

Der Reichtum, der Überfluss Europas im Verhältnis zur »Rest-Welt« begann auszuhärten, zur Gewohnheit zu werden, zur Grundlage und endlich zum Verdienst, das man sich anrechnete und das keinen Zweifel an sich übrigließ, einklagbar und Minimum zugleich. Bürgerliche Tugenden wie Bescheidenheit, Disziplin, Toleranz, Pflichtgefühl, Vergleichbarkeit und andere fielen wie faule Äpfel vom Baum des Fortschritts. Es ging prächtig aufwärts. Nichts war schwer, selbst die Schulen immer weniger.

Große Freiräume blieben während der Studien allen Uneinverstandenen für ihre Kritik an weltweite Kriege führenden Staaten. Man marschierte, organisierte Fackelzüge, Sit-ins und ersehnte Ferien. Die Urlaubsbranche blühte.

Unversehens kam der große Umsturz. Und er kam wie immer durch die Technik. Er kam wie die Erfindungen der Elektrizität, des Ottomotors, der Schiffsschraube, eines Marconis, Watts, Nils Bors, Heisenbergs, Einsteins und Max Plancks, Edisons und anderer. Transistor, Halbleiter wurden das neue »Sesam öffne dich.« Augenblicklicher Datenaustausch öffnete weltweit der Menschen Augen und riss sie in einen Taumel der Begeisterung, ja der Befreiung von aller Ignoranz. Man nahm teil, ohne sofort die Barrieren zu fürchten, welche diese Menge der Informationen aufrichteten, der man immer weniger gewachsen war und ist. Die Manipulation warf schwärzere Schatten denn je.

Gleichzeitig aber erfuhren Vorurteile über Menschen und Staaten, Wirtschaftsräume und Lebensbedingungen eine Objektivierung und Korrektur wie nie zuvor. Das große Vergleichen begann. Unterentwicklung und Armut formierten sich in den Nischen der Welt unter gerissenen Verbrechern zum großen Treck ins unvorbereitete Europa und unter ebenfalls unvorbereiteten Kommissaren aus Brüssel, die sich unter Handlungszwang wussten. Kriegsopfer und Konfessionsopfer begannen neben den unzähligen Wirtschaftsmigranten das Verantwortungsethos der Führungen ganzer Staaten Europas zu elektrisieren. Dass diese Aufbrechenden alles andere als dumpfe Zurückgebliebene waren, ist bekannt. So weiß man von einem afrikanischen Staat, dass sich die Frauen dort mittels Mobiltelefonen verständigt hatten, um sich ausnahmslos gegen die gefürchteten Röteln zu impfen.

Mobiltelefon, das Vademecum der Moderne, der elektronische Kant, Aufklärer, Segen und Fluch in einem.

Staatsumstürze wird man künftig nicht mehr vom Rednerpult aus führen. Die Unzufriedenheit hat eine Waffe, wie noch nie zuvor, und weil es eine demokratische Waffe ist und von jedem Kind beherrscht, wie uns sogar ein einzelnes schwedisches Mädchen zeigt, wird ihr nur die Vernunft gewachsen sein, die weltweite Vernunft, die die übergeordneten Begriffe wie Friede, Güte, Mitleid, Opfersinn wieder kennt.

Wir wissen, dass das Ziel aller Flüchtlinge nie das Auswandern, sondern immer das Überleben war und bleibt; und wir wissen ebenfalls, wie oft Schein-Menschlichkeit von Verbrecher-Organisationen eingesetzt worden ist. Europa war sosehr überfordert, dass es an sich zu zweifeln begann. Es war jenes Europa, das mit Meilenstiefeln aus gutem Willen und wenigen Riesenschritten in schnellen Etappen erreichen will, was hinfort sein ganzes Geschichtsbild prägen kann und ganze Kontinente umstimmen sollte. Aber große Ziele erreicht man durch Beharrlichkeit und Vertrauen und zielstrebige kleine Schritte der Menschlichkeit entlang. Weder Eitelkeit noch Eile werden das Problem der Armut lösen. Geduld, Opfersinn, Zähigkeit, Unverdrossenheit und Sachkenntnis sind auf beiden Seiten gefragt, auch auf der ungeduldigen, notleidenden ist Geduld das am schwersten Einklagbare.

Europa, die Europäer haben nun eine einmalige Chance, zu beweisen, dass es unabhängig von politischen und religiösen Orientierungen eine kühle Anständigkeit, ein profanes Christentum gibt, kein Helfen-Wollen, sondern ein Helfen-Dürfen in Übereinstimmung mit der Würde jener, die Jesus als die Geringsten … uns ans Herz legte. Ein Christentum, das sich umsieht, was in bestimmten Not leidenden Zonen z.B. Afrikas als Erstes zu beheben ist und wie und von wem. Und ganz bestimmt nicht durch einen Masterplan, durch Besserwissen, Überlegenheitsgetue und Diktat, Wettkampf der Nationen und ihren Initiativen. Vor allem hat man sich ein Bild zu machen von den wirklichen Bedürfnissen, ihrem Umfang und den eigenen Möglichkeiten, diese zu lindern, und man hat Achtung zu bewahren. Nichts darf verordnet werden, aber alles ans Herz gelegt, und gerade Menschen, die zum Teil in unzumutbaren Verhältnissen leben, hat man um ihre Einwilligung zu bitten, ob man ihr Leben nach unserem Dafürhalten verändern soll. Die Würde des Bedürftigen gilt es zu wahren. Programme und Zielvorstellungen müssen vor Ort besserer Kenntnis der eigenen und objektiven Verwirklichungsmöglichkeiten weichen, die Klima, Religion, Sitte, Gewohnheit einbeziehen und nicht Eigenes in den Vordergrund rücken.

Wer sich einbildet, die Weltnot würde kleiner, irrt. Sie wird sich immer ereignen und man wird immer mehr von ihr erfahren und man soll eine Atempause wie im Augenblick die Klimatragödie nicht für mehr als Ablenkung halten.

Abhilfe? Eingreifen? Vielleicht.

Patenschaften?

Wie wäre es, wenn Europa aufgeteilte Patenschaften übernähme? Man könnte ein europäisches Konzept ausarbeiten. Dieses sähe in etwa vor, in Österreich, Holland, Deutschland, oder wo immer, freiwillige Helfer aufzurufen. Gemeinden, Städte, Bezirke, Siedlungen zu animieren, von Brüssel mittels Daten, sachlichen Informationen und finanziellen Mitteln vorderhand unterstützt, sich eines Dorfes, eines Kreises, einer Siedlung annehmen. »Kleine helfen Kleinen«, »Konrad hilft Ibrahim« anstelle von Megakonzepten. Dass sich die Helfer, Ärzte, Lehrer finden ließen, die diese Aufgabe über eine vorgegebene Zeitspanne eventuell als Abschluss ihrer Ausbildung verstehen und begrüßen würden, ist nicht unwahrscheinlich und vielerorts sporadisch bereits im Gange. Aber es ist bis heute immer von Organisationen und deren spezifischem Label abhängig (z. B Ärzte ohne Grenzen, Caritas, u.a.). Das sollte sich ändern. Die Marke sollte »Mein Europa« heißen und der Stolz eines jungen Europa werden. Es wäre Frieden bildend und würde allmählich zu segensreichen Partnerschaften und Freundschaften führen, wie uns heute schon zersplitterte Hilfsorganisationen vormachen. Aber stellen wir uns dreißig Jahre unermüdliche Kleinarbeit vor, die Schulen errichtet, einfache funktionierende Spitäler, Ausbildungsstätten für alle möglichen Berufe, angefangen beim Koch, Schneider, Tischler, Installateur, Automechaniker, Lehrer. Der Salesianer-Orden Italiens hat uns das alles jahrzehntelang vorgemacht, ehe ein Regierungswechsel dem ein Ende setzte.

Die heute Ankommenden aus Afrika haben keine Ausbildung, sie sind sprachlos und hilflos einem unfähigen Italien ausgeliefert, aus dem sie ehestmöglich auszubrechen suchen. Sie glaubten Schleppern und sammeln neben Furcht und Enttäuschung einen verständlichen Hass auf Europa und Europäer. Zuneigung und menschliche Nähe finden sie nur untereinander und in ihrem Glauben und dessen Vertretern. Aber damit dieser wachsende Hass nicht aushärtet, muss bald etwas geschehen, und da könnte hinfort das Konzept einer Form von Adoption helfen, die sich jene alle Bürokratie hinter sich lassende menschliche Nähe zum Vorbild nimmt und jene persönliche Glaubhaftigkeit erweckt, die aus Bürokraten Menschen macht.

Man stelle sich vor: Ein österreichisches Städtchen oder Dorf mit etwa tausend Einwohnern übernimmt die Patenschaft für einen eritreischen, äthiopischen, nigerianischen Weiler oder Flecken, eine Patenschaft über ein, zwei, drei Dutzend Menschen dort, Alte, Kinder. Man errichtet eine Zeltschule, eine Wasserversorgung, verbessert die Zufahrt. Man stelle sich vor, hunderte wenn nicht tausende europäische Dörfer, Städtchen, tragen je nach Umfang und freiwilliger Mindestleistung (und endlich begriffen und unterstützt von Brüssel) dazu bei, dass in zwanzig Jahren in anderen Weltteilen ein Netz von »Kulturdenkmälern« entsteht, denn nichts anderes sind diese einfachen Schulen, Bildungs-, Ausbildungs- und Heilstätten, in denen der Mensch seine Würde, seine Unabhängigkeit dank seiner erworbenen Kenntnisse erfährt, ja weltweit nützlich wird. Die heutigen technischen Mittel erlauben freilich ein augenblickliches Kennenlernen, Partnerschaften. Aber erst der Besuch eines Menschen, eines Dorfvorstehers, Bürgermeisters des fernen Europas oder eines von dort eigens Abgesandten wirkt unauslöschlich. Das Heilige von Mensch zu Mensch erlischt nicht mit dem Mobiltelefon. Es geht also darum, nicht nur mit dem Handy weltweit zu sprechen, sondern zu begreifen, dass sich hinter dieser Erfindung ein Auftrag, eine Botschaft an uns, eine Ermahnung verbirgt, enger zusammenzurücken und unsere Gleichgültigkeit zu überdenken.

Es versteht sich von selber, dass diese Direkthilfe nichts von der europäischen finanziellen Verschwommenheit an sich haben darf. Dass Gemeinden, die auf bestimmte Zeit ihre Helfer verschicken, entgolten werden müssen, dass dies aber zweifellos unverhältnismäßig weniger kosten wird, als man gewöhnt ist. Die Finanzierung und Abrechnung seitens der Europagelder würden über die im Allgemeinen redlichen öffentlichen Gemeinden unseres Kontinentes kontrolliert erfolgen.

So etwas kann nur in einem Rahmen geschehen, der erlaubt, dass der Handelnde sieht, für wen er handelt, dass das schwäbische, bairische Dorf sieht, welchem Dorf es hilft und was es bewirkt.

Wer diese Gedanken liest, wird sich vielleicht eines Phantasten, des Vorarlberger Bauernsohnes und Menschenfreundes Hermann Gmeiner (1919–1986), erinnern, dem die Welt hunderte SOS-Kinderdörfer und zehntausende Waisen ein Zuhause und eine Familie verdanken. Er begann sein Werk mit 600 Schilling, erbat von Bürgermeister Josef Koch der Stadt Imst in Tirol den Grund für sein erstes Haus eines Kinderdorfes. Fünf Jahre später war Gmeiner schuldenfrei und unterstützt von Unzähligen, die seine Werbung um mütterliche Versorgung elternloser Kinder anstelle von Waisenhäusern ernst nahmen und zum Welterfolg führten.

Und was ein Einziger schuf und fertigbrachte, könnte einem neuen, meinem Europa ebenfalls gelingen.

Im Augenblick erleben wir den Kinderkreuzzug gegen die Klimaerwärmung und schieben die afrikanische, afghanische, wie so viele andere Tragödien zur Seite. Der neue Fetisch heißt Elektroauto, aber in Wahrheit sind immer wir und nur wir die Hauptdarsteller auf allen Bühnen einer Tragödie, die die Ausrottung und Verödung unseres Planeten durch uns selber einschließt.

Matthias Mander

Mein Europa

1951

Anlässlich der Matura an der Grazer HAK 1951 stellte sich heraus, dass mir für die nachhaltige Korrespondenz mit einem deutschlernenden, gleichaltrigen Franzosen – die mein Professor initiiert hatte – ein Preis verliehen wurde, der in einer Autobusreise nach Paris bestand … Noch 17-jährig bestieg ich das ältere Fahrzeug, das eine Studiengruppe Grazer Lehrer beförderte. Der Busunternehmer hatte wohl zugestimmt, mich kostenlos mitzunehmen, ohne Sitzplatzanspruch freilich. Also spannte ich meinen Hosenriemen über den Mittelgang … Mein Ziel war allerdings nicht Paris, sondern die kleine Stadt Vitry-le-François, 220 km östlich der Hauptstadt: eine »Ville Martyre totalement détruite par les bombardements Allemands en 1940«, also eine »Märtyrerstadt, 1940 von deutschen Bomben völlig zerstört.«

Eltern und Kinder empfingen mich mit einer Herzlichkeit, die ich nie zuvor erlebt hatte. Alle befragten Harald – das klang dort immer wie »Aralde« – nach dem Verlauf seiner Reise, brachten Essen und Trinken, wiesen ein Zimmer zu, wollten meine Interessen und Pläne für diesen Frankreichbesuch kennen lernen. Der Hausvater, Raymond Brissé, war Ingenieur, Betriebsleiter des Marne-Kanals. Die besonders liebe Mutter Henriette Brissé war eine begnadete Gärtnerin, Köchin, Hausfrau. Mein Brieffreund Gérard, gleichen Alters, hatte noch eine Abschlussprüfung vor sich. Seine beiden Schwestern Danièle und Francine waren 13 Jahre und neun Jahre alt. Der große Haushund hieß Gamin. Dieser begleitete sogleich Gérard und mich auf die erste Erkundung der Nachbarschaft und der näheren spannenden Umgebung mit den riesigen Wasserwegen, Schleppkähnen und ihren nomadisierenden Bewohnern … Heute noch höre ich die helle Stimme der Mutter, wenn sie mittags und abends zur Mahlzeit rief:

»Fenfants, à table!«, »Kinder zu Tisch!«, wobei das initiale »F« als zusätzlicher Koselaut hör- und spürbar war. Der Vater, der stets mittags für eine Stunde mit seinem kleinen Renault-Kombi langsam angerollt gekommen war, saß mit uns am Tisch und erkundigte sich nach der Tätigkeit aller Kinder und des Gastes, die er in kurze Dialoge verwickelte. Immer lagen mehrere Zeitungen und Lexika zur Hand … Selbstverständlich war der junge muttersprachlich deutschsprechende Freund des Sohnes Gegenstand mancher Beobachtungen und Hinweise. Herr Brissé war Offizier im Ersten Weltkrieg 1914–1918 gewesen, musste auch im Zweiten Weltkrieg 1939–1945 militärischen Dienst leisten, doch nicht ein einziger Vorbehalt wegen meiner Herkunft kam je auf. Im Gegenteil: Ein Thema jener Tage war der im vergangenen April 1951 in Paris abgeschlossene Vertrag zwischen Frankreich, Deutschland, Italien und den Benelux-Ländern über die Zusammenarbeit in den großen Wirtschaftssektoren Kohle und Stahl. Ersonnen und durchgesetzt vor allem von Robert Schuman für Frankreich und Konrad Adenauer für Deutschland. Die sogenannten EGKS-Staaten schafften die Binnenzölle ab und schufen zur Überwachung die erste supranationale Behörde auf unserem Kontinent mit echten Kompetenzen. Überwacht wurde diese von 78 Abgeordneten aus den Parlamenten der Mitgliedsstaaten. Damals eine historische Sensation, wie Herr Brissé anerkennend erklärte. Denn das bedeutete 1951 auch die Auflösung der sogenannten »internationalen Ruhrbehörde«, einer kriegsbedingt repressiven Aufsicht über die deutsche Schwerindustrie.

Nach den hiesigen Attraktionen – Hafen- und Schleusenanlagen, Wiederaufbau-Gelände – kam die weitere Umgebung in den Blick: Bei St. Dizier (Hte. Marne) befindet sich mitten in einem großen Wald die Ruine der Abtei »Trois Fontaines«, »Drei Brunnen«, errichtet um das Jahr 1100, zerstört während der Französischen Revolution 1789: 800-jährige Spitzbogen-Gewölbe-Flügel ragen brüchig in die hohen dämmrigen Lufträume zwischen den vom Hallenboden hochragenden Baumstämmen und -kronen: anklagendes Stummbleiben der durch fromme Artefakte starrenden Leere …! Anhaltender Trost:

Die Abteiorgel wurde 1791 aus dem zerstörten Klostergemäuer gerettet und kam schließlich in die Kirche von Vitry-le-François, wo sie zwar 1940 durch Bomben beschädigt, aber nach dem Krieg renoviert wurde. – Eine Bahnfahrt nach Reims zur berühmten Kathedrale wurde geplant: Diese ab 1211 in 300 Jahren errichtete Krönungskirche der Könige wurde mir als Spitzenkunstwerk französischer Hochgotik nahegebracht. Zwischen 1914 und 1918 wurde sie immer wieder von deutscher Artillerie beschossen: Dachstuhl und Bleidach stürzten brennend und schmelzend auf unwiederbringliche Meisterwerke der Glasfenster und Statuen. Historisches Fanal! – Und der Besuch einer Verwandten Gérards in Paris ermöglichte dort zwei Nächtigungen: Die feine Dame öffnete im kleinen Salon ihres Appartements den Glasschrank, entnahm ihm mehrere Marmeladegläser und reichte mir auf winzigem Teller je ein Löffelchen voll ihrer »Confiture« zur Verkostung. Abends in Vitry spielte ich auf dem Lernklavier der Schwestern einige Übungsstücke aus den dort aufliegenden Notenheften. Der Vater rauchte seine Pfeife, hörte freundlich zu, nickte immer wieder zu den Melodien: »Très conu!«, »Sehr bekannt!« – Der Autobus für meine Rückreise wartete um 23 Uhr in einem Pariser Arrondissement. Die lieben Gastgeber zeichneten mir den Weg von der Gare de l'Est dorthin genau auf. Rechtzeitig konnte ich den Grazbus besteigen – unter dem Eindruck der tausendsten Wohltat, eigentlich Offenbarung, die ich hier in vier Wochen erfahren durfte.

1954

Die Reise 1951 war eine Initiation: Eintritt in einen anderen persönlichen Seinszustand (Status), Einnahme einer neuen Stellung in und gegenüber der Welt. Täglich tieferes Vertrauen. Hinter dort gewonnene Gewissheiten bin ich nie mehr zurückgefallen.

Dann arbeitete ich in Graz als Hilfsbuchhalter einer großen Stahlbaufabrik. Der Wiederaufbau-Leistungsdruck erforderte 58-Stunden-Wochen. Bahnhöfe, Brücken, Hallen, Krane, Schleusen, Kraftwerke waren zu reparieren oder neu zu errichten. Das Material hierfür war der kritische Engpass! Der Einkauf war die wichtigste Abteilung.

Oft wurde ich durch diese Eisennot an jene »Europäische Gemeinschaft für Kohle und Stahl« erinnert, von der ich in Vitry gehört hatte.

Mein Dienstgeber gestattete mir, in den Jahren 1952 und 1953 meinen Jahresurlaubsanspruch von je zwei Wochen (!) nicht zu verbrauchen, sondern erst 1954 mit insgesamt sechs Wochen zu nützen: In jenem Sommer 1954 folgte ich an der Pariser Universität Sorbonne dem »Cours de Civilisation française«. Ich fuhr mit meinem PUCH-Roller (dessen Auslieferung ein Jahr nach der Bestellung erfolgte) und durfte auf dem Hin- und Rückweg in Vitry-le-François pausieren. Mutter Brissé nannte mich ihren »deuxieme fils«, »zweiten Sohn«.

Ein winziges Dachzimmer in Bourg-la-Reine bei Paris wurde mir vermittelt. Täglich folgte ich den Cours-Vorlesungen, erfuhr von dem alle Gesellschaftsschichten schildernden riesigen Romansystem des Dichters Honoré de Balzac (1799–1850) und von seinem maßlosen Kaffeekonsum; im Auditorium maximum trat der berühmte Pantomime Jacques Tati (1908–1982) auf; unvergesslich, wie umwerfend genau dieser Schauspieler ganz ohne Requisiten einen Pariser Seine-Fischer darstellte … – Er sagte zu uns: »Wer sich zu groß fühlt, um kleine Aufgaben zu erfüllen, ist zu klein, um mit großen Aufgaben betraut zu werden.« Damals beschloss ich, von Graz nach Wien zu übersiedeln. Vom schicksalhaften Raum-Zeit-Kontinuum war nun jedenfalls der Raum aufgestoßen.

1955

Dass ich wunschgemäß in die Österreichische Bundeshauptstadt versetzt wurde, hatte mit dem Staatsvertrag zu tun, der nach zehn Jahren Besatzungslast Freiheit brachte und zwei von den Russen vereinnahmte Fabriken an meine Firma zurückführte. Das gab viel Arbeit auch für mich. Dienstreisen nach Deutschland und in die Niederlande waren erfolgreich.

1965

Dieses Jahr bescherte mir im Amsterdam-Wien-Express die Begegnung mit meiner späteren Frau. Wie die Franzosen hatten auch die

Niederländer während des Hitlerkriegs Schreckliches zu erleiden (z.B. die »Apokalypse Rotterdam« vom 14.5.1940: Neutralitätsbruch von 57 deutschen Bombern, die in 14 Minuten 1728 Zivilisten töteten, 78.000 Obdachlose, 62 zerstörte Schulen und 24 zerstörte Kirchen bewirkten). Überdies verschärft durch den besonders abstoßenden NS-Reichskommissar/Statthalter, der ein Österreicher war. Deshalb brauchte ich die mit guten Auslandserfahrungen gewonnenen Eigenschaften, um die verständliche Schwelle der Schwiegerfamilie zu überwinden. Da mein Schwiegervater aus Gesundheitsgründen vom feuchtkühlen Holland in die heiße Dordogne Südfrankreichs auswanderte, ergaben sich weitere Reisen, die für uns Amsterdam – Wien – Graz – Vitry-le-François – Périgueux verbanden: Mein Europa hatte feste Gestalt angenommen.

1994
In jenem denkwürdigen Jahr waren unsere fünf Kinder schon auf der Welt (*1968 bis *1983), als Österreich am 12. Juni über seinen Beitritt zur Europäischen Union abstimmen durfte. Damals war ich nachmittags mit dem Auto von Graz nach Wien unterwegs. Als ich eben über die kurvenreiche Strecke auf den Wechselpass lenkte, meldete das Radio das Abstimmungsergebnis: 66,6% hatten für den Beitritt zur EU gestimmt! Die Wahlbeteiligung betrug 82,3%, das bedeutet mit einer Zustimmung von 54,8% aller Wahlberechtigten eine satte absolute Mehrheit. Ich musste mein Auto anhalten und mich in eine Parknische stellen, weil nasse Augen mir den gebotenen aufmerksamen Blick auf den Straßenverkehr verweigerten … 43 Jahre waren seit meiner Entdeckung Europas vergangen.

2019
Am 17. 1. 2019 besuchten meine Frau und ich unseren Sohn in Straßburg, wo wir einen Tag lang seine Arbeit als (über Vorzugsstimmen gewählter) österreichischer Abgeordneter im Europäischen Parlament verfolgen durften. Der Tag begann um neun Uhr mit einer öffentlichen Sitzung des Arbeitskreises »Bildungschancen im 21. Jahrhundert«

unter seinem Vorsitz. Abgeordnete und Experten aus Deutschland, Österreich, Frankreich, England, Kroatien reflektierten die neueste Informationstechnologie hinsichtlich der Lehrpläne. Die deutsche Abgeordnete berichtete, dass sie im Ausschuss für Kultur und Bildung nachdrücklich neben den Skills für die Digitalisierung kulturelle Fächer wie Kunst und Literatur einfordere zur Stärkung des Orientierungswissens. Als später das Auditorium zu Wortmeldungen eingeladen wurde, unterstützte ich deren Position und zitierte in der Universitätsstadt Goethes dessen Gebot: »Wer Wissenschaft und Kunst besitzt, hat auch Religion. Wer diese beiden nicht besitzt, der habe Religion!« – Später setzten sich meine Frau und ich im Stadtteil »Petite France« (Kleines Frankreich) neben den Türmen der ILL-Schleusen auf eine Parkbank und telefonierten mit dem 150 Kilometer entfernten Vitry-le-François: Meine Freundin Francine Brissé, verheiratete Bonifay, war 1951 neun Jahre alt; seither sind 68 Jahre vergangen, sie war Sportprofessorin von Beruf. Ich bin inzwischen über 85. Unser Gespräch war voll herzlichen Respekts. Sie lud mich ein, doch bis Vitry weiterzureisen … Oh mein Europa!

Dank

Dankgefühl für jene historischen Persönlichkeiten habe ich zu bekennen, die ihre gute Europaperspektive seit 1951 über zwanzig Stationen in sechzig Jahren bis zum Friedensnobelpreis 2012 und bis heute weiterentwickelt haben.

»Mein Europa« ist in meiner Lebenszeit ein Weltplatz geworden, der hohe humane Kompetenz in empirisch stringenten Vollzug gesetzt hat. Europa ist ein aus den Abgründen und Tiefen der Menschheitsgeschichte und Zeitgeschichte mühsam und leidvoll heraufgeführter Raum, der heute seine Bewohner zu höchster persönlicher Qualifikation – Erkenntnis, Wirkung, Vollendung – leiten kann, wenn sie seine Gaben annehmen und an seiner Vervollkommnung mitwirken.

Jede Banalisierung, Trivialisierung, Polemisierung dieser größten und singulären sozialen Makroinnovation der Erde ist eine gefährliche Lästerung.

Denn auch wenn dieser sensible und effiziente Organismus »Europäische Union« seine selbst verfassten und aufwändig beschlossenen Regeln aussetzt oder verfehlt, denkt und handelt er wohltätig nach strengen Kriterien: 1. Seine Langmut ist befristet zwecks Sanierung! 2. Um auch ein sogar widerwilliges Gedeihen der Gemeinschaft zu ermöglichen! Der Europäischen Union ist hierin heroischer Pragmatismus zuzuschreiben, problemadäquate barmherzige Inkonsequenz! Weisheit, der die derart Geförderten und Geduldeten ihr nur so zu rettendes Verbesserungspotential verdanken!

Die Destrukteure beschädigen nicht nur die höchstrangige Kulturvision der Menschheit und die einzige real implementierte sowie unter irdischen Existenzbedingungen bestmöglich funktionierende.

Zuletzt zwei denkwürdige Tagebucheintragungen und zehn Zitate größter Europäer:

Klaus Mann: New York, 13. März 1942 – »Die einzig aktuelle, einzig relevante Frage ist: Wird aus diesem Kriege eine Welt erstehen, in der Menschen meiner Art leben und wirken können? … Geistige Mittler, Vorläufer und Wegbereiter einer universalen Zivilisation werden entweder überall zu Hause sein oder nirgends. In einer Welt des gesicherten Friedens und der internationalen Zusammenarbeit wird man uns brauchen; in einer Welt des Chauvinismus, der Dummheit, der Gewalt gäbe es keinen Platz, keine Funktion für uns.«

Benedetto Croce: Salerno, 1. März 1944 – »Was wir vor uns haben, ist eine endlose Folge von Erschütterungen, Umwandlungen und Ruinen durch Revolutionen und Kriege; sie werden ein halbes Jahrhundert und länger noch andauern. Es könnte sein, dass sich durch sie gar nichts Positives ergibt, ja dass sie zum finis Europae führen. … Und auf diesem unter jedem Schritte schwankenden Boden müssen wir das Beste zu erreichen versuchen … als Menschen, als denkende und handelnde, aber auch rücksichtsvolle Menschen, welche liebenswert bleiben wollen.«

Zehn Zitate für »Mein Europa«:

Seneca: Organe sind wir eines großen Körpers.

Karl Jaspers: Friede ist niemals durch Koexistenz, sondern nur in Kooperation.

Hans Kasper: Politik nicht als Kunst des Kompromisses, sondern der Synthese. Sie komponiert aus zwei Positionen eine dritte.

Goethe: Ich hasse alle Pfuscherei wie die Sünde, besonders aber die Pfuscherei in Staatsangelegenheiten.

Albert Camus: Es macht keinen Unterschied, ob ich schlafe oder wache, wenn ich nicht auf die Ordnung der Welt wirken kann.

F. Schlegel: Tugend ist zur Energie gewordene Vernunft.

Stewart Mill: Ein Mann mit einer Überzeugung ist stärker als 99 Leute mit Interessen.

Golo Mann: Wirtschaft, Industrie, Handel sind das Vernünftige, Aufbauende, Völkerverbindende.

Karl Jaspers: Die Tiefe des öffentlichen Tuns liegt in seiner Nüchternheit.

Schopenhauer: Genialität ist Objektivität.

Danktafel für meine Wohltäter in dieser Erzählung:

* Commendatore Prof. Dr. Michael Reinthaler, 1911 bis 2010, Präsident des Steirischen Akademikerverbands, Präsident und Ehrenpräsident der Società Dante Alighieri Graz, Germanist und Romanist, Lehrbeauftragter der Universität Graz, Professor an der Bundeshandelsakademie Graz, Grazbachgasse. U. a. Großes Goldenes Ehrenzeichen des Landes Steiermark 1988
* Ingénieur Raymond Brissé, 1891 bis 1982, Betriebsleiter der Marnekanäle, Commandant dans l'armée et Officier de la légion d'honneur après la guerre de 1914–1918 (Armeekommandant und Offizier der Ehrenlegion nach dem Krieg 1914–1918)
* Henriette Brissé, 1910 bis 2001, dessen Gattin, Mutter dreier Kinder, Hausfrau
* Gérard Brissé, 1933 bis 2012, Journaliste, Ministre adjoint dans le Ministère des affaires Étrangères Francaises, Conseiller du Roi Sihanouk, Cambodge, 1963–1967 et 1991–1997 (Journalist, zugewiesener außerordentlicher Minister des französischen Außenministeriums, Berater des Königs Sihanouk, Kambodscha, 1963–1967, 1991–1997)
* Danièle Brissé, (Daugherty), 1938, USA
* Francine Brissé, (Bonifay), 1942, Pédagogue en Sport (Sport-Professorin im Gymnasium Vitry-le-François, France)

Peter Miniböck

Mein(e) Europa*

Aus den Aufzeichnungen

Alsbald wird es Zeit … dann kommt der Moment, in dem man sich entscheiden muss, die GROSSE STRASSE DER STADT hinaufzugehen; nicht länger hinunter. So geht man alsbald die GROSSE STRASSE DER STADT hinan und … hinauf; immer hinaus … hinaus aus der Stadt, bis die GROSSE STRASSE DER STADT letztlich nur noch eine LANDSTRASSE ist, bis man die niedrigen Vorstadthäuser links und rechts der Straße sehen kann.

Man geht so weit, bis man die ersten brachliegenden grauen Felder erkennen kann; schon kommt man zu den Wiesen … zumindest eine liegt da, ausgebreitet … irgendwie erwartungsvoll.

Und man erkennt in diesem Wiesengrün – in dieser Weide – eine Oase des Friedens direkt vor der Stadt.

Sodann erkennt man auch das Weidevieh, erblickt die Rinder in ihrer stoischen Tumbheit: Unbewegliche bräunliche Flecken auf saftigem Grün.

Plötzlich hat man das unbestimmte Gefühl, die Tänzerin … nein, die PRINZESSIN, wäre einem bis hier heraus gefolgt – bis zu jener Wiese, und wäre nun, gleich einem Kind, das sich im Spiel versteckt, irgendwo hinter dem …

Erwartungsvoll blickt man auf die Wiese, betrachtet genauer das Verhalten der Rindviecher. Sofort fällt ER auf: Ein Stier, mittendrinnen in der Herde, wie eingebettet, schneeweiß in der Farbe und mit dem

Gehabe eines Souveräns. So kräftig und überlegen dieses Tier aber erscheint, so friedlich scheint es zu sein. Seine Hörner jedenfalls sind kurz und …

Man vermag sich kaum sattzusehen an seinem beeindruckenden Anblick. Da tänzelt die PRINZESSIN die Wiese hinab, direkt auf die Herde zu!

Beim weißen Stier hält sie an, beginnt ihn zu füttern, ja, streichelt ihn sogar; ohne Furcht vor diesem Bullen zu zeigen. Zärtlich umfasst sie seinen Schädel und schmückt daraufhin seine kurzen Hörner mit Blumen der Wiese. Keinen Atemzug ist man imstande zu tun, keine Bewegung … zu einer Säule ist man in diesem Augenblick geworden.

Und –
die Erwartung wird erfüllt: Schon schwingt sich die PRINZESSIN auf das Tier und schon trabt der weiße Stier mit ihr davon, weiter und weiter, bis …

Und –
auf diese Weise wurden nicht nur einem selbst die Augen geöffnet, sondern … später auch der PRINZESSIN. Ihre Liebe aber wird vergehen und das Sterben der Natur wird einsetzen.

Und –
die Angst wird zurückkehren.

* Nach Ovid verwandelt sich Jupiter (röm. für Zeus) in einen Stier, ein besonders kräftiges, aber sehr friedlich aussehendes Exemplar mit reinem schneeweißen Fell und kleinen Hörnern, die aussehen, als habe sie ein Künstler angefertigt. Jupiter mischt sich unter eine Herde königlicher Stiere, die Mercurius (röm. für Hermes) zuvor zum Strand getrieben hat, und nähert sich so Europa, die mit ihren Gefährtinnen am Strand ist. Europas Furcht ist bald überwunden, sie spielt mit dem Stier, füttert ihn, streichelt ihn und umwindet seine Hörner mit Blumen. Schließlich traut sie sich, auf seinen Rücken zu steigen – da geht der Stier ins Wasser und schwimmt aufs offene

Meer hinaus. Er bringt sie nach Kreta, wo er seine Stiergestalt ablegt und sich offenbart (Ovid, Metamorphosen ii.833–875). Aus: Peter Miniböck, DAS BUKRANION, edition libica 2016. Mit freundlicher Genehmigung des Verlags edition libica, Wien.

Helmuth A. Niederle

Eine andere Qualität der Kulturarbeit fordernd

Alle Versuche, Europa zu vereinen, die auf imperialem Bestreben, übersteigerter Allmachtsfantasien von Diktatoren und/oder religiös-ideologischen Gedanken gründeten, führten bekanntlich ins Desaster. Nach den letzten – gescheiterten – auf Herrschaftsgefügen gebauten Imperien setzte sich im zunehmenden Maße die Überlegung durch, wirtschaftliche Dependenzen und Durchwirkungen zu schaffen, die kriegerische Auseinandersetzungen ausschließen. So gesehen, lässt sich über die Sinnhaftigkeit des wirtschaftlichen Zusammenwachsens der europäischen Länder nicht ernsthaft diskutieren. Die in der EU miteinander verbundenen Staaten erfreuen sich einer so lang währenden Friedensperiode, sodass 2012 die Europäische Union als sichtbares Zeichen den Friedensnobelpreis erhielt. Begründet wurde die Auszeichnung der Union damit, dass eine dauerhafte Befriedung zwischen europäischen Ländern erreicht wurde, die über lange historische Zeiträume hinweg in Unfrieden bzw. in Kriegsbereitschaft lebten. Unberücksichtigt blieben die Kriege, die EU-Länder außerhalb des Kontinents führten wie Frankreich in Algerien in den Jahren 1954 bis 1962 und das U. K. um die Falklandinseln im Jahr 1982. Auch die Kriege im ehemaligen Jugoslawien wurden nicht in Betracht gezogen.

Es ist hier nicht der Ort, die Geschichte der Europäischen Union als Geflecht im Wettbewerb stehender Überlegungen, Motive und Entwicklungstendenzen darzustellen, sondern darauf hinzuweisen, dass, um Frieden zu erzeugen und zu sichern, vorwiegend ökonomische Motive durchgesetzt wurden, um das Mögliche und Machbare in der jeweils gegebenen zeitgeschichtlichen bzw. gesellschaftspolitischen Lage zu implementieren. Vereinfacht gesagt, die Geschichte der EU zeichnet sich nicht eben durch eine geradlinige Entwicklung aus, die einer genauen Planung mit Zielorientierung folgt.

Dies mag einer der Gründe sein, dass dieses Aufeinandertürmen und Ineinanderschachteln von Ideen und Überlegungen – nebst der nicht zurückgedrängten Mentalität nationaler Politiker, die ihr Land jeweils gleich einem Schrebergarten pflegen oder gleich einem Hühnerhof führen – zu einem Ungemach der in der EU wohnenden Bürger geführt hat: Es mangelt an jener Transparenz, die Vertrauen schafft. Darüber hinaus fehlt dem ökonomischen Zusammenwachsen der entsprechende kulturelle Überbau. Es wäre gleichwohl unfair und falsch, würde man aus dem 21. Jahrhundert auf die Zeit nach dem Zweiten Weltkrieg und den Folgejahren blicken und kulturelle Defizite lautstark kritisieren. »Erst kommt das Fressen, dann kommt die Moral.« Dieser Bemerkung in der »Dreigroschenoper« von Bertold Brecht ist nichts hinzuzufügen.

Doch in all den Jahren darnach, als die Wirtschaft blühte und gedieh und es den Menschen in Europa immer besser ging und sich ein Wohlstand breit machte, von dem kaum jemand zu träumen gewagt hatte (dieser Generation gehöre ich an), wurde Kulturarbeit und Förderung derselben eher zu einer Art Alibi, damit man sich nicht dem Vorwurf auszusetzen brauchte, man ließe die Kultur links liegen. Eine Verbesserung ist auch in den kommenden Jahren nicht in Sicht. Zum zukünftigen EU-Budget 2021–2027 (sogenannter Mehrjähriger Finanzrahmen) hat die Kommission den Vorschlag unterbreitet, dass das Budget für das EU-Kultur- und Filmförderprogramm »Creative Europe« von 1,4 Milliarden Euro (2014–2020) auf 1,8 Milliarden Euro (2021–2027) angehoben werden. Das wären 0,16% des vorgeschlagenen EU-Globalbudgets und damit eine Steigerung von ca. 0,02%. Dieser Vorschlag ist nicht zufriedenstellend, schon gar nicht, wenn man berücksichtigt, dass die Europäische Kommission selbst in ihrer *Halbzeitbewertung des Creative Europe Programms 2018* feststellt, dass die Mittel von Creative Europe »nicht ausreichen, um eine große Wirkung auf europäischer Ebene und/oder auf sektoraler Ebene zu erzielen«, und sich zeigt, »dass die Maßnahmen (…) unzureichend finanziert werden«, da eine große Zahl guter Anträge abgelehnt werden muss. Gleichzeitig ist dieser Vorschlag der Mittelverteilung lediglich die Ausgangslage für die Verhandlungen über das EU-Budget 2021–2027. Es bleibt zu befürchten, dass angesichts der Fundamentalopposition einiger Staaten gegenüber der vorgeschlagenen Erhöhung der Budgetmittel der EU – darunter Österreich – Kürzungen im Kulturbereich ziemlich wahrscheinlich sind.

Dass die Kulturförderung in der EU weit davon entfernt ist, sich an der Stimme der einzelnen Kunstschaffenden zu orientieren, belegt die Einleitung des Berichts der (Europäischen) Kommission an das Europäische Parlament und den Rat (Brüssel, 30. 4. 2018) mühelos:

Kultur und Kreativität spielen sowohl in unseren heutigen Gesellschaften als auch bei der Gestaltung unserer europäischen Zukunft eine entscheidende Rolle. Wirtschaftlich gesehen trägt der Kultur- und Kreativsektor rund 509 Milliarden EUR an Mehrwert zum Bruttoinlandsprodukt (BIP) bei, was 5,3 % des gesamten BIP der EU entspricht; zudem stellt der Sektor mehr als 12 Millionen Vollzeitzeitarbeitsplätze, was mit 7,5 % der europäischen Erwerbsbevölkerung gleichzusetzen ist. Der Kultur- und Kreativsektor ist nach dem Bausektor und dem Lebensmittel- und Getränkesektor der drittgrößte Arbeitgeber in der EU. Er trägt außerdem erheblich zu Investitionen, Innovation und der Schaffung von Arbeitsplätzen in der gesamten Wirtschaft bei. Es gibt positive Übertragungseffekte, insbesondere auf den digitalen Sektor (Inhalte geben beispielsweise Anstoß zur Entwicklung von Breitbandinfrastrukturen) und auf den Kulturtourismus. Kultur und Kreativität fördern außerdem europäische Exporte weltweit, indem sie das Image Europas und der europäischen Lebensart stärken. Europa ist jedoch mehr als ein Binnenmarkt, es ist auch ein bedeutendes kulturelles Projekt. Der Kultur- und Kreativsektor trägt entscheidend zum Erhalt unserer kulturellen und sprachlichen Vielfalt, zur Stärkung unserer europäischen Identitäten und zur Aufrechterhaltung des sozialen Zusammenhalts bei. Er vermittelt europäisches Wissen und europäische Werte – die Voraussetzungen für gesunde Demokratien und inklusive Gesellschaften. Kultur trägt so nach wie vor dazu bei, Europa seinen Bürgerinnen und Bürgern näherzubringen, insbesondere im gegenwärtigen politischen Kontext.

Auch wenn einem bewusst ist, dass die Sprache der Politiker sich deutlich von der Sprache der Künstler unterscheidet, lässt sich aus dem, wie die Europäische Kommission formuliert, nicht heraushören, dass die Behauptung, die angeblich von einem orientalischen Weisen formuliert wurde, in den Gängen europäischer Institutionen, in denen die Lobbyisten ihrem Tagewerk nachgehen, überhaupt verstanden werden könnte: In der Kunst wird die Behauptung wahr, dass das Leben nach hinten verstanden wird, während die Menschen nach vorne leben. In diesem sich bewegenden Brennpunkt, an dieser nicht fest verharrenden Schnittstelle – Gegenwart geheißen – treffen einander Vergangenheit und Zukunft, um das eine besser zu verstehen und das Kommende besser gestalten zu können.

Wir Menschen sind die Summe von all dem, was vor uns geschah, und all dessen, was uns angetan wurde, wir sind das Ergebnis von jedem Menschen und von jedem Gedanken, der uns erreichte, und auch von dem, was geschieht, wenn wir nicht mehr sind, und was nicht geschähe, wären wir nicht hier gewesen und hätten unseren Beitrag geleistet. Man kann das aber auch in Hinblick auf Europa sagen: Was der Kontinent braucht, ist, um in Frieden zu überleben, die zerstörerischen Tendenzen zu immunisieren und das Projekt EU weiter bestehen zu lassen, eine gemeinsame Kultur, die einzelne hörbar und sichtbar, die kleinere Kulturen wahrnehmbar macht, der es gelingt, die Reichtümer unterschiedlicher Geschichte und Sozialisation zu erkennen und zu legieren, ohne dadurch Unterschiede einebnen zu wollen. Dies wäre die höchste Stufe der Integration, der jedoch jede Form des Dominanzverhaltens fremd ist. Davon ist Europa meilenweit entfernt und das mag skeptisch stimmen. Was nottut, ist eine andere Kulturförderung, die nicht Großstrukturen bedient, sondern das Individuelle fördert, um in das tiefste Ich Einzelner hören zu können, denn dort fallen letztlich die Entscheidungen, die alle anderen in Mitleidenschaft ziehen.

Elfriede Ott

Mein Europa …

… es ist der schönste Gedanke, den man je hatte. Wenn man das zustande gebracht hat, ist unser Weltgebiet gerettet. Die Katastrophe ist, dass unsere Jugend nicht weiß, was Krieg bedeutet. Schon gar nicht die jungen Menschen, die unsere Regierung bilden. Es müsste vor allem nur das Eine gelten: nichts anderes, als Krieg verhindern.

Ich habe ihn erlebt, den Krieg. Mein Bruder ist auch wie in ein Abenteuer gelaufen. Dann ist ihm in den Kopf geschossen worden. Alles war aus. Dann die Bomben! (Wenn heute eine Sirene heult, habe ich alle Zustände.) Überall totale Zertrümmerung. Und, und, und …

Einmal keine Grenzen mehr! Die Länder müssten ihre Eigenschaften behalten und pflegen. Ich möchte nicht mehr überall dieselbe Mode sehen wie bei uns. Diese Gleichheit in unserer Welt. Ich möchte nach Bulgarien fahren und das typische Land kennen lernen, nach Ungarn und nicht glauben, ich bin in Wien. Frankreich, Italien, Brüssel, Amsterdam und, und, und! Ich will nicht in Auslagen sehen, die dasselbe zeigen wie jedes Land. Ich möchte wieder in Jugoslawien sein, in Griechenland. Es müsste das Land, in das ich reise, genauer bezeichnet sein.

Ich weiß, man findet meine Wünsche altmodisch. Aber muss man nicht herausfinden, was einmal schlecht oder gut und hilfreich war? An Kriegen können wir uns kein Beispiel nehmen, die hat es immer gegeben. Was wäre, wenn in unseren Regierungen Menschen wären, die ein neues Zeitalter begründen. Ein friedliches. Die würden heiliggesprochen werden. Die wären heutige Menschen.

Kein Krieg mehr, das wäre die große Erneuerung. Die große Schlechtigkeit, die uns alle bedrohte und betrogen hat. Die Macht!

Prüfen! Beweisen! Liebe zu den Menschen, die nicht anders sind als sie selbst. Die hohe Intelligenz ist nicht die Erlaubnis zur Macht.

Der Arbeiter, der am Feuer eines Hochofens sein Leben verbringt und seine Gesundheit opfert, hat denselben Stellenwert. Das müssen wir erkennen. Nur ich denke, eine Familie oder auch nur ein Mensch, der in seinem Land gequält würde, ist ein wertvoller Mensch und ein Geschenk für unser Land.

Und noch etwas so Wichtiges, das ich unseren Machtmenschen sagen will. Ich spreche dieses Mal von Österreich.

Ich liebe dieses Land. Ich habe es in allen meinen Liedern beschrieben. Literarisch und musikalisch. Seine Geschichte erzählt. Dreißig Jahre Johann Nestroy in meinen Festspielen gespielt. Alles war für mich Österreich. Raimund, Stifter, Johann Strauß und, und, und … Mozart, Beethoven, Ziehrer, unser Land ist voll Musik. Wieso eigentlich?

Wenn ich in der Historie die Zeit über Kaiser Franz Joseph lese … es war eine Ära von vielen Ländern, wie Böhmen, Jugoslawien, Ungarn, die Roma mit ihrer besonderen Musik. Jedes Land hat unsere Musik beeinflusst. Ich bin überzeugt, dass wir viel von dieser Zeit profitiert haben.

Das »Gott schütze Österreich« ist ein Wort – und lass es von dieser Gemeinschaft beschützen.

Alfred Pfeifer

Mein Europa

Europa ist nicht friedlich! Europa befindet sich in einem »Krieg«: Arm gegen Reich!!

Europa ist zerstritten und gespalten und Europa hat synthetische »Führerfiguren« installiert, die von außen gemacht wurden und die, wie Marionetten, an Schnüren hängend, die Finanzweichen stellen, hin zu den »Kriegsgewinnlern«!!

Das Volk wird von der Wirtschaft und nicht zuletzt von der Großfinanz im Würgegriff gehalten, gerade so viel Luft, um nicht zu ersticken, aber nicht genug, um zu leben!!

Großmut, Empathie und Humanität sind inhaltsleere Worthülsen geworden und haben keine Bedeutung mehr!!

Der größte FEIND Europas ist die orientierungslos gewordene EU!! Ein Geldfluss, an dem Schlangen, Krokodile, Füchse und Raubkatzen ihren Durst stillen!!

Wenn der Mensch diesen »Krieg« nicht gewinnt, werden die Räuber siegen!!

Helmut Reinalter

Mein Europa

Identität

Jede Identität, auch die europäische, kann – wie die aktuelle Flüchtlingskrise aufzeigt – offen oder geschlossen sein. Geschlossene Identität zieht eine Außengrenze und legt fest, wer und was nicht dazugehören darf. Sie gewinnt ihr Selbstbewusstsein aus ihrer Souveränität über den Ausschluss. Diese Form der Identität ist hierarchisch und diskriminierend, und indem sie die Zugehörigkeit als Privileg ansieht, schafft sie Verhältnisse zur Rangordnung. Identität wird so zu einem Mittel von Suprematie und Herrschaft. Im Extremfall kann sie sogar zu einer fundamentalistischen Identitätspolitik werden.

Was Europa braucht, ist bezüglich der Flüchtlingskrise eine Kombination von rationaler, nüchterner Planung, Solidarität und Humanität, um den Umbruch zu bewältigen. Wie sich bisher gezeigt hat, wurden große Hilfsbereitschaft und Humanität gegenüber den Flüchtlingen zwar mobilisiert, gleichzeitig haben jedoch Zukunftsängste, Desorientierung, Fremdenfeindlichkeit und Aggression zugenommen. Da Klimaveränderungen, Kriege und Wohlstandsgefälle eine neue Weltunordnung und eine geistige Unübersichtlichkeit verursachen, suchen viele Flüchtlinge Staaten, in denen es Sicherheit und Wohlstand gibt. Leider fehlt die in Europa zur Bewältigung dieser Probleme erforderliche Solidarität, und dazu kommt noch die Entscheidungsunfähigkeit der Politik, die das EU-Projekt gefährden könnte. Es droht ein Rückfall in nationalstaatliches Denken.

Die Selbstbesinnung Europas auf die politischen Grundwerte der europäischen Kultur und die Gemeinsamkeiten der europäischen Nationen waren nach dem Ende des Zweiten Weltkrieges eine europäische Antwort auf die Exzesse des Nationalismus und Imperialismus. In der Europäischen Union übertragen die europäischen Nationalstaaten Schritt für Schritt, aber nicht unbegrenzt, Verantwortlichkeiten und Souveränitätsrechte auf supranationale und zwischenstaatliche Organisationen. Sie versuchen so, nicht nur dem bornierten Nationalismus die Grundlagen zu entziehen, sondern in der transnationalen Gesellschaft die Demokratie durch kooperative Grenzüberschreitungen wirksamer und glaubwürdiger zu machen. Gleichzeitig treten aber in der EU auch große Demokratiedefizite auf.

Zur modernen europäischen Identität zählt nicht die Zugehörigkeit zu einer bestimmten Ethnie, Religion oder Kultur, sondern eine ganz bestimmte Art des Umgangs mit Religion, Spiritualität und Kultur im öffentlichen Leben. Der europäische Gedanke beruht auf der Trennung zwischen Staat und Kirche, auf der Toleranz sowie auf dem Schutz der Menschenrechte, den Menschenpflichten und der Gewährung von Bürgerrechten, unabhängig von religiösen Zugehörigkeiten. Europäische Identität ist u.a. eine politische Kultur des Umgangs mit Religionen, Weltanschauungen und Kulturen. Kulturelle Identität entsteht im Bewusstsein der Gemeinsamkeit von Werten, Überlieferungen, Deutungen, Formen des Wissens und Lebenspraktiken, die offen sein müssen. Politische Identität ist wie die kulturelle für die Zukunft der EU von ausschlaggebender Bedeutung. Sie ist kein Erbe und auch kein ausschließlicher Besitz, sondern ein Projekt und ein sozialer Produktionsprozess, der nach bestimmten Werten vorangetrieben werden muss, insbesondere auf dem Weg zu einer Politisierung der europäischen Politik.

Politik und Demokratie

Das neue Paradigma internationaler Beziehungen weist wesentliche ethische Voraussetzungen auf, die sich deutlich erkennen lassen. Es bündelt die gemeinsam religiös-philosophischen Ressourcen der Menschheit, die nicht gesetzlich auferlegt, sondern bewusst gemacht werden. Europapolitik muss aus Weltverantwortung hervorgehen. Eine ethisch orientierte Politik ist keine blinde Unterordnung der Politik unter die Ethik, weil dies der Eigengesetzlichkeit der Politik nicht gerecht und zu einem Moralismus führen würde, der jede Ethik überfordert. Andererseits widerspricht eine ethisch orientierte Europapolitik entschieden einer vollständigen Ablösung der Politik von der Ethik. Eine solche Politik würde die allgemeine Gültigkeit der Ethik verletzen und zu einem Amoralismus führen. Angesichts einer weitgehend individualistischen Gesellschaft und einer militarisierenden Außenpolitik ist ethische Verantwortung mit Nachdruck einzumahnen, eine Ethik der Verantwortung, die realistisch nach den voraussehbaren Folgen, besonders auch nach den unbeabsichtigten schwerwiegenden Nebenfolgen der Politik fragt. Die Kunst der Europapolitik in diesem neuen Paradigma besteht darin, das politische Kalkül und das ethische Urteil überzeugend zu verbinden.

Viele zeitkritische Beobachter stellen sich heute die wichtige Frage, ob es den nationalstaatlichen Demokratien gelingen wird, die Gefahren der Globalisierung in den Griff zu bekommen. Ängste, Vermutungen und Spekulationen über eine bevorstehende Ökodiktatur nehmen deutlich zu. Verstärkt werden diese Befürchtungen noch durch den gegenwärtigen Strukturwandel des Arbeitslebens und -marktes, durch Globalisierung und rigidere Rationalisierung. Visionen einer Sozialwelt werden in den Humandienstleistungen in das Zentrum menschlicher Tätigkeiten rücken. Wenig konkret ist in diesem Zusammenhang allerdings in der EU der Übergang in diese neue Sozialwelt. Die abnehmende Problemlösungsfähigkeit der Europapolitik geht aber nicht nur auf diese hier erwähnte Veränderung zurück, sondern auch auf den zunehmenden Verfall von kulturellen Orientierungsbedingungen. So wird heute ausdrücklich betont, dass die gegenwärtige Krise der Demokratie gleichzeitig auch eine kulturelle Orientierungskrise sei. Die krisenhaften Züge der Demokratie umfassen die schleichende Auszehrung von innen, die wachsende Distanz des Bürgers zum Staat und zu den politischen Parteien, die Entsolidarisierung, die zunehmenden Verluste an Orientierungsbedingungen, die zunehmende Komplexität der politischen und gesellschaftlichen Probleme und der Vertrauensverlust in die Handlungsfähigkeit der Politik. Von allen diesen Problemen ist auch die EU betroffen. Es geht vor allem um die Ausgestaltung einer europäischen Demokratie zur Überwindung extremer Nationalstaatlichkeit und auch um die Einbettung des Euros in eine transnationale Demokratie. Die politische und soziale Integration haben mit der ökonomischen Integration nicht Schritt gehalten, obwohl Markt und Währung wesentliche Grundlagen für eine europäische Demokratie darstellen. In funktionaler Hinsicht ist Demokratie eigentlich eine institutionalisierte Solidarität.

Europäische Werte

In einer diskursiven Demokratie sind Diskurse über Werte und die Menschenrechte unverzichtbar, weil sie Bekenntnis und Orientierung verdeutlichen. Die EU nennt sich selbst nachhaltig eine Wertegemeinschaft. Die Grundlagen dieser Wertegesellschaft umfassen die historischen Tiefendimensionen, wie die Traditionen des Christentums, die jüdischen Wurzeln und die Aufklärung. Das Bekenntnis zur Europäischen Menschenrechtskonvention und die weitere Entwicklung im Grundrechtsbereich zählen zu den Kernzonen der Entwicklung der EU zur Wertegemeinschaft. Neben der Binnenwirkung ist der Wertekatalog der EU auch eine geistig-ideologische Visitenkarte in einer globalisierten Welt. Zu den wichtigsten Werten der EU gehören heute die Freiheit gleichsam als politische Leitlinie, die Demokratie und hier besonders das Bekenntnis zu einer liberalen Demokratie, die Rechtsstaatlichkeit, die Menschenrechte und die Menschenwürde, um hier nur die wichtigsten zu nennen.

Toleranz und Zukunft

Zweifelsohne muss für die Zukunft der EU diese stärker nach der Idee der Demokratie gestaltet werden, wobei allerdings zu bedenken wäre, dass keine politische Ordnung, auch nicht die Demokratie, als endgültig fixiert betrachtet werden kann. Sie muss jeweils neu auf ihre Legitimation, Bedeutung und Wirksamkeit kritisch befragt und geprüft werden. Dies alles setzt Toleranz voraus, die nur dann verwirklicht werden kann, wenn die Politik über die Fortschreibung der klassischen Instrumentarien der Machtpolitik hinausgelangt. Die Politik erfüllt diese wichtigen Aufgaben kaum, weil sie vor allem auf die Regelung technischer Systemprobleme ausgerichtet scheint. Der Toleranzgedanke zählt zweifelsohne zu den wichtigsten Einsichten, die Europa in seiner historischen Entwicklung gewonnen hat. Die Wege zu dieser Idee sind vielfach, und sie stellt in unserer Welt keine Selbstverständlichkeit dar. Die Geschichte der Toleranz setzt mit der Duldung religiöser Minderheiten durch die Obrigkeiten ein. Die Vielfalt der Kulturen, Religionen, Mentalitäten und Weltanschauungen zu sichern und deren Entfaltung zu fördern, sind nur auf der Grundlage gegenseitiger Achtung und gegenseitigen Respekts möglich. Die Toleranzidee bildet zudem ein starkes Gegengewicht zu allen heute stärker werdenden fundamentalistischen Bewegungen und Denkweisen. Davon ausgehend ist daher eine wichtige Herausforderung und Aufgabe für die EU, Politik so zu gestalten, dass sie den Angehörigen der fernöstlichen Kulturen, der islamischen Welt, aber auch Afrikas oder Lateinamerikas nicht als Instrumente der westlichen Hegemonie erscheinen, sondern als Verfahren kultureller Verständigung. Dabei spielen Werte und kulturelle Orientierungen in der europäischen Gesellschaft für die Zukunft eine entscheidende Rolle.

Ob der europäische Einigungsprozess neue Fortschritte gewinnen wird, ist auf Grund der gegenwärtigen Krisenvielfalt mehr als fraglich. Es gibt zwar Ansätze einer Krisenbewältigung, der aber unterschiedliche Einstellungen in den Mitgliedsstaaten gegenüberstehen. Die unterschiedlichen Positionen bezüglich der zukünftigen Strukturen der EU könnten sie auch gefährden, zumal nationale Interessen zunehmend stärker werden. Krisen, die einen Umbruch bedeuten, müssen nicht unbedingt ausschließlich negativ gesehen werden, weil Veränderungen auch zu Erneuerungen führen können. Dass der europäische Einigungsprozess aber seit längerer Zeit fast zu einem Stillstand gekommen ist, bremst die Hoffnungen, die hier beschriebenen Probleme und Defizite zu überwinden. Eine der wichtigsten Zukunftsherausforderungen für die innere Entwicklung der EU ist die soziale Frage, die zu einem zentralen Punkt der europäischen Integration wurde, aber noch immer ungelöst erscheint.

Nur durch die Lösung der erwähnten Schwierigkeiten und Defizite lässt sich ein langsames Auseinanderfallen der Europäischen Union verhindern.

Helmut Reinalter (Hg.), Das neue Aufklärungsdenken und der Wandel der Gesellschaft, Wien 2018

Ernst Ulrich Weizsäcker u. a., Wir sind dran. Was wir ändern müssen, wenn wir bleiben wollen. Eine neue Aufklärung für eine volle Welt, Gütersloh 2017

Ulrike Guérot, Warum Europa eine Republik werden muss. Eine politische Utopie, Bonn 2016

Stéphanie Hennette/Thomas Piketty/Guillaume Sacriste/Antoine Vauchez, Für ein anderes Europa. Vertrag zur Demokratisierung der Eurozone, München 2017

René Rumpold

Europa

1. Europa aus dem altgriechischen Εὐρώπη ist ein Erdteil, der sich über das westliche Fünftel der eurasischen Landmasse erstreckt.
2. Obwohl Europa geographisch gesehen ein Subkontinent ist, der mit Asien zusammen den Kontinent Eurasien bildet, wird es historisch und kulturell begründet meist als eigenständiger Kontinent betrachtet. Dies verweist darauf, dass sich der Begriff »Europa« nicht in der geographischen Definition erschöpft, sondern sich auch auf historische, kulturelle, politische, wirtschaftliche, rechtliche und ideelle Aspekte bezieht.
3. Die Einwohner Europas werden demnach Europäer genannt.
4. Mit über 700 Millionen Einwohnern, die auf einer Fläche von etwa zehn Millionen Quadratkilometern leben, gehört Europa zu den dichter besiedelten Teilen unseres Planeten.
5. Bedeutende politische Bündnisse Europas sind vor allem der Europarat und die Europäische Union.

Und somit wären wir bereits beim ersten Thema.

1. Evropi wurde von Zeus, welcher sich als Stier verkleidete, entführt. Ihr Bruder Thasos hat sie lange gesucht und hatte sich schließlich damit abgefunden, eine Insel in der nördlichen Ägäis als die seine erkoren zu haben. (THASSOS)
2. Europa – Asien – Eurasien? Darin liegt schon ein Problem – was nun – Europa? Asien? Eurasien?
3. Gibt es Europäer? Lassen sich unterschiedliche Rassen samt unterschiedlichen Mentalitäten wirklich vermischen? Was die Rasse anbelangt, ja, was die Mentalität anbelangt, nein.
4. 700 Millionen Menschen, die sich gegenseitig nicht akzeptieren, manchmal sogar bekämpfen.

5. Und nun sind wir beim größten Problem – die mittlerweile unbeliebte europäische Union: die EU samt eigener Währung.

Die EU ist generell gesehen eine gute Idee. Man könnte durch diese Verbindung Frieden halten, es gäbe keine innereuropäischen Kriege mehr. Aber alles nur in der Möglichkeitsform. Innerhalb von Europa haben es europaweite Regierungen geschafft, einander zu bekriegen. Also das mit dem Krieg funktioniert so nicht!

Bleiben wir also bei der Verbindung – äh – ach ja, das funktioniert ja auch nicht mehr – BREXIT! Oje!

Wo sollen wir nun ansetzen? Weiterhin arme Länder in die EU aufnehmen, um den Schein zu erwecken, dass die EU wächst. Nichts wächst! Europa wird ärmer und ärmer und ärmer …

Dabei ist dieser Kontinent so wunderschön.

Es wird uns so vieles geboten – Arktisch, Boreal, Atlantisch, Kontinental, Alpin, Pannonisch, Mediterran, Makaronesisch, Steppe, Schwarzmeer und Anatolisch. Dies nun einmal, was die biogeografischen Regionen Europas anbelangt.

Die ursprüngliche Vegetation Europas wurde ja bis auf winzige Reste vernichtet.

Auch der Mittelmeerraum war ursprünglich weitgehend bewaldet. Dort wäre die Vegetation ohne menschliche Einwirkung von mediterranem Hartlaubwald geprägt. Heute ist der größte Teil Europas durch agrarische Nutzung beeinflusst, die noch verbliebenen Wälder werden Gott sei Dank intensiv forstlich genutzt. Vom Menschen weniger beeinträchtigte Bereiche gibt es vor allem in den höheren Lagen der Gebirge. Soviel zur Flora Europas.

Und nun zur Fauna:

Große Raubtiere sind nur noch im Norden oder Osten in größeren Beständen zu finden. Im äußersten Norden und Osten Europas kommen Rentiere und Elche noch relativ häufig vor. Nach seiner Ausrottung wurde der Wisent aus Zoobeständen wieder in Osteuropa ausgewildert. Die meisten Arten sind schon vor Jahrhunderten ausgerottet worden, wie z.B. der Ur oder der Tarpan. Auch der Bestand an

Greifvögeln ist in den letzten Jahrhunderten stark dezimiert worden. Vernichtet der Europäer Europa und weiter sich selbst?

Ich, als Europäer, habe große Angst um meinen geliebten Kontinent. 49 Länder beinhaltet Europa. 49 Länder. Davon bekriegen sich zu viele. Wie bereits oben erwähnt – das mit dem Frieden funktioniert nicht, leider nicht.

Und trotzdem gebe ich nicht auf, daran zu glauben, dass dieser Kontinent einmal in Frieden existieren könnte. Sie werden sagen, was ist mit Spanien und Katalonien ... was ist mit dem Vereinigten Königreich ... Schuld am Frieden oder Nichtfrieden ist doch immer nur der Mensch. Also hiermit der Europäer.

Also, worauf warten wir noch? Lasst uns gegenseitig die Hand zum Frieden reichen, zum Frieden Europas, zum Frieden auf dieser Welt, zum Frieden in diesem Sternensystem.

Mit einem Zitat Helmut Kohls beende ich meine Anschauung Europas:

»Ein Europa à la carte, bei dem jeder der Partner nur das aussucht, was ihm an diesem Europa besonders zusagt, kann eben so wenig unser Ziel sein wie ein Europa, das sich am langsamsten Schiff im Geleitzug ausrichten muss.«

Cornelia Schäfer

Europa – Mein Europa!

Europa – Mein Europa!
Wo beginnt Europa?
Wo hört es auf?
Wo endet unsere Welt?
An der Haustüre?
Am Gartenzaun?
Beim Ortsschild?
Bei der Landesgrenze?
Bei der Staatsgrenze?
Bei der Außengrenze Europas?
Bei der eigenen Meinung?
Bei der Unbequemlichkeit?
Bei der Angst?
Wo enden Werte?
Wo sterben sie?
Wo nicht?
Wie wird das Wir geboren?
Europa – erinnere Dich!

Elisabeth Schöffl-Pöll

Mein Europa

Wenn ich an mein Europa denke, höre ich es förmlich mit beiden Lungenflügeln atmen, nämlich mit dem westlichen und mit dem östlichen Flügel. Mein Europa ist stark, es wird auch die künftig anfallenden Probleme meistern.

Mein Europa hat seinen Ursprung in Berlin und schließt sich zum Kreis. Die Faszination begann mit einer Reise nach Berlin im Jahr 1961, kurz vor dem Mauerbau. Der SED-Staat riegelte kurz nach dieser Reise die Grenze zwischen DDR und West-Berlin ab. Der Bau der Berliner Mauer zementierte die Teilung Deutschlands.

Ich war damals als blutjunge Siebzehnjährige Chormitglied der Chorvereinigung »Jung-Wien« und demnach Sendbotin Österreichs in Berlin. Damals war freilich die geschichtliche Situation etwas überlagert von stürmischen Jugenderlebnissen, von Flaschenpost in Bars und exzessiven Tanzpartys. Dennoch konnten wir uns der Faszination geschichtlicher Ereignisse eines geteilten Berlin nicht entziehen. Der Osten ließ mich fortan nicht mehr los. Mit eben diesem und einem weiteren Chor wurden wir in der Folge im Sinne von Friedensbemühungen nach Russland entsandt, traten in Deutschland, Griechenland, Brüssel, Polen, Belgien und den Niederlanden auf. So konnten wir trotz oder gerade wegen unserer Jugend im weitesten Sinne zu Friedensbemühungen beitragen. Ein befreundeter Botschaftssekretär aus Luxemburg machte es möglich, dass ich später dem Prozedere zum EU-Beitritt in den Hauptstädten Kroatiens und Sloweniens beiwohnen konnte, wobei ich mit Vertretern der Botschaften und der vatikanischen Presse zusammentraf. In den Achtzigerjahren nahm ich in Helmstedt mit Pädagogen an politischen Diskussionen und Seminaren teil. Immer wieder suchte ich Städte im Osten auf. Ich bestritt Vorträge und Lesungen an den Germanistischen Hochschulen Polens, war aber auch als Journalistin in den Kulturhauptstädten in Ungarn, im Ruhrgebiet, in Polen tätig, und wir probten als Journalisten mit Hilfe von Politikern die Grenzöffnung.

Der Eindruck, den Berlin in den Sechzigerjahren bei mir hinterließ, war Ehrfurcht vor dieser Stadt, sodass ich den dortigen heiligen Boden fortan nicht zu mehr zu betreten wagte. Der Zufall wollte es jedoch, dass ich im Vorjahr als Autorin einen Schreibaufenthalt in Berlin zugesprochen erhielt. Allzu gerne wollte ich ausloten, was zwischen den Jahren 1961 und 2018 passiert war und wie sich der Mauerfall 1989 ausgewirkt hatte. Damals kündigte die DDR überraschend Reiseerleichterungen an. Zehntausende forderten an der Berliner Mauer ihre Ausreise. Der Druck der Massen ließ die Grenzen öffnen.

Was mich seelisch und körperlich bei meiner Wiederkehr schmerzte, war der Abbruch des Ku'damm-Karrees. Der Plattenbau, in dem sich die Komödie am Kurfürstendamm und das Theater am Kurfürstendamm befinden und dessen Fassade bereits durch Drahtgitter geschützt war, sollte abgerissen werden? So sitze ich mit Halsstarre knapp vor der zerschlissenen Bühne, um die »wilden Stiere« zu sehen, die Männer-Striptease anbieten, in einem Theater in einem hundertjährigen Komplex, der um 170 Millionen veräußert worden war, nicht ohne Finanzskandal und Proteste der Künstler und Denkmalschützer. Zum letzten Mal über die Stufen schreiten. Ich kann es nicht fassen.

Ich wende mich dem fünfeinhalb Kilometer langen Kurfürstendamm zu. Vorbei an Edelboutiquen und den 45 historischen Häusern, die man neben Hunderten erneuerten bestehen ließ, wirkt der Ku'damm nicht lang, zumal man sich am Hohlen Zahn, der Kaiser-Wilhelm-Gedächtniskirche, im Gedenken und in Gedanken lange aufhält.

Im Volksgarten stößt man auf den »Friedhof der Märzgefallenen im Jahr 1848«. Der Grundstein der Demokratie wurde anlässlich der Revolution 1838 gelegt. Vor dem Friedhof steht ein umgebauter Seecontainer, der als Ausstellungspavillon dient. Auf dem Friedhofsgelände dokumentiert eine rund um den Gedenkstein errichtete Ausstellungsrotunde die bewegende Geschichte des Ortes. Kein Gefallener über dreißig Jahre alt! Einfache Arbeiter, Lehrlinge, Handwerker waren unter den 255 Opfern. Aber auch Gefallene der Revolution 1918/19. Dem Paul-Singer-Verein gebührt Dank für die sensible aufwändige Erhaltung des Geschichtswissens.

Es liegt nicht an der Schönheit, dass ich von Berlin fasziniert bin. Es liegt an der Mauer. Mauer hier – Mauer dort – Mauer überall. Mauerteile bemalt und besprayt. Mauer in den Köpfen? Fotos machen mit Motiven zwischen den Mauerteilen, vor der Mauer, hervorlugend hinter der Mauer. Was ist aus der Mauer seit Juli 1961 geworden? Eine nationale rationale Mauergedenkstätte – oder doch mehr? ERINNERUNG. Das Wort in Riesenlettern, das ein Künstler an die Mauer des Technischen Museums gemalt hat – ein Wort oder mehr? Mauerpark, Mauer real. Mauer vital. Mauer simultan. Unaufgeregtes Interesse an der Mauer ist spürbar. Stumm und ehrfürchtig werden die jeweiligen Museen und Denkmäler von allen Generationen besichtigt.

Man liest: 1945: Endlich Ende des Zweiten Weltkrieges in Europa. Deutschland wird in vier Besatzungszonen eingeteilt, Berlin in vier Sektoren. In Europa entstehen zwei Machtblöcke. 1961: Mauerbau; 1989: Mauerfall.

Berlin ohne Revolution? Berlin ohne Demonstration? Berlin ohne Graffiti? Undenkbar. Die Mitglieder der Graffiti-Gang IUP beschmieren regelmäßig Wände, Bahnhöfe und Züge und sind weltweit für ihre irren Aktionen gefürchtet. Das beliebteste Werkzeug ist für sie der Feuerlöscher für besonders eindrucksvolle Graffitis. Ein solcher entleert sich in Sekunden und wird zur Farbkanone. Den Sprayern in Berlin ist eine Kunstausstellung gewidmet, nicht zur Freude von Polizei und manchen Berlinern, während sich in den Polizeistuben die Anzeigen stapeln.

Auf dem Gendarmenplatz läuft im Deutschen Dom die Ausstellung »Wege – Irrwege – Umwege«, welche die Entwicklung der parlamentarischen Demokratie in Deutschland zum Thema hat. Gleich werden die Interessierten ins Kino gedrängt, wo der 90-minütige Film »Das dritte Reich – 1933 – 1945« aufwühlt. 55 Millionen Tote lassen niemanden kalt.

Sorglos werden heutzutage Lieder gesungen, ohne deren Ursprung zu bedenken: *Auf der Mauer, auf der Mauer sitzt 'ne große Wanze* war in meiner Schulzeit ein Scherzlied. Man dachte dabei nicht an Abhörgeräte. Sprichwörter wie *Lassen wir das Denken den Pferden, sie haben einen größeren Kopf* stammt aus dem Kriegsgeschehen, wo man mahnte: Soldaten, denkt nicht! Folgt den Befehlen! *Sarah* ist ein beliebter Mädchenname. Man tauft ihn in Anlehnung an die schöne Gemahlin Abrahams aus der Biblischen Geschichte. Dabei vergisst man, dass alle jüdischen Mädchen unter Adolf Hitler den Beinamen *Sarah* und die Burschen den Namen *Israel* tragen mussten.

Die Ausstellungen »Cold War« und »Mauermuseum – Haus am Checkpoint Charlie« tun das Ihre zur Aufarbeitung. Seit fünfzig Jahren wirbt das Mauermuseum für Frieden und Freiheit, direkt am legendären Grenzübergang Checkpoint Charlie, dem Brennpunkt des Kalten Krieges, wo die Teilung begann und endete. Im Gegenzug tummeln sich hinter der Ausstellungsmauer im Sand die Kinder, und deren Eltern liegen in den gemütlichen Klappliegen, so als ob es die Mauerteile nicht gäbe und die Mauer nie gegeben hätte.

Eine gebürtige Polin gesellt sich zu mir. Sie musste laut ihrer Aussage vor fünf Jahren aus ihrem Land flüchten. Ja, auch meine Eltern sind Ausgesiedelte, allerdings aus dem Waldviertler Döllersheimer Ländchen in Niederösterreich, das Adolf Hitler damals in einen Truppenübungsplatz umgewandelt hatte, erwidere ich. Die Dame ist allem und jedem gegenüber misstrauisch. Sie findet Berlin schrecklich, insbesondere die Regierenden. Sie habe keinen Kontakt, mache niemandem die Türe auf, ja sie übernehme auch keine Pakete mehr für Nachbarn. Denn bei der letzten Aktion war sie verdächtigt worden, den Inhalt herausgenommen zu haben. Schreckliche Zeit hier in Berlin! Früher hätte sie mit den Nachbarinnen Kaffee getrunken. Heute hat keine Nachbarin mehr Zeit. Die Frau rückt näher, wird wärmer, tätschelt plötzlich meinen Arm. Wo ich herkäme? Schön in Wien. Dagmar Koller, die hatte sie geliebt. Aber jetzt ist sie auch schon alt. Sie besuchte einst Wien, den Wolfgangsee und Berchtesgaden mit dem Bus. Nun würde sie in die Blumenhandlung gehen, eine rote Clematis kaufen. Obwohl sie dreißig Jahre im Blumengeschäft tätig war, nie hatte sie in Berlin solch herrliche Clematis gesehen wie in Barcelona! Kilometerlang war sie mit dem Bus an Clematiswänden entlanggefahren. Sie saß 27 Stunden lang im Bus, ihre Beine waren stark angeschwollen. Aber sie bereue nichts! Anscheinend hat die Gute nur noch zu Blumen Vertrauen. Die Frau führt mir ein anderes Berlin vor Augen. Später fällt mir eine Studie von Veronika Engert in die Hände, die schreibt: *Sich regelmäßig einer fremden Person gegenüber zu öffnen und zu lernen, vorurteilsfrei einem anderen zuzuhören, kann zu einer Art sozialer Stress-Immunisierung führen, da sozialer Stress ja vor allem durch die Angst vor negativer Fremdbeurteilung zustande kommt!*

Den Tag vor der Abreise noch sinnvoll verbringen, hämmert es in meinem Kopf. Noch einmal zum Brandenburger Tor, dem Wahrzeichen, das zu Tausenden an den U-Bahn-Glaswänden abgebildet ist und die Sicht nach draußen behindert. Ungewollte Umwege führen an das Science-Center, drinnen der Hauptstadtrepräsentanz des Medizintechnikunternehmens Ottobock und dem Homunkulus begegnen, dem Menschlein, Abbild des Gehirns. Auch Ausprobieren und Anfassen ist erwünscht und sich einfühlen in Menschen mit eingeschränkter Mobilität. Noch einmal geht es vorbei an einer Straßenausstellung mit Fotos von der Zeit vor der Wende zum Denkmal für die ermordeten Juden Europas und dem Museum mit der herzzerreißenden Ausstellung »Der Weg in den Abgrund. Das Jahr 1938«. Das Labyrinth mit den Betonblöcken, jeder Block ein Grab darstellend, verschlingt einen fast. Da tröstet später das Szenelokal EINSTEIN unter den Linden gehörig. Es schafft Verbindung zur Wienerstadt, wo am Rathaus ebenfalls ein EINSTEIN lockt – und nicht nur in diesen beiden Städten, wie der Kellner uns unterweist. Man kommt noch an der Komischen Oper vorbei, wo »Jewgeni Onegin« gespielt wird. Nach einigem Zögern entscheide ich mich jedoch für das messinggeschmückte Filmhaus und den Film »Die Callas« am Prenzlauer Berg.

Zwecks Abphrasierung erwerbe ich einen Berliner Kurier und ziehe als Journalistin einen Vergleich zwischen dieser Tageszeitung und dem Kurier meiner Heimat. So erfahre ich, dass nach Meinung des britischen Botschafters Sebastian Wood seit der Hochzeit von Prinz Harry und Meghan Markle Männer auch weinen dürfen, wenn auch nicht laut! Also, Berliner, Mut zu Tränen, Taschentuch bereithalten und drauflos weinen! Außerdem erfahre ich von der fristlosen Kündigung von sieben Mietern des Eckhauses Schönhauser-Allee 90. Grund für die Kündigung: Auf deren Balkonen standen Stühle und Tische. Nun, wenn das kein Kündigungsgrund ist! Im Weiterblättern ist eine Erkenntnis manifestiert, die man schon via TV übermittelt bekam: 200 Polizisten entdeckten zufällig neun Kilo Crystal Meth im Wert von 500.000 Euro, eine deutsch-vietnamesische Bande wird festgenommen. Außerdem wird in der Zeitung von einer Porno-Sekte in einer Kirchengemeinde berichtet. Ihr Gründer: Der 66-jährige rumänische Sex-Guru Grieg Bivolaru. Ein weiterer Artikel betont, dass man im Westen Berlins plötzlich nicht mehr alles schlecht findet, was einst in der DDR geschah. Dem Oma-Killer wird eine ganze Seite gewidmet, die auch den Selbstmord von dessen Vater aus Gram über den missratenen Jungen beleuchtet. Bekömmlich, süffig, aber schwer – so wirbt eine kleine Brauerei für ihr Bier. Der Begriff »bekömmlich« darf nämlich seit einem Gerichtsurteil nicht mehr verwendet werden. Bekömmlich sei eine gesundheitsbezogene Angabe, die nach EU-Recht für alkoholische Getränke nicht erlaubt sei. Schließlich erfährt man durch die Gazette, wo man Berlins größte Müllferkel finden kann.

Ich lege die Zeitung zurück. Deren Inhalt hilft mir, mich gerne wieder auf meine Wohnstadt zu konzentrieren. Wie heißt es doch im »Berlin-Porträt« von Peter Schneider? *Die Berliner sind rücksichtslos, ruppig und rechthaberisch. Berlin ist abstoßend, laut, dreckig und grau. Baustellen und verstopfte Straßen, wo man geht und steht. Aber mir tun alle Menschen leid, die nicht hier leben können.* Ich durfte hier zwei Wochen lang leben und – abgesehen von Baustellen und verstopften Straßen – das Gegenteil erfahren.

Ich steige auf den Balkon und blicke in die Lindenallee. Noch rasch in Wehmut ein Foto von der grellgelben Straßenbahn mit der Nummer 200 schießen. Der Kreis schließt sich.

Ana Schoretits

Armenhaus Europa*

Entrüstet
über allgegenwärtige Dreistigkeit
angewidert
von kolportierter Überfremdung
überzeugt
von unserem Recht auf Wohlstand
verzichten wir lauthals auf
rumänische Bettler
moldawische Armut
türkische Machos
slowakische Zigeuner
tschechische Prostituierte
afrikanische Dealer

übersatt
distanzieren wir uns von
überfüllten Asylantenlagern
Lampedusas angeschwemmten Körpern
Katastrophen jeglicher Art

wir fordern Schutz ein
unserer Privatsphäre
unserer Bankkonten
unseres Sozialsystems
unserer Freiheit

und bezahlen meist mit härtester Währung:
wir verlieren Anstand, Würde und Respekt
und unser menschliches Antlitz.

Bitteren Gaumens
stellen wir uns weiterhin taub
und versäumen dabei Reichtum und Wert
neuer Menschen anderer Kulturen
der sich uns bietet –
frei Haus.
Ignoranz straft manchmal Generationen!

* zuerst erschienen: im Kulturmagazin »Reibeisen« Nr. 32, Jg. 2015

Europa, mein Europa

– Du bist nicht nur Brüssel und Straßburg,
Genf, Paris und Berlin,
auch nicht allein
Englisch, Französisch,
Russisch und Deutsch,
bist nicht lediglich
Prado und Louvre und Eremitage
mit Chagall, Picasso und Rubens,
Dir singen nicht nur
Netrebko, Domingo und Kaufmann,

Du bist auch
Jenisch, Walisisch, Romani,
Jiddisch, Aromunisch, Samisch
und Burgenländischkroatisch,
genauso wie das mystische Ufer der Lafnitz,
die Dingli-Schönheit am Rande von Malta
und das sorglose Plätschern der Prosna
und die östliche Schulter des Olympos
und, und, und …
Dir schenken die Menschen Klapa-Gesang
und sorbische Lieder; sie zaubern Melodien
von Weite und Sehnsucht,
Lachen und Weinen, und von
ungebrochener Leidenschaft
auf Okarina, Alboka, Kantele, Tamburica
und neue Töne am arabischen Klavier,

Europa,
Du Geliebte des Zeus,
einen Altar errichten sie Dir,
ganz aus rasierscharfen Banknoten,
Erfolgskurven und Ökonomie,
Kauf, Verkauf und eherne Gesetze
bestimmen den Alltag und Du
wirst reduziert und entkleidet –
verborgen bleiben unter der Plane
der Mensch, die Vielfalt und
der Reichtum an Ursprünglichkeit …

Elisabeth Schrattenholzer

Was ist Identität – und was nicht?

Worte, Werte, Weltanschauung – für ein Fundament ohne Fundamentalismus

Identität (1)

Identität heißt *Gleichheit mit sich selbst.* Alles, jede und jeder ist immer identisch – also gleich – mit sich selbst.

In Bezug auf uns Menschen ist Identität die Grundlage für Gesetz und Recht. Sie hat daher einen hohen Stellenwert. Nahezu auf der ganzen Welt wird ein Mensch kurz nach der Geburt beurkundet. Das Kind bekommt einen Namen X und erhält der Rechtslage entsprechende Dokumente, die fortan beweisen, dass es mit einer Person namens X identisch ist. Auch ein Fingerabdruck oder Genanalysen können das beweisen. Das hat rechtlich klar definierte Folgen und ist die Voraussetzung dafür, staatsbürgerliche Rechte beanspruchen zu dürfen. Da das eine Frage auf Leben oder Tod sein kann, ist es wenig überraschend, dass Menschen hochgradig emotional reagieren, wenn es um ihre Identität geht oder diese angezweifelt wird. Und es ist wenig überraschend, dass der Begriff *Identität* aus genau diesem Grund eine politisch brisante Karriere in Sachen emotionaler Vereinnahmung gemacht hat.

Eben weil der Begriff, wenn er richtig verwendet wird, eine wichtige und klar definierte Rechtlichkeit mit sich bringt, wollen ihn verschiedene Akteure und Akteurinnen der politischen Bühne für ihre ideologischen und machtpolitischen Ansprüche vereinnahmen. Sie erklären dann ein Gefühl, ein gefühltes Selbstbild oder eine bestimmte (willkürlich änderbare) Kombination aus Inhalten wie Sprachzugehörigkeit, Religionszugehörigkeit, Identifikation mit Rollen oder Traditionen, sexuelle Orientierung, Herkunft oder Eigenschaften zu »Identität«.

Identität heißt jedoch, wie gesagt, *Gleichheit mit sich selbst.* Sie ist sachlich unumstößlich, und das ist Voraussetzung für einen funktionierenden Rechtsstaat. Österreich ist immer identisch mit sich selbst. Und niemand von uns ist deckungsgleich mit Österreich – oder sonst einem Land. Wie es Ludwig Wittgenstein in seinem »Tractatus logico-philosophicus« formuliert: »Von *zwei* Dingen zu sagen, sie seien identisch, ist ein Unsinn, und von *Einem* zu sagen, es sei identisch mit sich selbst, sagt gar nichts.«

Sich darauf berufend schreibt Konrad Paul Liessmann in der NZZ: »Denn ein Mensch kann nur mit sich selbst identisch sein [...]. Und zu behaupten, ein Mensch wäre mit einer Eigenschaft oder einem Merkmal identisch, also deckungsgleich mit diesem, ist offensichtlich ein Unsinn.«

Aber Behauptungen tun ihre Wirkung. Die Aura der Unumstößlichkeit färbt auch auf diejenigen Inhalte ab, die fälschlicherweise Identität genannt werden. Das ist die Macht der Sprache.

Zur Macht der Sprache

Sprache hat immense Wirkung. Wesentliche Anteile dieser Wirkung werden nie oder selten bewusst. Sprache aktiviert in Sekundenbruchteilen in uns zuallererst bereits Vorhandenes: eingeprägte Muster, Emotionen, Identifikationen, Wertmaßstäbe, Reaktionen usw. Das alles hat dann Auswirkungen auf unser Tun. Dem Einfluss von Sprache können wir uns nicht entziehen. Mittels zahlreicher Untersuchungen ist die umfassende Wirkung – und damit die Macht – von Sprache bereits naturwissenschaftlich belegt. Sie ist nicht mehr bestreitbar. Das Bewusstsein der Brisanz dieses Befundes fließt leider nur selten in die alltägliche Kommunikation ein. Hingegen ist dieses Wissen in Politik, Wirtschaft und Werbung erwartungsgemäß meist handlungsleitend, denn auf diesen Gebieten ist das Hervorrufen von Emotionen und Identifikationen besonders erwünscht. Dazu eignet sich das Berufen auf Werte, Natürlichkeit und Identität in besonderem Maße.

Wert (1)

Auch bei *Wert* haben wir es mit einem emotional sehr wirksamen Begriff zu tun. Die Identifikation mit einem bestimmten Set von Werten kann so intensiv sein, dass die allgemeine Anerkennung dieser Werte als Voraussetzung für die eigene Existenz empfunden wird. Die Impulse »Erstrebenswert« oder »Will haben!« hängen sich jedoch an alles, was erfolgreich als Wert propagiert worden ist. Das Wort ist wie ein prachtvoller, beliebig füllbarer Sack, mit dem sich die Sinnhaftigkeit von Menschenrechten und die Vorteile einer Demokratie ebenso bewerben lassen wie Kriege oder Todesstrafe. Auch IS-Terroristen berufen sich darauf, dass sie Werte verteidigen.

Was als Wert gedacht oder empfunden wird, ist zunächst immer subjektiv. Wenn wir aus mehreren Handlungsmöglichkeiten eine bestimmte auswählen, erscheint uns diese als erstrebenswerter, günstiger, bequemer, angenehmer, schöner oder wertvoller – zumindest im Moment – als jede andere. Allgemeiner formuliert: Wir wählen diejenige Variante des Handelns, die uns für das Weitertun und dessen Folgen am wertvollsten erscheint. Die Klassifizierung als *Wert* betrifft daher Inhalte, Ideen und Impulse, die sich für etwas zu Nennendes als notwendig und/oder förderlich erwiesen haben, erweisen oder erweisen sollen. In welchem Ausmaß das über das Individuum hinaus gültig ist, hängt von der konkreten Handlung und der situativen Einbettung ab.

Bevor ich das hier mit dem Begriff *Wert* Gemeinte verbindlich festlege, zunächst ein Blick auf die Möglichkeiten, mit Sprache überhaupt etwas allgemein Verbindliches auszusagen.

Ein Wort und seine Bedeutungen

Es ist erstaunlich, dass wir bereits als kleine Kinder vieles verstehen und einordnen können, was nicht unbedingt selbstverständlich ist. Was die österreichische Küche als *Äpfel im Schlafrock* bezeichnet, hat nichts mit *Schlafrock* als Kleidungsstück zu tun, sondern lediglich mit einer süßen Haupt- oder Nachspeise. *Zwerge* sind in Grimms Märchen etwas völlig anderes als in der Astronomie. *Tau* kann einerseits die winzigen Wassertropfen bezeichnen, die frühmorgens an Gräsern glitzern, andererseits das Seil, mit dem etwa ein Boot an den Steg gezogen wird: Sprachkompetenz ist unter anderem das Wissen, welche Inhalte wann, unter welchen Bedingungen und in welchen Zusammenhängen mit bestimmten Worten gemeint sind.

Dieses Phänomen fällt in den komplexen Bereich dessen, was Wittgenstein »Sprachspiele« nennt. Worte sind also, was die Kommunizierbarkeit von Inhalten betrifft, an die Situation ihrer Verwendung gebunden. Weshalb ja bekanntermaßen Zitate, die aus dem Zusammenhang gerissen sind, manchmal etwas völlig anderes vermitteln, als ursprünglich damit gesagt worden ist.

Es gibt auch Sprachaktionen, mittels derer sinnvolle Kommunikation verhindert werden soll. Die modernste Variante sind Fake News oder Erfindungen, die »alternative Fakten« genannt werden. Jedoch unabhängig von positiver oder negativer, bewusster oder unbewusster Manipulationsabsicht appellieren Wörter und Begriffe nahezu immer an die Wertvorstellungen der Rezipierenden. Das funktioniert bereits mit so alltäglichen Begriffen wie *Sommer* oder *Winter:* Die je eigenen Reaktionen färben – bewusst oder unbewusst – die dem Wort folgenden Inhalte. Das wird *Priming* oder *Framing* genannt.

Eine weit verbreitete affirmative Reaktion folgt auf *natürlich.* Das Wort begegnet uns gesprächsweise so oft, dass es kaum mehr auffällt. Trotzdem hat es Auswirkungen. Eher selten ist genau das gemeint, was das Wort sagt. *Natürlich* sind Inhalte im Grunde nur dann, wenn sie von der Natur bestimmt sind und von der Natur kommen, ohne dass Menschen daran erhebliche Änderungen vorgenommen haben oder Veränderungen überhaupt vornehmen könnten. Natur und Naturgesetze sind für uns Menschen eine Basis, von der wir nicht loskommen. Der Regen fällt *natürlich* von oben nach unten, *natürlich* wärmt die Sonne, *natürlich* bekommen wir Hunger, wenn wir lange nichts essen – usw. Was die Natur grundsätzlich festgelegt hat, das gilt. Und zwar für alle. Darüber brauchen wir nicht zu debattieren.

Die Akzeptanz des Gesagten wird durch *natürlich* aber auch dann wahrscheinlicher, wenn es um ganz andere Inhalte geht: »Wir wissen *natürlich,* dass die Globalisierung …« Nein. Wir wissen nicht *natür-*

lich, was in der Welt geschieht, wir müssen uns informieren. Und das gründlich und sprachbewusst, um nicht irregeführt zu werden.

Identität (2)

Ebenso wie bei *natürlich* die Unumstößlichkeit von Naturgesetzen anklingt, wird das Empfinden einer lebenswichtigen Brisanz und Gültigkeit aktiviert, sobald das Wort *Identität* fällt. Das macht es politisch interessant. Aus der Verwendung im Fachbereich Psychologie kommend, wird nämlich das gefühlte Selbst, das Selbstbild oder die Selbstbeschreibung *gefühlte Identität* genannt. Es geht dabei um individuelles, subjektives Erleben, um *Beschreibung des Selbst* oder *Selbstwertgefühl* mit allen Variablen und Aspekten, die ein Menschenleben nun einmal ausmachen. Das hat ganz und gar nichts mit dem gesetzlich eindeutigen Begriff der Identität als ausweisbare Gleichheit-mit-sich-selbst gemeinsam, auch wenn es sich auf den einzelnen Menschen bezieht.

Wenn jemand von der Polizei nach Identität gefragt wird, beginnt niemand, der Polizei Erklärungen über Selbstempfinden, Abstammung, Identifikation mit Rollen und Wertesystemen, Traditionen, Verhaltensnormen, sexueller Orientierung oder der eigenen Sprach- und Religionszugehörigkeit anzubieten. Das würde zu unerfreulichen Amtshandlungen führen. Nein. Ein Ausweis ist erforderlich.

Der Inhalt eines Wortes wird unter anderem durch Konsens über seinen Gebrauch festgelegt. So scheint die weite Verbreitung von *Identität* als Bezeichnung für *gefühltes Selbstbild* oder für einen subjektiv füllbaren Warenkorb ebendiesen Gebrauch zu legitimieren. Unterschiedliche Befunde, die sich auf ein und dasselbe Individuum und seine Situation beziehen, müssen aber unterschiedlich bezeichnet werden, sonst ist Konfusion vorprogrammiert. Es muss unterscheidbar sein, ob mit Identität das für die Rechtsprechung Unumstößliche gemeint ist – oder eine Summe subjektiver Einzelkriterien. Für *Gleichheit mit sich selbst* wäre die Bezeichnung »Identität-I« und für Selbstbild mit allen dazugehörigen, variablen Elementen »Identität-II« vorstellbar. – Da ist es aber doch einfacher, gleich direkt die Inhalte als das zu benennen, was sie sind: Identifikationen sind Identifikationen, Wertesysteme sind Wertesysteme; Verhaltensvorschriften, sexuelle Orientierung, Rollen, Traditionen etc. bleiben immer das, was sie sind. Sie sind wichtige Komponenten des persönlichen Lebens und der individuellen Entscheidungen, aber nicht Identität. Und diese Lebensbereiche sollten nicht durchzittert sein von der Angst um die eigene (staatsbürgerliche) Existenzmöglichkeit.

Ob Aussagen allgemeingültig sind und daher kommunikative Sicherheit bieten oder subjektiv änderbar sind, muss nicht gesondert für jeden Begriff einzeln auf komplizierte Weise erschlossen werden. Es gibt dafür ein leicht zu bedienendes Werkzeug: das »3-Bereiche-Modell«. – Für die nun folgende Darlegung der Verlässlichkeit von Sprache anhand des »3-Bereiche-Modells«, das ich unter Zuhilfenahme der Erkenntnisse der linguistischen Relativität entwickelt habe, beziehe ich mich vor allem auf Ludwig Wittgenstein, Karl Popper und die Betrachtungen zur Wirkmacht von Sprache bei Rupert Lay und Luise F. Pusch.

Das 3-Bereiche-Modell

Sprache verbürgt je nach Bereich, auf den sie sich bezieht, also je nach Referenzbereich, wesenhaft unterschiedliche Gültigkeit für die Allgemeinheit. Die Allgemeingültigkeit einer Aussage ist von gefühlten, geglaubten oder ideologischen Inhalten und Meinungen eindeutig zu unterscheiden, damit kein Fundamentalismus entstehen kann.

Im Folgenden wird »Welt und Wirklichkeit« mit »W« wiedergegeben; drei Referenz-Bereiche sollen unterschieden werden: W1, W2, W3.

Bereich W1

Das sinnlich Wahrnehmbare und was unmittelbar daraus abgeleitet werden kann, wird im 3-Bereiche-Modell W1 genannt. W1 ist also jener Bereich der Welt, der an uns alle gleichermaßen von außen herantritt. Sprache bezieht sich hier auf ein Außen, das für alle dasselbe ist. Sie funktioniert dadurch mit der Verlässlichkeit einer guten Landkarte. Bei korrekter Verwendung beruft sich Sprache, wie die Kartografie, auf

Übereinkünfte des Abbildens der Welt. Exakt abbildende Sprache ermöglicht wie eine gute Landkarte, dass wir erfolgreich von A nach B gelangen. Wir können von einem bestimmten Begriff – z.B. *Baum, Haus, Straßenverkehrsordnung* – zu dem so bezeichneten Wirklichkeitsanteil gelangen; und umgekehrt: wir kommen von einem bestimmten Wirklichkeitsanteil meist zum selben Wort wie andere Deutsch Sprechende; also von einem bestimmten Gebilde in der Landschaft zum Wort *Baum* etc. Genau diese annähernd eindeutige Konvertierbarkeit zwischen Sprache/Wirklichkeitsanteil oder umgekehrt zwischen Wirklichkeitsanteil/Sprache verbürgt die Verlässlichkeit des Gesagten, verbürgt, dass alle Beteiligten vom selben Inhalt ausgehen und nötigenfalls vor Gericht genau das Besagte einfordern können. Hierher gehört Identität, wenn das gemeint ist, was das Wort sagt: *Gleichheit mit sich selbst.*

Bereich W2

Bereich W2 betrifft Reaktionen auf dieses Außen. Diese Reaktionen auf die Phänomene in W1 beinhalten Gefühle, persönliche Konditionierungen, Meinungen, Wertungen, Geschmäcker und Deutungen der Welt. Sie werden im 3-Bereiche-Modell W2 genannt. Das Gegenstück des sprachlich genannten Wirklichkeitsanteils liegt dabei im Inneren eines Menschen: in seinen Vorstellungen, Konditionierungen und Glaubenssätzen. Hier haben das gefühlte Selbst und das Selbstbild ihren Platz. Das ist ein für alle Menschen außerordentlich wichtiger Bereich. Im Austausch des Erzählens wird Anerkennung des individuellen menschlichen Daseins gewürdigt, gefördert und bestätigt. Wir lernen einander damit näher kennen. Aber anders als bei *Baum* etc. können wir uns nicht in der Außenwelt gemeinsam vergewissern, dass wir mit den geäußerten Worten dasselbe meinen.

Sprache, die sich auf W2 bezieht, kann daher nicht den Anspruch auf Allgemeingültigkeit erheben. Es ist mit den Inhalten von W2 letztlich wie mit Träumen: Niemand kann beweisen, was er oder sie geträumt hat. Was durch die Schilderungen eines Traums im Gegenüber an Bildern und Ideen entsteht, kann, aber muss nicht genau das sein, was der Mensch, der seinen Traum schildert, meint. Sprache ist da nicht zuständig, rechtskräftige Allgemeingültigkeit zu verbürgen.

Bereich W3
Bei W3, dem dritten Bereich des 3-Bereiche-Modells der Möglichkeiten von Sprache, Wirklichkeit zu verbürgen, handelt es sich um einen von vielen Menschen für wahr erachteten Bereich, der über das sinnlich Erfahrbare hinausginge. Dieser wäre dann gegebenenfalls unbenennbar und unbeschreibbar. Denn alle vorhandenen Wörter und Begriffe, und seien sie noch so abstrakt, benennen jeweils einen begrenzten Teil der Wirklichkeit und des Erfahrbaren. Für ein allumfassendes »Darüber hinaus« ist die Sprache nicht das geeignete Darstellungsinstrument. Sie ist nicht zuständig. Und für Menschen, die davon ausgehen, dass es diesen Bereich ohnedies nicht gibt, fallen alle diesbezüglichen Aussagen unter W2.

Die Gültigkeit von sprachlichen Aussagen
Mittels des 3-Bereiche-Modells ergeben sich daher folgende Gültigkeitsbereiche von sprachlichen Aussagen:

- In W1 kann Einigung erzielt werden, können funktionierende Gesetze beschlossen und verlässliche Verträge vereinbart werden, können allgemeingültige Werte festgelegt und Wertmaßstäbe daher anhand der Phänomene der Außenwelt sozusagen »geeicht« werden;
- in W2 können Sprachbenützende Anteilnahme erwarten, Kunst ausüben, Welt deuten, Visionen äußern, Utopien, Dystopien … – und wir können uns gut und gerne über Widersprüchliches unterhalten, denn Widersprüchliches hat per definitionem Geltung, vorausgesetzt, dass es nicht die W1-Tatsachen verzerrt, verdreht oder leugnet. – Die Behauptung, dass die Sonne um die Erde kreist, musste revidiert werden. Die W1-Realität hatte letztlich mehr Beweiskraft als die autoritär verordnete Sicht der Dinge.
- In W3 hat Sprache im günstigsten Fall die Funktion von Musik und kann Gleichgestimmtheit und atmosphärisches Einverständnis

erzeugen. Meist ist dafür aber vergleichbare kulturelle Konditionierung Voraussetzung.

Für *Identität* bedeutet das also: Gleichheit mit sich selbst gehört eindeutig zu W1. Die Rechtsprechung baut darauf als unumstößliches Faktum auf. Dagegen kann das Selbstverständnis eines Menschen, sein Selbstbild als ein Bündel von subjektiven, veränderbaren Elementen, die nahezu beliebig interpretierbar sind, keine Basis für allgemeingültige Gesetze sein.

Die vorgeschlagene Differenzierung würde Identität-I in aller ihr zustehenden Klarheit belassen; und damit die emotionale Verwirrung und den Anklang von Existenzbedrohung für die Identität-II-Inhalte zumindest erheblich abschwächen. Oder, und das ist die noch zweckdienlichere Variante, wir benennen die gemeinten Inhalte als das, was sie konkret sind: Identifikationen sind Identifikationen (und ändern sich im Lauf des Lebens), Selbstbilder sind Selbstbilder usw. Politisch ließe sich dann kaum noch emotionales Verführungskapital daraus schlagen.

Wert (2)

Beim oben Gesagten wird die Mühsal deutlich, die es mit sich bringt, Werte nachvollziehbar, umfassend und belegbar in W1 zu beschreiben, um allgemeines Einverständnis zu ermöglichen. Es wäre einfacher, sich auf Ethik und Moral berufen zu können. Aber das funktioniert nicht. Besser gesagt, es funktioniert nur innerhalb von Gruppen, die sich – manchmal unausgesprochen – einig sind, welche konkreten Taten aus den miteinander geteilten Vorstellungen von Ethik und Moral zu erfolgen haben. Trotzdem bleiben Ethik und Moral weiße Flecken auf der Landkarte. Sie sind interpretierbar, auch zum Vorteil von Profit-, Partikular- und Machtinteressen.

Einen zweiten erheblichen Nachteil hat der Glaube, es gäbe eine allgemein verbindliche Moral oder eine allgemein verpflichtende Ethik, also allgemein verbindliche Wertmaßstäbe: Sobald W2-Begriffe weltweit als zwingend gültig eingefordert werden, entsteht Fundamentalismus. Die einzige Basis, auf der kein Fundamentalismus möglich ist, sind Werte, die für alle konkret nachvollziehbar sind, also sprachlich unter Bezugnahme auf W1 dargestellt werden. Unser aller einzige gemeinsame Basis ist die Erde und was wir auf ihr tun.

Wert (3)
Definieren enthält das lateinische Wort *finis,* also Grenze. Definitionen grenzen den Bedeutungsbereich eines Wortes auf der Landkarte der Wirklichkeit, also in W1, annähernd genau ein. Erst und nur dann funktioniert die Angelegenheit namens gesetzlich relevanter Verständigung. Nur dann können Sie und ich wissen, dass wir bei der Verwendung des Begriffs über dieselbe Sache reden beziehungsweise nachdenken. Ob in anderen Fällen für andere Zusammenhänge andere Definitionen sinnvoller sind, darüber sei hier keine Aussage gemacht.

Wert manifestiert sich also – so die hier verwendete Definition – in W1, in konkreten Situationen an konkreten Menschen und in nachvollziehbaren Zusammenhängen. Zu den offensichtlichen Werten für ein Menschenleben wie persönliche Sicherheit, materielle Absicherung, soziale Einbettung, friedlich gestaltbares Gemeinschaftsleben etc. ordne ich auch den persönlichen Lustgewinn der allgemeinen Kategorie der Werte zu. Mit Lust ist meist – zum Beispiel bei Sigmund Freud – körperliche Lust gemeint, sei es Essen, Trinken, Bewegung, Sexualität oder sonst ein körperliches Wohlgefühl. Dieses will ich nicht (mehr oder weniger unscharf) trennen von der Lust am Denken, am Philosophieren, am solidarischen Handeln etc. Werte, die deutlich körperlich empfunden werden, können, so die hier vertretene Definition, nicht plausibel von denjenigen Werten unterschieden werden, die vorrangig gedanklich, emotional oder annähernd abstrakt wahrgenommen werden, seien sie ethisch, gesellschaftlich, moralisch oder absolut genannt. Der Wert einer Sache oder einer Maßnahme muss sich am Leben der betroffenen Menschen konkret erweisen können. Ob das zusätzlich ein konstruktiver Beitrag für eine Gesamtbevölkerung, für das Fortbestehen der Weltbevölkerung, für das Leben im Allgemeinen und Bewahrung der Vielfalt des Lebens überhaupt und ob es für den

Planeten Erde zuträglich oder abträglich ist, muss ebenfalls anhand konkreter Tatsachen beurteilbar sein.

Fazit

Ausschließlich die konkrete Wirklichkeit, diejenige Wirklichkeit, die an uns alle gleichermaßen von außen herantritt, liefert die Basis, auf der kein Fundamentalismus möglich ist. Sie liefert das Fundament, auf dem Werte sinnvoll begründet und nachgewiesen werden können. Wer dann über Werte redet, redet – eins im anderen – über die Wirklichkeit der Menschen und des Lebens. Und diese Wirklichkeit besagt, dass die Identität eines Menschen zwar von Dokumenten beglaubigt werden kann, aber nicht durch Eigenschaften.

Identität als Gleichheit mit sich selbst ist sachlich unbestreitbar und Voraussetzung für einen funktionierenden Rechtsstaat. Subjektive und variable Inhalte mit demselben Begriff zu bezeichnen, schafft Raum für Manipulation und teilweise auch Sehnsucht nach klärender, autoritärer Führung. Möglicherweise sollen uns die Streitereien um einheitlich verpflichtende Traditionen und die Ängste um Selbstbilder nur von der großen Aufgabe ablenken, einzusehen, dass es nur eine Menschheit gibt. Es gibt nur einen Planeten Erde, es gibt nur eine Menschheit. Wir alle sind die Menschheit. Wir haben eine einzige Heimat: die Erde.

Mitra Shahmoradi-Strohmaier

warum wolltest du mich nicht?

warum bist du so fern?
warum hast du mich nicht gehalten?

aber deine Pracht und Schönheiten sehe ich
aber deine mächtigen Berge sehe ich
aber deine duftenden Blumen rieche ich
aber deine alten Bäume sehe ich
aber deinen strahlenden Himmel sehe ich
aber deine warme Sonne spüre ich
aber deine fruchtbare Erde sehe ich
aber deine mir vertrauten Menschen sehe ich

warum wolltest du mich nicht?
warum hast du mich nicht behalten?
mein Land

ich baue*

ich baue mit Farben
eine Heimat

ich baue mit Buchstaben
eine Identität

ich baue mit Erde, Wasser, Luft und Feuer
eine Stadt

geschmückt mit zahllosen Sprachen, Kulturen und Glauben
umarmt vom Regenbogen

mit vertrauter Identität
und göttlichem Duft

* Zuerst veröffentlicht in: »Ich male die Welt zu Licht«, aainformationshaus 2010

Mitra Shahmoradi-Strohmaier

ich öffne*

Räume schweigen
Türen sind geschlossen
Fenster sind geschlossen
Menschen sind geschlossen
Ort ist schöner als seine Menschen

ich öffne
alle Türen und Fenster
und tanze in singenden Räumen
mit offenen Menschen

Menschen die schöner sind als ihr Ort

* Zuerst veröffentlicht in: »Ich male die Welt zu Licht«, aainformationshaus 2010

mein Himmel begleitet mich

wo ist daheim?
dort wo wir herkommen
oder dort wo wir ankommen?

wie viel Licht gibt es, wo wir gewesen sind
wie viel Licht gibt es, wo wir jetzt sind?

was tut mehr weh
Heimweh
oder Fremdweh?

mein Himmel begleitet mich
dort und hier

Mitra Shahmoradi-Strohmaier

mein Name

wie ist dein Name?
mein Name ist Fremde!

was ist das für ein Name?
das ist ein einfacher Name!

in welcher Sprache?
in Deutsch

aber, ich kenne das nicht als Namen
doch, das ist ein moderner Name, so wie
Ausländer, Migrant, Zuwanderer, Tschusch, Muslima, die Andere

mein Name ist Fremde
gefällt er dir?

Clementine Skorpil

Gescheiterter Versuch, ein Wortspiel mit Saul und Paul zu finden

oder: Warum ich meine Meinung geändert habe

Es ist Zeit, dem Schuster ein Denkmal zu setzen. Der Schuster ist nämlich im vergangenen Jahr gestorben. Oder war es schon das Jahr davor? Eigentlich folgt jetzt das Klagelied über sterbende Gewerbe und sterbendes Handwerk, zu denen das des Schusters zweifelsohne gehört. Da es bekannt ist, lasse ich es aus. Das Geschäft des Schusters lag am Ende des Hauptplatzes, neben dem Gebäude, in dem auch Gericht und Kindergarten untergebracht sind. Es ist ein sehr kleiner Laden. Drinnen schlug einem der typische Geruch von Schustern entgegen, das jedem Schustergeher bekannte Gemisch aus Leder, Gummisohlen, harter Arbeit und Füßen. Die Schuhe und gelegentlich Taschen hingen an Haken an den Wänden, die übervoll waren mit der Reparaturware, wie gesagt, ein kleines Geschäft. Durch eine Tür konnte man in das Hinterzimmer sehen. Da saß der Schuster an dieser großen Schusternähmaschine auf einem Holzdrehsessel, einer Art Klavierstockerl, aber eben für Schuster. Ob er eine Schürze trug, weiß ich nicht, in meiner Erinnerung ja, aber die kann mich täuschen.

Beim Eintreten gab die Tür Laut. Nicht »Balim, Balim«, aber etwas Ähnliches. Das bedeutete nicht, dass der Schuster aus dem Kabäuschen kam. Er ließ seine Kunden angemessene Minuten warten, ehe er sich bewegte. Sollte er zufällig schon im eigentlichen Verkaufsraum gewesen sein, ging er schnell nach hinten. Nein, das ist eine Übertreibung.

Jedenfalls habe ich es nie erlebt, dass er gleich da war, wenn ich Schuhe brachte. Stattdessen saß er an seiner Maschine, rappelte sich dann sichtbar gramgebeugt auf und schlurfte heran. Ich übergab das Reparaturgut. Schuh oder Stiefel, dessen Sohlen abgelaufen, Nähte geplatzt waren. Der Schuster nahm den Schuh, drehte ihn in seiner Hand, drehte, drehte, zog die Brauen zusammen, als wollte er sagen: »Dieser Schuh, den Sie mir bringen, ist kaputt!«

Vom strengen Blick eingeschüchtert, fragte ich: »Kann man das nicht mehr richten?«

Dann sagte der Schuster gedehnt: »Richten kann man es schon.«

»Aber es zahlt sich nicht mehr aus.«

»Auszahlen tät es sich schon. Sind ja teure Schuhe.«

»Würden Sie es denn machen?«

»Ja, aber vor Ende nächster Woche sind die Schuhe nicht fertig.«

»Oh«, sagte ich dann mit der größtmöglichen Dankbarkeit, »Ende nächster Woche ist großartig.«

»Zwanzig Euro.«

Sehr wohl, zwanzig Euro, kommt sofort. Während ich in meiner Börse nach dem Geld kramte, denn ja, bezahlt wurde vor der Reparatur, riss der Schuster von einem Blatt Papier oder einer herumliegenden Zeitung ein winziges Stück ab, drehte den Kopf zu der mit Schuhen verhängten Mauer und schrieb dann mit Bleistift oder Kugelschreiber eine Zahl auf das Papierschnitzel, vielleicht 73 oder 85. Zweistellig jedenfalls. Mit diesem Zettel, den nicht zu verlieren eine Kunst war, holte ich zwei Wochen später die Schuhe ab. Kam ich eine Woche nach dem Termin, setzte es eine Rüge. So lang den begehrten Platz an der Mauer mit meinen abgetretenen Latschen zu besetzen, goutierte der Schuster nicht. Eben weil ja auch andere ihre Schuhe bei ihm abgeladen hatten. Da konnte er schon einmal laut werden.

Nicht minder temperamentvoll werde ich in der örtlichen Filiale der Landmaschinen-und-Sonstiges-Handlung begrüßt, wenn ich die Kettensäge bringe. Die nämlich verweigert häufiger den Dienst, als sie ihn verrichtet. Sie springt nicht an, und springt sie doch an, übertreibt sie maßlos und lässt sogleich die Kette ihrer Glieder aus der Führung springen. Gern überhitzt auch der Motor. Kurz, die Kettensäge ist ein Quell beständigen Ärgernisses.

Die Schuldfrage ist beim zuständigen Mechaniker schnell geklärt. Nicht das Produkt ist benutzerunfreundlich, sondern im Gegenteil, die Benutzer lassen jegliche Sorgfalt in der Anwendung vermissen. »Habt's es wieder hingemacht!«, schnaubt er, während er das ramponierte Werkzeug in Empfang nimmt. »Habt's wieder in die Erde hineingehackt und alles verdreckt!«

Eine gründliche Gewissenserforschung hilft nicht, wenn wir uns doch schuldig bekennen müssen. Ja, vielleicht ist sie abgerutscht, als wir versuchten, die wuchernde Hecke zu fassonieren.

Und dann die Frage aller Fragen: »Habt ihr Wurzeln damit geschnitten?« Du meine Güte! Doch nicht etwa Wurzeln! Natürlich leugne ich. Was sonst? Allein, das Ergebnis spricht für sich: Die Kettensäge, die ich gebracht habe, ist kaputt. Und kann – frühestens! – in zwei Wochen abgeholt werden.

Es gäbe noch viele ähnliche Beispiele über Dienstleistungen bei uns auf dem Land. Mürrische Postbedienstete, Bäcker und Bäckerinnen, Verkäufer und Verkäuferinnen. Auch unser ehemaliger Mechaniker war ein solcher. Da Landmenschen immer und überall hin mit dem Auto fahren, wird es stärker abgenutzt als in der Stadt. Das ließ der Mechaniker des Nachbarorts nicht gelten. Er beugte sich über den Motor, sah hinein, seufzte schwer und sah mich an mit dem bekannten Blick, man ahnt es schon: Das Auto, das Sie mir hergestellt haben, ist kaputt!

Ich habe ein Faible für diese Art von Kleingewerbetreibenden. Die, die sich um Dienstleistungsfloskeln à la: »Ihre Zufriedenheit ist uns ein Anliegen« nicht scheren. Ich mag sie. Sie werden weniger. Auch bei uns grassiert die Kundenorientierung. Kürzlich war ich im Friseurstudio der großen Drogeriekette. Als mir die Auszubildende die Haare wusch, fragte sie mich, ob ich bereits ein angenehm gespültes Gefühl hätte. Oho! Was ist das für ein Gefühl? Ich kenne es nicht. Jene, denen das Wohl und Wehe der lokalen Kettensägen am Herzen liegt, stellen solche Fragen nicht.

Der Schuster ist also seit ein oder zwei Jahren tot, sein Geschäft bleibt leer. Dafür haben wir jetzt einen Schuhdiskonter in der Kleinstadt. Das nennt man Kapitalismus.

Damals

Als Österreich 1994 darüber abgestimmt hat, ob das Land der EU beitreten soll, habe ich zu einer Minderheit gehört: Ich war gegen den Beitritt. Nicht, weil ich mich vor »Blutschokolade« oder Schildläusen im Campari gefürchtet hätte, und schon gar nicht, weil mir offene Grenzen und »Überfremdung« Sorgen gemacht hätten. Ich bin für offene Grenzen, ich war Teil der Willkommenskultur und habe meine Haltung diesbezüglich nicht geändert: Es gibt keine Flüchtlingskrise. Das Leben ist nicht immer einfach, wer sagt, dass es das sein muss?

Warum ich damals gegen die EU war? Aus demokratiepolitischen Überlegungen. Ich misstraue großer Machtkonzentration, bin für Kleinstaaterei. An das Subsidiaritätsprinzip habe ich nicht geglaubt. Wann in der Geschichte hat je eine Institution freiwillig auf Macht verzichtet? Und dann: Je mehr Menschen, in dem Fall, Staaten an einer Entscheidung beteiligt sind, desto länger wird es dauern, eine solche zu treffen. Das kann in der Praxis zweierlei bedeuten: Entweder die gelebte Realität koppelt sich von der politischen ab, die von der Entscheidung Betroffenen regeln die Angelegenheit selbst und ohne gesetzliche Festschreibung. Dann regiert das Recht des Stärkeren. Oder aber: Es sind in den Entscheidungsgremien nicht alle vertreten, sondern nur ein Teil. Das werden dann auch eher die Großen sein, nicht die Kleinen, zumindest in finanzieller Hinsicht. Von einem Europa der zwei Geschwindigkeiten oder einem Kerneuropa hat man damals, soweit ich mich erinnere, noch nicht gesprochen. Aber so in etwa habe ich mir das vorgestellt. Und: Ich halte es für falsch, die Schwächeren draußen zu lassen.

Der EU beizutreten, schien mir auch aus umweltpolitischen Gründen nicht erstrebenswert. Ich hielt sie für einen Verein von Technokraten, daran interessiert, das Ziel vom immerwährenden Wirtschaftswachstum umzusetzen. Ein Hort des Neoliberalismus, in dem dem freien Markt als Säulenheiligem gehuldigt wird. Der Schutz der Umwelt, die Rechte des Individuums werden den Marktgesetzen untergeordnet. So beurteilte ich es damals.

Meine proeuropäischen Freunde wandten ein, dass es gerade deshalb wichtig sei, dabei zu sein, denn so könne man mitbestimmen. Darüber habe ich nachgedacht und bin zu dem Schluss gekommen, dass das nur bedingt stimmt. Trete ich einem Hasenzüchterverein bei, muss ich bereit sein, Hasen zu züchten. Ich kann dann wohl fordern, dass etwa die Mindestgröße der Hasenställe mehr den Bedürfnissen der Hasen angepasst wird oder dass die Züchtung von Angorahasen stärker gefördert wird als die des Deutschen Widders. Ich kann aber nicht sagen: Leute, bis jetzt haben wir Hasen gezüchtet, ab heute sammeln wir Briefmarken.

Traditionell, so dachte ich 1994, hat sich Österreich gen Osten gewandt. Mit den Ländern des ehemaligen Ostblocks verbindet uns viel, da gibt es alte Seilschaften, Kontakte, einen Kulturraum, den wir wiederbeleben könnten. Ich habe mir eine Kooperation von Staaten mit anderen Vorzeichen gewünscht: auf Augenhöhe, ohne ein Zentralgestirn – eine Donaudemokratie.

Dann wurde abgestimmt. Die Mehrheit war für den Beitritt zur EU. Eine demokratische Entscheidung, die zu respektieren ist.

Heute

Während manche, die damals dafür gestimmt haben, heute für einen Austritt sind, ist es bei mir umgekehrt. Warum ich meine Meinung geändert habe? Die Mitte ist nicht mehr da, wo sie einst war, vieles, was wir für abgesicherte Erfahrung gehalten haben, ist nicht mehr abgesichert, und es bilden sich seltsame Allianzen: Die Illiberalen fusionieren mit den Neoliberalen. Man würde meinen, dass das nicht möglich ist. Wieso sollte sich eine Bewegung, die die Liberalität im Namen führt, mit einer Gruppierung verbünden, die das Liberale expressis verbis ablehnt? Das geht, wenn die Neoliberalen den Liberalismus in erster Linie als Wirtschaftsliberalismus interpretieren, während ihnen der gesellschaftliche Liberalismus wenig gilt. Hier treffen sie sich mit den Illiberalen, die nichts gegen unternehmerische Freiheit haben, sehr viel aber gegen die Freiheit, sich in einem anderen Land niederzulassen, seine eigenen religiösen Überzeugungen und sexuellen Neigungen zu leben.

In den USA hat diese Fusion längst stattgefunden, sie heißt Donald Trump. Aber schon bevor er gewählt wurde, sprachen Autoren wie Colin Crouch oder John Ralston Saul, der von 2009 bis 2014 Präsident von P.E.N. International war, davon, dass wir in postdemokratischen Staaten lebten. Postdemokratisch, weil inzwischen die Konzerne die Politik so maßgeblich mitbestimmten, dass die Demokratie auf den Akt des Wählens beschränkt werde, während es sonst keine Möglichkeiten für das Volk gebe, die Politik mitzugestalten. Diese Konzerne aber haben in den USA auch dafür gesorgt, dass Trump gewählt wurde.

Als 2016 verkündet wurde, dass Trump der neue Präsident der USA ist, gab es in Europa einen Aufschrei. Wie kann das sein? Peter Huber, Literaturkritiker der »Presse«, schrieb dazu in seiner Facebook-Timeline sinngemäß: Wer wissen möchte, wieso Trump gewählt wurde, der lese die amerikanischen »Country Noir«-Krimis, die sich genau diesem Thema widmen. Nämlich der Frage: Wie geht es den Leuten im sogenannten Rust Belt, jenem ausgehungerten Gebiet, in dem die Industriebetriebe geschlossen wurden und die Menschen ohne Perspektiven zurückblieben. Die Antwort ist einfach: Es geht ihnen schlecht. Viele von ihnen haben jahre- und jahrzehntelang die Demokraten gewählt und gehofft, dass man ihnen ihre Jobs wiedergeben würde. Das ist nicht geschehen. Stattdessen werden ihnen die Sozialleistungen gestrichen.

Ähnliches droht auch bei uns: Die Digitalisierung wird Arbeitsplätze kosten, wie viele wissen wir nicht, es gibt auch nur ungenaue Schätzungen. Die einen sagen, es wird nicht so schlimm kommen, weil die Digitalisierung auch Arbeitsplätze schaffe, die anderen sagen, es wird ein Massensterben geben. Es werden wohl weniger Jobs geschaffen als genommen. Das würde bedeuten, dass die Sozialausgaben steigen. Aber hier kommt der zynische Neoliberalismus ins Spiel, der da sagt: Nur ja nicht zu viel auszahlen, weil man den Menschen damit den Anreiz nimmt, durch Arbeit zu Geld zu kommen. Welche Arbeit denn?

Was hat das mit der EU zu tun?
Wenn Colin Crouch und John Ralston Saul recht haben, müssen wir die Macht der Konzerne beschränken. Jener Konzerne, die sich ihre Gesetze inzwischen selbst zurechtbasteln, so, wie es ihren Interessen entspricht. Das aber kann kein Nationalstaat allein schaffen, dafür ist ein großer politischer Zusammenschluss notwendig. So einer wie die EU. Denn die Probleme sind ja auch grenzüberschreitend.

Noch vor wenigen Jahren hieß es, die Insekten würden uns Menschen überleben. Inzwischen wissen wir, dass das nicht stimmt. Auch die Insekten sind gefährdet. Ich gebe zu, ich könnte auf Gelsen gut und gern verzichten und auch die Wespen machen mir wenig Freude. Die Tierärztin meines Vertrauens – eine wunderbare Freundin – aber hat ihrer Tochter im Sommer erklärt, dass die Wespen wichtig sind für das Ökosystem. Ich bin bekehrt, bin jetzt für die Wespen. Sie sind genauso wichtig wie alle anderen Tiere und Pflanzen dieses Planeten, von dem wir immerhin nicht mit Sicherheit sagen können, ob er nicht doch einzigartig ist im Universum.

Selbst wenn wir es nicht als Frevel empfinden, die Schöpfung kaputtzumachen, es ist auf jeden Fall ein Frevel, der sich gegen uns selbst richtet.

Und dann ist da auch noch das Zwischenmenschliche. Immer wenn es Menschen wirtschaftlich schlecht geht oder sie Angst davor haben, dass es ihnen schlecht, jedenfalls schlechter gehen könnte, verlieren sie eine der besten aller menschlichen Eigenschaften: sich in andere hineinzudenken und mit diesen anderen zu fühlen, Empathie also. Wer früher in einer eigenen Wohnung gelebt hat und dann plötzlich mit der ganzen Familie in eine Wohnwagensiedlung wechseln muss, interessiert sich nicht mehr dafür, wie es Menschen geht, die aus dem südlichen Nachbarland fliehen, weil sie dort gar nichts mehr haben, noch nicht einmal einen Wohnwagen.

Das ist verständlich. Aber genau deshalb brauchen wir größere Zusammenschlüsse. Der Einzelne ist nicht stark genug, all das zu tragen, was moralisch richtig ist. Aber alle gemeinsam können wir das.

Gerade deshalb ist es traurig, dass nun ein Staat aus dieser Gemeinschaft ausbricht. Aber: Auch wenn Großbritannien geht, heißt das nicht, dass es nicht zurückkommen kann. Irgendwann, wenn die Menschen ihre Meinung ändern, das tun sie manchmal. So wie vielleicht auch irgendwann wieder ein Schuster in das kleine Geschäft neben dem Kindergarten einziehen wird. Dem ich dann meine Schuhe bringen kann, die Schuhe, auf die ich nicht genug aufgepasst habe, obwohl sie teuer waren.

Martin Stankowski

Randbemerkungen zu »Das Wandern ist …«

I

Europa war bekanntlich eine vorderorientalische Königstochter und entstammte damit dem seinerzeit bestimmenden Kulturraum. Ihr eigentliches Wirkungsfeld verdankt sie indessen der Einflussnahme von oben, sprich: der Entführung durch den Göttervater Zeus, der die schöne Maid dabei auf den Südrand »unseres« nach ihr benannten Kontinents verpflanzte. Auch wenn ihr eigentliches Mittun bei diesem Akt eines Stierritts über das Meer etwas fraglich ist, bleibt sie jedenfalls eine Migrantin, indem sie mit Kreta nun nicht eine *terra incognita,* ein unbewohntes Land betrat (die Zeitspanne der dortigen »Minoer« hin oder her). Und man mag den Raub allein mit den östlichen Gestaden in Verbindung bringen, doch immerhin erkennen wir: Das Mittelmeer bildet (den Standort des vielgesuchten Atlantis sogar offengelassen) nicht erst heutzutage in seiner Ausdehnung nur recht bedingt eine Barriere.

Bezieht sich der mit der Etymologie verbundene Mythos lediglich auf die weit zurückliegende Epoche? Oder weist er, wie zu vermuten, auf ein Grundcharakteristikum unseres Kontinents: den Wandel durch Aufbrechen und Ankommen, welcher spezifischen Art auch immer, sei es bei den Wandernden, sei es bei den Angetroffenen. Letztlich betrifft das Phänomen nicht nur eine Vorzeit, sondern alle europäischen Jahrhunderte: von der Völkerwanderung (die jahrzehntelang Gruppen auf der europäischen [!] Landkarte verstreute) über Siedlungsabenteurer (die kolonisierend in den »Wilden Osten« vorrückten) bis zu den nie aufhörenden Kriegszügen (die als »Reislaufen« ungefähr den gesamten Kontinent durchquerten). Allen Nationalisten zum Trotz dürfte es demnach mit respektive nach des Zeus Gewalttat eine in sich geschlossene (»intakte«) Volksgruppe nur noch in einer Grenzwertbetrachtung geben. Und in Einschränkung von vielfach geäußerten Ansichten muss selbst bei so genannten Eroberungszügen von unzählbarem, schlichtem, menschlichem Einsickern ausgegangen werden. Kommen noch die zahlreichen üblichen »Fahrenden« hinzu, vom Pilger und Vagabunden über den Bettler und Kaufmann bis zum Missionar und Beamten in fernen Einsatzgebieten. Sodass bereits der Blick auf unsere ersten zwölf Jahrhunderte neuer Zeitrechnung nachweist, in welch nahezu unglaublichem geographischen Umfang bereits damals eine Beziehungswelt der Klöster und Stifte, der einmal mehr, einmal weniger herrschaftlichen Familienverbände sowie der untereinander höchst kommunikativen Handelsniederlassungen bestand – von dem vieles verändernden Eindringen fremdartigen und oft ziemlich rasch, sicher jedoch zunehmend angeglichenen Kulturguts ganz zu schweigen.

Unabhängig aller Differenzierungen durch eine Sozialgeschichte darf also festgehalten werden: Bis heute nichts Neues unter der Sonne, sieht man von den jetzigen Geschwindigkeiten des sich Verpflanzens und eines oft nur kurzen besuchsweisen Eintreffens ab.

2

Es bleibt doch noch der erwähnte Anteil der Prinzessin etwas eingehender zu klären: Nachdem in extenso eine rohe Gewalt des Räubers zugunsten von liebeswerbenden Einflüsterungen weitgehend ausgeschlossen werden darf, scheint das Ergebnis eher in einem »Halb zog es sie, halb sank sie hin« zu gewärtigen sein, das nachfolgend im eigentlichen Verschleppen endete. Auch in dieser Haltung erweist sich, etwas umfassender betrachtet, ein Kontinuum über (siehe oben) alle Epochen: Denn ein sich Einlassen ist unabhängig von der Art des Erlebens der Ausgangsbasis zweifellos mit dem mehr oder minder raschen Beurteilen der Jetzt-Situation, der Chancen und Risiken, des Könnens oder Wollens oder Müssens verbunden. Durch die Millenien hindurch hat sich daran nichts Grundlegendes geändert, sieht man von den allerdings ebenfalls feststellbaren jahrhundertelang geübten Zwängen etwa bei Militärwerbungen oder religiös begründeten Aussiedlungen auf der einen Seite des Spektrums und den bis zur Grenzerfindung der Nationalstaaten nach 1815 kolossalen Möglichkeiten einer problemlosen, gerne via Einheirat mit einer Ortsansässigen (!) begünstigten Einbürgerung auf der gegenüberliegenden Seite ab. Meist wird sich eine Vielzahl an begründenden Motiven der »Migration« ergeben haben, die sich, trotz einer ohnehin häufig nur bedingten dokumentarischen Überlieferung, in ihrer Vermischung nur im Einzelfall auflösen lassen.

Ein solch grundlegender Einblick schränkt zum einen die seit der »Aufklärung« generell maßgebende Individualisierung ein und weist andererseits umgekehrt im örtlichen sozialen Verhalten auf spezifische Eigenheiten von (womöglich vorgegebenen, immer jedoch von einer Allgemeinheit akzeptierten) Voraussetzungen hin. Sie basieren auf Neugier und Kenntnisnahme, auf einer gewissen Großzügigkeit dem konkreten Einzelmenschen gegenüber und auf einer gewissen Relativierung der eigenen Gegebenheiten. Derartige Mechanismen werden nicht nur durch Urkunden in Archiven und durch wenigstens ansatzweise erforschte Geschichten auch »einfacher« Familien belegt, sondern finden sich ebenso in literarischen Erzeugnissen, für die George Bernhard Shaws Hauptmann Bluntschli, der als korrekter Schweizer selbst in den Wirren des Balkans (!) Munition durch Schokolade ersetzt, gleichsam einen satirisch-einfühlsamen Höhepunkt setzt – mit leider ansonsten nicht immer gegebenem gutem Ausgang der Geschichte übrigens.

3

Es bleibt, ebenfalls bekannt, zusätzlich der Aspekt, wie im Fall der Europa die Zurückbleibenden reagieren: Auf Verlangen des Vaters machen sich die Brüder auf den Weg, sie zu suchen. Sie brechen mit Gefolge (!) auf, finden sie zwar nicht, doch entdecken sie an anderen Gestaden des nunmehr wahrhaftigen Mittel-Meers dortige, wohl wiederum kaum rein endemische Bewohner und man lässt sich – beidseits – auf unterschiedliche Weise auf das Wanderphänomen ein. Der Story nachfolgend stellt sich die Frage, wie die Möglichkeiten eines sich Einpassens in bislang unbekannte Gebiete in Anspruch genommen werden.

Bruder Phoinix seinerseits kehrte, nachdem er die Verbindung nicht hatte abreißen lassen, in das Land »der Väter« zurück. Allerdings führte er in seinem Gepäck nicht nur Stückgut mit nach Hause, sondern ebenfalls zahlreiche immaterielle Eindrücke, sodass die Verbindung, nunmehr gleichsam in umgekehrter Richtung, nicht mehr abriss, zweifellos im gefühlten Wissen um einen bleibenden und fortschreitenden Erfolg, sprich: Vorteil.

Bestand der primäre Gesichtspunkt des sich Bewegens im dauerhaften Weiterziehen (Bruder Kadmos), ließ man sich während des Aufenthalts kaum auf die jeweiligen Gegebenheiten ein und erlebte das Ungewohnte als Fremdes, genauer und präziser auf den Einzelfall bezogen: als Auswärtiges und konfrontierte es mit dem Mitgenommenen. Erneut ein stets aufs Neue bekanntes Phänomen; ein Basler Arzt etwa fand (im 18. Jahrhundert) für die daraus entstehende Rückbesinnung den Begriff der »malade suisse« resp. des »Heimwehs«. Also blieb ein Verweilen, wie lange es im Konkreten dauern mochte, gleichsam auf dem Sprung. Verwandt dazu erscheint das mehr oder minder unfreiwillige sich Verschieben in andere Gegenden, die einen erhofften Freiraum bedeuten: das Exil. Im Unterschied zum Einwandern lassen sich die Betroffenen in der Regel nur partiell auf die vorgefundenen Umstände ein, träumen wie Stefan Zweig vom verlorenen Gestern, versuchen wie Oskar Maria Graf bei allem Eintauchen in das Neue das bisher Erlebte, auch Gewohnte bis zum dortigen Lebensende nicht zu verlieren, oder entdecken, eher selten, wie Carlo Levi aus schwindender Distanz eine immer mehr in den Bann ziehende exotische Welt.

4

Es hieße sicherlich Eulen nach Athen tragen, wird nun als rundum bekanntes, weil bedeutendes Beispiel Goethes »Italienische Reise« benannt. Fast zwingend folgt ein Apropos: Das Buch erschien in jenen Jahrzehnten, in denen nicht nur desselben »Wilhelm Meister«, sondern in erstaunlicher Dichte und Fülle, wie namentlich Wielands vorangegangener, in seiner Anlage und (Stoff-)Verarbeitung geradezu modern anmutender »Agathon«, fantasiereiche Reiseerzählungen davon berichten, in welchem Ausmaß mittels einer eingehenden Konfrontation mit dem Unbekannten (jenseits der ritterlichen Âventiuren des Hochmittelalters, die letztlich »nur« die eigene Person vorrücken ließen) ein erheblicher innerer, somit genussreicher Gewinn erzielt werden kann: Fortschritt erhält eine wortgetreue, buchstäbliche Bedeutung, in Wielands Worten: »Progresse machen« durch ein Sich-Einlassen, Aufnehmen und Verarbeiten; kurz: Trotz oder gerade wegen des antiken Gewands geht es zutiefst um eine wahrhaft europäische Bildung. Also: ob mit den (schon zuvor) erzieherisch angelegten Kavalierstouren durch die europäischen Lande oder mit dem Aufsuchen historisch reicher Orte in den Kulturfahrten – dass Reisen bildet, kann als Binsenwahrheit gelten, und es bedarf nicht einmal, zu Michel Butor oder, jüngst, zu Pascal Mercier zu greifen, um zu erfahren, dass es auch verändert.

5
Erst ausdrücklich bei Dauerhaftigkeit des Verpflanzt-Seins (Bruder Thasos) differenziert sich das Bild enorm zu einer Gemengelage im Spannungsfeld zwischen vollständiger Assimilation und strenger Bewahrung althergebrachter Usancen. Die Möglichkeiten des Beharrens wie der Anpassung wechseln zwischen den Polen von strengem Gruppenverhalten und von persönlichen (nicht erst seit 200 Jahren individuellen) Maßgaben. Zweifellos spielen an diesem Punkt »die« Religionen eine kaum zu unterschätzende, in diesem Fall oft restriktive Rolle, deren Auswirkungen bis zu erzwungenen Aussiedlungen, ja Vertreibungen, wenn nicht, horribile dictu, zu weit Schlimmerem reichen konnte. Jene Religionen, die dennoch, selbst im Rückblick, *vice versa* von ihrem Anspruch her einen das Örtliche entgrenzenden, heutzutage wohl »übernational« zu nennenden Charakter behielten, besonders deutlich im ganz Zentraleuropa erfassenden Malstil um 1400, den unzähligen Musikertouren zwischen Nordwest- und Südeuropa um 1500 oder in den parallelen Kunstwelten des Barockzeitalters. Von

dem anderen Pol der jahrtausendealten gemeinsamen Bildungsebene mit der sprachübergreifenden *lingua franca* des Lateinischen gar nicht zu sprechen.

Gleichwohl stellt sich die Frage nach Beharren und Wandel beziehungsweise: Welchen Anteil an Tradition bedurfte es, um nicht ohne Gesichtsverlust die eigene Identität aufzugeben? Selbst wenn das Gebiet des Grades einer integrativen Kraft unendlich erscheint – von den »antiken« Germanen außerhalb des Limes über französischstämmige Hugenotten in Preußen bis zu den heutigen Fremdarbeiter-Nachkommen in den Städten –, weist das Beispiel Joseph Roths in der Spannweite zwischen »Radetzkymarsch« und »Hiob« nach, in welchem Ausmaß beide existentiellen Seiten nebeneinander existieren können und sich gleichwohl zu durchdringen vermögen.

Und nimmt man die in ihrem Kenntnisreichtum immer wieder erstaunenden sprachlichen Fähigkeiten hinzu, die sämtliche Spielarten zwischen Verbleiben (wie das Italienische in der Musik), Aufnahme (wie, herausragend, die Rezeption Shakespeares auf dem Kontinent) und Assimilieren (wie die Einfärbung des importierten Französischen oder Englischen) höchst lebendig vorführen und die mehr und mehr breitere Schichten erfassten (lebendig nachgewiesen in der heutigen Mehrsprachigkeit unserer Agglomerationen), entsteht gesamthaft ein außerordentlich buntes – aus humaner Sicht höchst ansprechendes –, seit »ewig« bestehendes Tableau vielfältigen, vielstimmigen, vielgesichtigen menschlichen Zusammenkommens.

6

Es wurde beim Nacherzählen deutlich: Das alleinige Festhalten am mythischen »Schnee von gestern« versagt, weil, weit gefehlt: In Konkurrenz zu den gern betonten Differenzen erlaubt der Blick auf die Geschichte trotz aller da und dort auftretender Brüche das Wirken einer kontinentalen Kontinuität. Sie führt(e) im Bösen zu Benachteiligung (als Minderung der Beziehung), folgend zu Diskriminierung (als Brandmarkung des Fremden), folgend zu Isolation (als Vorstufe von wahnhafter Hetzjagd). Sie basiert(e) im Guten auf steter menschlichen

Wissbegier (weshalb Pässe meist Durchgangsrouten und Einfallstore für Auswärtiges darstellten), auf Bewusstwerden der eigenen Quellen (vom Ursprung bis zu Verhaltensweisen) und führen zu Zuversicht (als Basis des Bewusstseins von Behausung, wenn nicht Zuflucht).

Gibt es Konsequenzen? Gab sich die Prinzessin am neu gewonnenen Ort dem Göttervater hin mit nunmehr daraus entsprießenden »europäischen« (Sekundo?-)Nachkommen, entdeckten mehrere ihrer Brüder, für heutige Verhältnisse erstaunlich emotionslos berichtet, ausgerechnet im Unbekannten der angefahrenen Mittelmeerwelt vielfach etwas Verbindendes und stellten sich in jeweils unterschiedlicher Weise darauf ein bis hin zum Mitwirken bei örtlichen religiösen (!) Bräuchen. Wobei – wahrscheinlich nicht zuletzt mangels vorausgegangener einschneidender Kriegstaten – das »Vergessen« von Vorurteilen dann ebenfalls ihre alteingesessenen Gegenüber zustande brachten. Womit zusätzlich einer heuchlerischen Haltung eines Besserseins der Wind (wie konkret bei den zur Ruhe gekommenen Schiffen) aus den Segeln genommen wurde. Wir hingegen brauchten in jüngster Zeit fast allzu lange, gerade das Vielschichtige wahrhaft ernst als ein unumgängliches, als historisch stets gegenwärtiges, stets belebendes, als Element eines unabdingbaren Austauschs zu begreifen. Das Elsass mit der *regio basiliensis,* Südtirol mit der Einbettung in die Union wurden immerhin zu schnell ersichtlichen Beispielen, die – etwa – im österreichischen Osten und Süden in einem zunehmenden Zusammenhalt weiterwirken können und sollten. Und die Zeiten, in denen nur die Erfolg- wenn nicht Siegreichen das Geschehen (schriftlich) bewerteten, sind zum Glück vorbei; zahllose neuere Forschungen zur Alltagswelt aller Epochen geben beredte Kunde davon. Allerdings darf, in Differenz zur Sage, handkehrum das Pendel auch nicht in die heute allzu oft geübte mediale Umtriebigkeit einer Schwarz-Weiß-Malerei umschlagen. Zum einen mag vor diesem Hintergrund daran erinnert werden, dass die genannten beiden Töne ungeachtet einer möglichen Nuancierung eigentlich die beiden Nicht-Farben darstellen und somit die nicht wegzudiskutierende, dem Leben zugrundeliegende Kolorierung massiv beeinträchtigen. Zudem verstärkt das Entweder-Oder zusätzlich die

Kontrastierung zwischen hier (»wir«) und dort (»die anderen«). Bei aller, pessimistisch ausgedrückt, kaum zu vermeidender Grenzziehung und Hartnäckigkeit, bei aller, optimistisch formuliert, unabdingbaren szenischen Vielfalt gilt es festzuhalten: Nicht die Hoffnung auf das zu erreichende Bessere, wenn nicht gar Gute stirbt zuletzt, sondern im Hoffen (und Bangen) sind wir alle gleich. Oder, anders ausgedrückt: Lassen wir uns doch ein wenig – und dieses Mal von (!) Europa – verführen!

Hans-Peter Stiegler

Europa – ein Kunstwerk

Europa – ein Begriff, dessen Definition uns schwerfällt. »Wenn mich niemand danach fragt, dann weiß ich es, doch wenn ich es erklären soll, dann weiß ich es nicht« (Augustinus).

Europa lebt in uns als doppeldeutiger Begriff. Einerseits das Wissen um eine Geographie, andererseits die Bestimmung einer Idee. Wir kommen schon ins Schlingern, wenn wir uns an die geographischen Grenzen halten wollen, denn wo wären sie gegeben, ein Horizont erreicht? Wo könnte Europa beginnen, wo es enden?

Noch schwerer fällt uns die Bestimmung einer ursprünglich europäischen Idee, ohne sofort diesen Begriff um die Idee des westlichen Denkens erweitern zu müssen (Heinrich August Winkler). Gerade heute, in der Zeit des Populismus und der neo-konservativen Wende erscheint es notwendig, die Grundlagen für dieses normative Projekt des Westens, das natürlich auch Europa betrifft, neu zu erarbeiten. Da der Begriff Europa sowohl eine räumliche wie auch eine ideelle Bestimmung beinhaltet, tritt uns Europa wie ein Kunstwerk gegenüber, denn Kunstwerke sprechen uns immer sowohl körperlich als auch geistig an.

Was ein Gedanke, der sich mit einem Körper verbindet, braucht, ist ein Ort, die Bestimmung einer Topologie. Hinter dieser Verbindung eines Gedankens mit einem Körper steht immer ein Ereignis, das wir die Konstitution eines Subjektes nennen wollen. Ein Subjekt, das sich dieser Synthese zwischen Körper und Geist unterzieht.

Das wiederum aufkeimende nationalistische Denken wird unsere Probleme nicht lösen. Dennoch müssen wir uns fragen, welche Ereignisse diese Rache des lokalen, provinziellen Denkens ausgelöst haben. Wir werden sehen, dass dies eine Bestimmung der Verfasstheit des modernen Subjektes ist, an seine Verortung, historisch und topologisch gesehen. Die Frage nach der Verortung ist eine der wichtigsten Fragen der Postmoderne. Seit Michel Foucault fragen wir nicht mehr: »Was ist der Mensch?«, sondern wir müssen fragen: »Wo ist der Mensch?« In welchen Räumen haust er, wo »west« er, was ist sein Wesen? (Martin Heidegger) Wir suchen nach der Geschichte seiner »Einhausung«, seiner Verortung in diesem Hause, oder besser gesagt in seiner Sphäre (Peter Sloterdijk).

Ich möchte zuerst einige wesentliche Punkte am Weg zu diesem postmodernen Subjekt aufzeigen und dann versuchen, das Wesen dieses Subjektes zu bestimmen. Es wird ein Weg ins Mediale, ins Offene sein, denn wenn nur eines übrig bleiben sollte, das wir von Friedrich Nietzsches Denken mitzunehmen vermögen, dann ist es dieses Denken ins Offene. Ein Weg zu einem neuen Horizont, der nicht zurück in sich selbst stürzt. Gerade dieses Denken erscheint in unserer Epoche durch immer neue Beschränkungen und den Ersatz der Hochkultur durch die Massenmedien in Gefahr. Wie konnte es dazu kommen, dass sich so etwas wie das westliche Denken zu entwickeln vermochte und was sind die speziellen westlichen Werte, auf die wir uns seither berufen?

Im geographischen Sinne hat Europa nie eine Wertegemeinschaft gebildet, wobei es um den Begriff der westlichen Werte anders bestellt ist (Heinrich August Winkler). Historisch gesehen, hat nur der Teil Europas, dessen ursprüngliches Zentrum Rom war, eine Trennung von geistlicher und weltlicher Macht vollzogen. Dieses Verhältnis wurde im 11. und 12. Jahrhundert in der Folge des Investiturstreites neu geregelt. Erstmalig wurde der englische König an das Recht gebunden (Magna Charta), was wiederum zur Ausbildung des Parlamentarismus führte. Während des Mittelalters wurde dieses nunmehr verbriefte Recht und vor allem die Durchsetzung ihres Anspruchs überall im Okzident eingeführt. Die Systematisierung des Rechts und die Ausbildung zweier Rechtssysteme waren die Folge. Auf der einen Seite das Kirchenrecht, auf der anderen das auf dem römischen Recht basierende. Ohne diese Trennung wäre die Bildung eines modernen Staates nicht möglich gewesen.

Das frühe Christentum hatte mit dem Satz: »So gebt dem Kaiser, was des Kaisers ist und Gott, was Gottes ist« diese Entwicklung vorbereitet. In den Teilen Europas, die im Machtanspruch der Ostkirche lagen, also Byzanz und später Moskau, fand diese Trennung in geistliche und weltliche Gewalt nie statt, und sie bildet bis heute die fundamentale Differenz zwischen diesen beiden Blöcken. Im Europa der Westkirche entstanden so die institutionellen Vorbedingungen für die individuelle Freiheit, die wiederum eine rationale Wissenschaft ermöglichte. Es entwickelten sich die Jurisprudenz und die Philosophie, die einen grundlegenden methodischen Zweifel in Gang brachten, der in der Folge von der Kirche zwar bekämpft, aber nie mehr ganz unterdrückt werden konnte. Auf diesem Nährboden entstand das Bürgertum, welches das Unternehmertum und die Kaufleute hervorbrachte. Daraus entwickelten sich Humanismus, Aufklärung und Renaissance. Das endgültig normative Projekt des Westens entstand schließlich durch die Declaration of Rights 1776 in Amerika. Die Französische Revolution und die Entwicklung der Nationalstaaten sowie die Erklärung der Menschenrechte folgten. Trotz der zahlreichen Rückschläge dieses normativen Projektes durch den Kolonialismus, den Imperialismus und den Rassismus, kann man die westliche Geschichte auch als Geschichte eines Lernprozesses lesen.

»Aus dem normativen Projekt wurde ein normativer Prozess, der noch längst nicht abgeschlossen ist« (Heinrich August Winkler). Der Weg dieses normativen Prozesses gründet aber noch in einer tieferen Neuerung, die das westliche Denken gegenüber den bis dahin führenden Wissensdiskursen auszeichnete.

Es ist dies die Einstellung gegenüber den Erscheinungen, die für das Denken unerklärbar geblieben waren.

Eine neue Vorstellung über das Wissen war notwendig, um diesen Prozess in Gang zu bringen. Alle Lehren, die den Wissensdiskurs beherrschten, sei es das Christentum, der Islam oder die asiatischen Weisheitslehren behaupteten, schon alles zu wissen, und unser Leben müsste sich nur nach diesen Lehren richten.

Im Westen wurde man sich dagegen bewusst, dass das Unwissen größer als das Wissen war. Diese Umkehr der Einstellung zum Wissensdiskurs ermöglicht eine Neugier nach neuem Wissen. Die Entdeckungsfahrten eines Kolumbus und eines Magellans wären ohne diese Neugier undenkbar geblieben. Sie wurden auch durch die Ausbildung kapitalistischer Strukturen und der entstehenden Versicherungswirtschaft ermöglicht, die diese Expeditionen erst finanzierbar machten. Das Eingeständnis der eigenen Unwissenheit brachte den Umschwung im Denken.

Dieses Denken geht davon aus, dass alles durch neue Theorien und Erkenntnisse widerlegt werden kann. Keine Vorstellung, keine Theorie, die nicht hinterfragbar bleibt. Dadurch erhielten Beobachtung, Experiment und Mathematik eine zentrale Bedeutung. Aus diesem Verständnis heraus entwickelten sich immer wieder neue Technologien, die sich mehr an ihrer Nützlichkeit als an der immerwährenden Wahrheit der Religionen orientierten.

Diese Technologien zeigten den Menschen, dass nicht ein zu erwartender Erlöser, sondern sie selbst es waren, die ihr Leid und ihren Schmerz zu lindern vermochten. Man muss sich fragen, warum diese Entwicklung nicht in den im 15. Jahrhundert vorherrschenden asiatischen Großmächten, dem osmanischen Reich, den Persern, dem indischen Mogulreich oder der chinesischen Ming- und Qing-Dynastie erfolgte. Die Einstellung zu Wissen und Nichtwissen, die neuen Technologien und die kapitalistische Gier waren wohl der Ursprung dieser Entwicklung. Sie führten zu den Entdeckungen und Eroberungen der europäischen Mächte. Die industrielle Revolution und die dadurch folgende Ausbeutung der Kolonien waren nicht mehr aufzuhalten. Heute muss die Frage erlaubt sein, was von diesem normativen Projekt des Westens noch übriggeblieben ist.

Was wird aus dem Subjekt der Moderne, wenn es durch die neuesten technologischen Entwicklungen wie Digitalisierung, künstliche Intelligenz, neuronale Netzwerke und der Blockchain einer nie zuvor gekannten medialen Herausforderung ausgesetzt wird? Eine umfassende Neubewertung der Mediatisierung von Sphären, also Lebensräumen

(Peter Sloterdijk), die Frage nach dem Innen und Außen, der Grenze und des Zwischenraums, der Ersatz der einwertigen Ontologie durch eine zweiwertige und der zweiwertigen aristotelischen Logik durch eine dreiwertige (Gotthard Günther) bilden den neuen Diskussionsrahmen. Gibt es dieses autonome Subjekt Kant'scher Prägung überhaupt noch, oder werden wir, wie von Michelle Foucault prophezeit, vergehen wie »ein Gesicht im Sand«?

In meinen weiteren Betrachtungen möchte ich mich vor allem an die post-humanistischen Theorien der Medialität und das Projekt der Sphären von Peter Sloterdijk halten, das eine neue Sicht auf die Verortung des modernen Subjekts ins Spiel bringt. »Wo ist der Mensch?« Innen? Außen? Dazwischen?

Immanuel Kants »Theorie der praktischen Vernunft« ist die Zäsur, die zur Frage nach der Willensfreiheit und damit direkt in die Moderne führt. Diese Frage wird durch die Behauptung eines autonomen Subjekts beantwortet. Sie wurde am schärfsten von Friedrich Nietzsche hinterfragt.

In der heutigen Zeit, in der das Subjekt durch die Massenmedien und den Informationsüberfluss in eine nie dagewesene Beeinflussung gerät, ist die Frage nach dem autonomen Subjekt eine neu zu stellende. Ist es überhaupt noch sinnvoll, von einem autonomen Subjekt zu sprechen? Das Vertrauen in das Subjekt als Zentrum seines Handelns ist erschüttert und man muss sich wiederum den Grundlagen widmen, auf denen sich das, was wir Subjekt nennen, etablieren kann.

Subjekte konstituieren sich in Raum-Zeit-Gefügen. Martin Heidegger hat diese Problematik in seinem frühen Hauptwerk »Sein und Zeit« bereits ausgeleuchtet. Die räumliche Verfassung des Subjektes blieb aber im Hintergrund. Offensichtlich leidet aber Europa in der heutigen Zeit, auch bedingt durch die Migrationswellen und das Erstarken des Nationalismus, an einer »Raumproblematik«.

Aus historischer Sicht, wie Peter Sloterdijk richtig bemerkt, befassen wir uns immer noch mit den Folgen des dezentralistischen Weltbildes, mit dem Kopernikus das ptolemäische Weltbild ersetzt hat. Seit damals ist die Welt eine andere, eine von der sinnlichen Wahrnehmung unterschiedene Welt.

In der Folge hat Immanuel Kant in der Kritik der reinen Vernunft das erkenntnistheoretische Subjekt vom Objekt emanzipiert. Dem somit autonomen Subjekt wurde Willensfreiheit und Verantwortlichkeit für sein Handeln zugewiesen, denn der kategorische Imperativ Kants lebt vom freien Willen des Handelnden. Dies war die Grundlage der humanistisch aufgeklärten Strömungen. Doch die »Urszene« – das, was als menschlich definiert war – musste der Humanismus als Apriori postulieren. Gegenbewegungen gegen dieses Postulat blieben nicht aus (De Sade, Nietzsche).

Was ist nun aus dem autonomen Subjekt der Moderne geworden? Was löst diese Unsicherheit, diese Ängste des modernen Subjektes aus? Wenn das Subjekt voll für sein Handeln verantwortlich ist, wenn es willensfrei ist, warum sehen wir nach wie vor so viele Irrationalismen, warum hat sich das rationale Handeln nicht überall durchgesetzt? Offensichtlich ist das Subjekt nicht so autonom, wie Kant angenommen hat. Das Subjekt enthält immer einen Rest von Fremdheit, von eigener Differenz, die ständig neu bearbeitet und integriert werden muss. Noch dazu ist das Subjekt der Moderne in eine Umwelt eingewoben, die viel zu komplex ist, als dass sie von einem einzelnen Individuum erkannt oder bestimmt werden kann.

Der Begriff der Gesellschaft, also das Außen des Subjektes, ergibt kein adäquates Bild der sozialen Wirklichkeit mehr. Die Szenen der Lebenswelten sind zunehmend pluralistisch und lassen sich nicht mehr unwidersprochen in ein System, an dem alle teilhaben, zusammenfassen. Gerade aber diese Verwurzelung in einem allgemein gültigen System erfüllt bei den Subjekten die Anforderungen des Sicherheitsbedürfnisses und ist die Grundlage, auf dem der moderne Humanismus und das Denken der Aufklärung gründen.

Dadurch entstehen erst die Begriffe Freiheit, Machbarkeit, Verantwortlichkeit, Fortschritt. Der Mensch der Klassik konnte sich noch durch den Hintergrund der göttlichen Ordnung wahrnehmen. Aber Autonomie heißt, sich selbst zum Gesetz werden, ohne dass ein Objekt ins Spiel kommt. Grundlage der Idee einer machbaren Gesellschaft, die sich aus emanzipierten Individuen zusammensetzt. Seit Kant verbindet sich auf diesem Denkweg Humanität mit Rationalität. Die göttliche Ordnung steht ab da im Hintergrund, sie ist dem ab nun sich selbst wahrnehmenden Menschen zunehmend unmöglich.

Durch die Entwicklung der Naturwissenschaften und die erforderliche Neubewertung des Wissens und des Nichtwissens ist das moderne Subjekt in eine Situation eingespannt, die das ständige Loslassen von Theorien und festen Positionen erfordert. Dies gelingt nur durch eine Distanzierung von sich selbst als Erkenntnisexperiment. Friedrich Nietzsches Offenheit im Denken und die Würdigung des Fremden auch in mir selbst, wird für diese Denkoperation zur Vorbedingung. Aber was passiert, wenn es bei dieser Erfahrung nicht gelingt, das Fremde in die eigene Ordnung einzupassen? Dies ist eine der grundlegenden Erfahrungen, der sich das überforderte moderne Subjekt ausgesetzt sieht, und die dann oft durch die Annahme von einfachen, populistischen Erklärungen gelöst wird.

Diese nicht in die eigene Ordnung assimilierbaren Tatsachen führen zu einer Faltung, wie es schon Leibnitz erkannt hat. Die Akte der Faltung sind unendlich und treten immer wieder auf (Nietzsches Ewige Wiederkunft?). Dies führt zu einer neuen Verortung des Subjektes. Es wird dadurch an einen Ort verwiesen, der als Zwischen zu definieren ist. Dieses Zwischen enthält keine totalisierende Transzendenzebene mehr, sondern enthält nur mehr eine ganz persönliche Perspektive. Dieser Raum, den wir als Zwischen definiert haben, erscheint in der Welt, in der sich moderne Subjekte etablieren, als ganz spezielle Erfahrungswelt.

Wo Menschen existieren, geht immer Koexistenz der Existenz voraus.

Nietzsches Begriff vom Dividuum trifft diese Tatsache genau. »Im Dasein liegt eine wesenhafte Tendenz zur Nähe« (Martin Heidegger).

Menschen haben immer Anteil an einem geteilten Raum, an einer sogenannten Sphäre (Peter Sloterdijk). Die Form der Sphäre existiert nach Sloterdijk nur durch ein Gleichgewicht der Spannung zwischen einem Innen und Außen. Diese Sphären sind pluralistisch. Er bezeichnet dieses Gebilde als Schaum, der aus diesen pluralistischen Sphären, auch Blasen genannt, gebildet wird. Aus diesen Überlegungen heraus wird auch klar, warum das Wort Gesellschaft diese pluralistischen Situationen nicht mehr adäquat beschreiben kann. Das Wort Gesellschaft suggeriert eine umfassende Einheit, die in diesen, aus Blasen bestehenden, Schäumen nicht mehr gegeben ist.

Es entstehen vielmehr Prozessvielheiten und Raumvielheiten. Diese werden in den modernen Lebenssituationen von Fernsehkanälen, Autobahnen, Internet und Konsumgütern durchkreuzt. In diesen pluralistischen Sphären errichten Individuen ihre sehr privaten Lebensbereiche und die Subjekte dieser Räume werden zum eigenen Produkt ihrer »Ko-Isolation«. Nichts besteht mehr als absolutes Innen oder Außen. Erlebt wird eine Art von flüssiger Vergänglichkeit, ein ständiges Kommen und Gehen, Werden und Vergehen. »Die Theologen gehen – die Designer kommen. Gott ist tot« (Peter Sloterdijk). »Das Subjekt der Moderne wird zu einem Projekt« (Vilém Flusser).

Dieses Projekt ist ein mediales Phänomen und schiebt sich zwischen uns und die Anderen. In diesem Raum, diesem Zwischen, der das Medium ist, gestaltet sich für uns Wirklichkeit und Wahrheit neu. Aber dieser Raum selbst bleibt für uns unsichtbar. Das Außen und das Innen werden ununterscheidbar. Wir werden ungefragt zu Kosmopoliten, ohne Rücksicht auf das Verschwinden unserer Intimität. Öffentlich und privat existiert nicht mehr, Grenzen werden durch diese mediale Situation des Zwischen ausgelöscht.

Dass dies zu einer Art Rache des Lokalen und damit auch Nationalen führen muss, wird dadurch verständlich. So werden aus Kosmopoliten Kosmopathologen. Diese Vernachlässigung der »kleinen Räume« führt zu »Formatpsychosen« und zu »Raumstress« (Peter Sloterdijk). Die Welt, eine Kugel ohne Zentrum.

Die Politik ist aufgerufen, darauf eine Antwort zu finden, als »Kunst des atmosphärisch Möglichen« (Peter Sloterdijk). In diesen »verschäumten Räumen« werden die Massenmedien, die diese Räume durchqueren, zu einem Faktor für die Schaffung neuer sozialer Synthesen. Der Star ersetzt den Führer. Diese Macht der gesellschaftlichen Synthese ist »Ressentiment – belastet«. Die den Massenmedien ausgesetzten Kulturen werden durch diesen Einfluss zu »telepathischen Besessenheitsgruppen« (Peter Sloterdijk). Die medial kontrollierten und integrierten Gemeinschaften (Social Media) sind »synchronisierender Hysterie« und »Panikattacken« ausgesetzt.

Was regiert, ist nur mehr die Erregung. Die überbrachte Dosis muss immer weiter gesteigert werden. Was wird nun aus dem freien Willen des autonomen Subjektes, das in Kants kategorischem Imperativ das Zentrum darstellt? Es wandelt sich um in ein mediales Phänomen. Diese Umwandlung erscheint mir der Ursprung der Verwirrungen und Ängste des nunmehr gar nicht mehr so autonomen Subjektes der Moderne zu sein. In diesem medialen Raum, in dieser Sphäre des Zwischen sind unsere Ansichten über Wirklichkeit und Wahrheit neu zu verhandeln.

Die Idee eines vereinten Europas muss sich in diesem Zusammenhang zu einer holistischen These emanzipieren, die einspringt, um als Ersatz für den Verlust des Zentrums zu wirken. Wir werden uns der medialen Verfasstheit des modernen Subjektes stellen müssen und es sieht danach aus, als ob diese Situationen des medialen Zwischen nicht mehr mit der gängigen Logik unserer westlichen Denktradition erfahrbar sein werden. Das »Tertium non datur« gilt in diesen medialen Räumen nicht mehr.

Ich möchte zum Abschluss auf die Ontologie Gotthard Günthers verweisen, die eventuell eine Neuausrichtung im logischen Denken vorgeben könnte. Die Ablösung der einwertigen Ontologie der Identität durch eine zweiwertige Ontologie und der Ersatz der zweiwertigen Logik durch eine dreiwertige Logik erscheint mir der entscheidende Ansatz einer Neuausrichtung des Denkmöglichen (Kybernetik). Individuen werden nicht mehr als autonome Subjekte, sondern als hergeleitet von medialen Situationen gedacht, und dem Medium, in dem sie ihre Erfahrungen erleben, ihre Handlungen vollziehen, wird eine höhere Wirklichkeit zugeschrieben als den beiden Polen, also dem Subjekt und dem Objekt. Eine neue Wissenschaft der Medientheorie als »die Wissenschaft von der Besuchbarkeit von etwas durch etwas in etwas« (Peter Sloterdijk) wäre eine Neu-Beseelung unseres Wirklichkeitsempfindens.

Wenn wir uns diesen westlichen und damit auch europäischen Problemen, die durch die technologische Entwicklung auf uns zukommen, nicht stellen, wird das Dispositiv der westlichen Werte, nämlich das Wissen der Humanwissenschaft und der disziplinierende Humanismus, in Totalitarismus und in eine Kontrollgesellschaft übergehen. Dann wird der große Satz von Angela Merkel »Wir schaffen das« nur mehr ein Echo aus der Ferne sein, und wir werden verschwinden wie ein »Gesicht im Sand«.

Für uns ist Europa ein noch zu schaffendes Kunstwerk. Es war und ist unsere beste Idee.

Robert Streibel

Europa, eine Weltreise

Meine historische Forschung als Reiseplan

Ich stehe an einer Wasserscheide, nicht an einer geographischen, aber ich habe die Wahl: Soll ich von Krems aus die Donau aufwärts oder abwärts Richtung Europa nehmen? In beiden Fällen ist es eine Reise in die Vergangenheit und gleichzeitig eine Flucht. Für manche ist sie geglückt. Es ist auf alle Fälle eine Weltreise. Die Orte all jener zu besuchen, die mich in den letzten Jahren auch in den Träumen heimgesucht haben, steht schon lange auf meinem Plan. Vorher habe ich sie gesucht und dann kamen sie zurück und jetzt sollte ich sie besuchen, zumindest die Orte. Manche muss ich tatsächlich erst suchen, manche wieder aufsuchen. Es gibt Orte, die reizvoll sind wie New York, wo mir der chinesische Diener von Peter Neubauer das Apartment öffnete und ich einen Blick auf den Central Park erhaschen konnte, oder die kleine Hütte von Alfred Silbermann in Florida. Beide gehörten zu jenen Juden, denen die Flucht aus Krems und Österreich geglückt ist. Alfred ist über Palästina in die USA gekommen und der spätere bekannte Psychoanalytiker Peter Neubauer über die Schweiz. Aber Amerika ist nicht Europa oder nur dann, wenn manche Bewohner eine Zeitlang in Europa gelebt haben. Bei Stella Hershan oder Ruth Rogers-Altmann, beide von meinem Hietzinger Projekt, waren die Wohnungen in New York kleine Wiener Erinnerungstempel.

Nicht für alle hat die Reise in Krems begonnen, aber ich bin aus Krems aufgebrochen. Für mich war es kein Ausbruch, sondern eine Übersiedlung nach Wien, doch das ist hier unwichtig. Eine Flucht hingegen war es für einige jüdische Familien, sie haben die Donau gewählt, sie wurden nicht in Boote ohne Ruder gesetzt, wie es die Herrscher 1420 taten. Auf Donaudampfern fuhren sie Richtung Schwarzes Meer, die Familien Nemschitz, Pisker, Bader und Kohn. Abgefahren sind sie nicht von der Schiffsanlegestelle in Stein, sondern in Wien, denn im Sommer 1938 mussten alle Juden – wie in den anderen Städten in der Ostmark – ihre Wohnungen verlassen und wurden in Sammelwohnungen in Wien zusammengepfercht. Die Reise führte sie die Donau hinunter bis nach Tulcza, dann auf Frachtschiffen Richtung Palästina. Europa endet in Palästina. Die Gräber von Abraham Nemschitz in Herzliah, von Robert Kohn in Givat Haim, Paul Pisker in Naharia sollte ich doch besuchen.

Den Platz, wo sich das Lager in Atlit in Israel befindet, habe ich besucht, die Baracken sind längst zerstört worden, die Wände waren vollgeschrieben mit Namen und Hinweisen von Juden aus Europa, die die Engländer hier festhielten. Alles verbrannt und vernichtet. Auch neu gegründete Länder haben nicht immer einen Bedarf an Geschichte.

Ich bin zu einer Reise aufgebrochen – auf den Spuren jener, die geflohen sind, fliehen konnten. Am Beginn der »dunklen Jahre« war dies noch möglich. Bis heute wird der Nationalsozialismus hierzulande gerne so benannt, als wäre der Nationalsozialismus lediglich ein Stromausfall gewesen.

Am Ende dieser mörderischen Zeit, also 1945, sind in Stein an der Donau mehrere hundert Gefangene des Zuchthauses in Stein in zwei Frachter gestiegen, nicht freiwillig, sie wurden wie Vieh behandelt. Donauaufwärts Richtung Passau wurden sie gebracht, damit sie weiter eingesperrt werden konnten und die Freiheit für sie nicht bereits am 6. und 7. April 1945 beginnen würde. Bernau am Chiemsee ist eine Station für nicht wenige. Es ist ein Vor und Zurück bei meiner Reise. Stopp and go. Geographen werden mit dieser Bezeichnung nicht zufrieden sein. Auf dem Weg die Donau aufwärts muss ich Station machen in Mauthausen, um einer anderen Spur zu folgen, der Fluchtroute des sowjetischen KZ-Häftlings Alexandr Manuilovič Michejenkov, erzählt von Jaroslav Hojdar. Dem sowjetischen Häftling ist die Flucht aus Mauthausen geglückt. Bis nach Bechyně, nördlich von Budweis, sollte er kommen.

Bis knapp an die tschechische Grenze, bis nach Gmünd schleppte sich auch der französische Gefangene aus Stein, François Winkler.

Der Gewerkschafter hatte in der Flugzeugfabrik Saint-Cloud, in der Nähe von Paris, gewerkschaftliche Aufstände organisiert und war als Zwangsarbeiter in die »Ostmark« gekommen und dann in Stein inhaftiert gewesen. Er flieht vor dem Massaker, und am 8. Mai wird er in Gmünd von den Russen befreit, er wiegt gerade einmal 38 Kilogramm.

Es war ein sonderbarer Sternmarsch per Schiff oder zu Fuß, der in Krems seinen Ausgangspunkt hatte. Hunderte amerikanische Kriegsgefangene, POWs werden sie sich bei ihren Treffen nach dem Krieg später nennen, Prisoner of War, gingen zu Fuß von Gneixendorf, dem größten Kriegsgefangenenlager auf dem Gebiet der Ostmark, Richtung Passau, den Amerikanern entgegen. Die Bewachungsmannschaft vom Lager STALAG XVII kam nur bis Raxendorf, am Fuße des Jauerlings, nördlich der Wachau. Dort wurden sie von der SS gestellt und zurückgebracht nach Krems. Drei Offiziere hängte die SS zur Abschreckung auf dem Südtirolerplatz vor dem Steinertor auf.

Gibt es denn nur Todesorte und Fluchtrouten auf meiner Europa-Reise?

Überspringen wir einige Jahrzehnte, zurück in die gute alte Zeit, und suchen wir Reichenberg (heute Liberec) auf, als die Textilindustriellen Liebig dort noch das Sagen hatten, die dann das Palais in der Wiener Weihburggasse gekauft haben, welches bis 1917 in ihrem Besitz war. Und nach Mährisch-Sternberg will ich schon lange, ist dies doch der Geburtsort von Adolf Laser, dem sozialdemokratischen Nationalrat von Krems bis 1933. Davor sollte ich in Němčice Station machen, denn da muss es doch einen Zusammenhang geben mit der gleichnamigen jüdischen Familie in Krems. Als ich mit Abraham Nemschitz in den frühen neunziger Jahren dort war, haben wir niemanden gefunden, der uns helfen konnte. Und all die Orte, aus denen die Juden nach Krems zugewandert sind. Das wäre doch eine Gelegenheit, die Grenze in meinem Kopf zwischen Österreich und Tschechien zum Verschwinden zu bringen. Also auf nach Schaffa/Šafov (Joel Hirsch), Mährisch Neudorf/Morávska Nová Ves (Karl Sachs), Neu-Titschein/Nový Jičín (Georg Wengraf) und Kostel/Podivín (Pauline Wengraf)!

An die Grenzen der österreichisch-ungarischen Monarchie kommen wir jetzt; denn es wird Zeit Polupanowka bei Tarnopol, den Geburtsort von Eugenie Schwarzwald, zu besuchen. In diese Gegend komme ich dann sicher nochmals, denn von Polen ostwärts zog die 44. Infanterie-Division von General Karl Eibl. Wir wollen genau sein, General wurde er erst später, nachdem er sich mit seiner Einheit aus dem Kessel von Stalingrad absetzen konnte und von einer italienischen Granate tödlich verwundet wurde. An seinem Todesort bei Rossosch in Russland war ich schon. Am Flussübergang über die Kalitwa habe ich an einem Baum eine Tafel angebracht, aber nach Krawzowka, heute in der Ukraine, da muss ich noch hin, dort liegen seine Gebeine. Das bin ich dem Eibl doch schuldig, er ist immerhin der einzige General der Deutschen Wehrmacht, der bis heute ein Denkmal hat. Wo? Natürlich in Krems.

Wir haben die Grenzen von Europa erreicht, doch Russland endet nicht in Stalingrad. Manche sind schon vorher hiergekommen, auf der Flucht vor dem Austrofaschismus. So zum Beispiel Boris Brainin, alias Sepp Österreicher. Für ihn sollte die Sowjetunion Arbeit bieten, kurz arbeitete er an der Universität, lange saß er in der Stalinzeit im Gefängnis und in diversen Lagern im Nord-Ural, diese aufzusuchen wäre doch reizvoll. Interviewt habe ich ihn 1995 noch in Moskau.

Doch zurück in die Heimat, zurück an den Ausgangspunkt. Für Boris war über Jahrzehnte die Sprache seine Heimat, bevor er dann doch nach Wien in das Maimonidesheim zurückkehren konnte.

Ein Abstecher in den Süden wärmt das Herz. In Triest würde ich die Pension suchen, wo Paul Robitschek, der jüdische Besitzer der Sandgrube 13 in Krems, die von der Winzergenossenschaft »arisiert« wurde, Zuflucht gefunden hat. Und dann wäre da noch das Weingut in Frankreich und natürlich das Gefängnis Draguignan, wo er eingesperrt war und sein Tagebuch führte. Die Fluchtroute von ihm von Frankreich nach Spanien war vielleicht dieselbe, die auch Samuel Neubauer genommen hat, der Kantor aus Krems, der es dann bis nach Palästina geschafft hat.

Ebenfalls südlich von Österreich liegt Kraljevo, in Serbien. Dort war ich schon. Louis Mahrer aus Krems hat dort als Funker mit seinem Freund Gerhard Chmiel beschlossen, mit den Tito-Partisanen in Kontakt zu treten, um ihnen zu sagen, dass die Deutschen ihre Funkcodes längst geknackt hatten. So haben sie tausenden eingekesselten Kämpfern das Leben gerettet. Das Grab von Gerhard Chmiel habe ich noch nicht gefunden.

Griechenland hat viele politische Gefangene in die Ostmark geschickt. Im Sommer 1944 wurden mehr als 350 Männer, aber auch Frauen in Waggons durch halb Europa verfrachtet, nur um sie nach dem Abzug der deutschen Truppen weiterhin einsperren zu können. Dies verlangt nach der Rückkehr eines Historikers nach Jahrzehnten. Wohin? Zum Beispiel zum Geburtshaus von Gerasimos Garnelis in Korfu, zum Gefängnis von Gerasimos in Athen, zum Kloster des späteren Bischofs Dyonisos von Trikkis (alias Dionysios Charalambous), das ihm angeblich die Heilige Maria in einer Vision während des Massakers am 6. April gezeigt hat, das er fand und aufbauen ließ – später, nach dem griechischen Bürgerkrieg. Da wäre das Dorf Orchomenos, damals Petromagula, in Böotien, wo einige Burschen Kartoffeln stahlen und dann ins Zuchthaus nach Stein kamen. Und Porto Rafti, Markopoulo, wo Stavros Sfetsas lebte, der die Schuld für die versteckten Waffen der Engländer auf sich nahm, um seinen Bruder zu retten, der frisch verheiratet war und dessen Frau ein Kind erwartete. Stavros wurde beim Massaker 1945 in Stein ermordet.

Und wer Süden sagt, der meint sicherlich auch Rom. Dort möchte ich den Platz sehen, wo die Juden den neu gewählten Papst erwarten mussten, den Ferdinand Gregorovius beschrieben hat. Demonstrativ hat der jeweils neu inthronisierte Papst den Talmud in den Staub geworfen, den ihm die jüdischen Gemeindevertreter überreichten. Warum Rom und warum dieser Platz? Als die Pogromstimmung dann doch nicht mehr so gewünscht war, wurden die Juden gezwungen, für die Teppiche zu zahlen, die für den neuen Papst ausgelegt wurden auf den Straßen. Verziert waren sie mit christlichen Symbolen wie auch dem Pelikan; und der Pelikan findet sich auch im Kremser Fellnerhof –

als ein Sgraffito aus dem 17. Jahrhundert, das eindeutig als antisemitisch identifiziert wurde, nach mehr als 400 Jahren. Die Judenköpfe im Stile von Julius Streichers »Stürmer« sind eben keine Fabelwesen, als die sie in der Literatur bisher beschrieben wurden.

Die Grenzen waren in Europa für einige Jahre kein Problem, doch heute sind Grenze und Zäune wieder die letzte Mode. Mehrmals haben Kurt und Norbert Bieler 1938 versucht, in die Schweiz zu fliehen. Eugenie Schwarzwald, der Schulgründerin und Pädagogin, ist das 1938 gelungen. Ihr Haus in Zürich, wo sie und ihr Mann in den vierziger Jahren verstarben, habe ich gefunden, die Flüchtlingsunterkünfte der Bielers muss ich noch suchen. In Basel wohnt die letzte lebende Jüdin aus Krems, Susanna Brüll, bereits seit 1938 – liebevoll gepflegt – in einem Heim für schwer beeinträchtigte und behinderte Menschen.

Und dann auf nach Frankreich. Die Pfarre von Kurt Hruby in Vulaines-sur-Seine bei Troyes ist ein Muss für mich. Nie war ich dort, dort muss er doch auch begraben sein, der Jude aus Krems, der in Jerusalem bei einem Rabbi arbeitete, später konvertierte und katholischer Priester wurde, eine zentrale Gestalt für die christlich-jüdische Verständigung.

Von Frankreich ist es dann nicht mehr weit nach England, wo Johann Kohn auf einer Farm gearbeitet hat. Eine Adresse in Surrey gibt es noch, und seine Schwester Anna Lambert liegt in Pool begraben. Johann war der einzige Jude, der nach 1945 nach Krems zurückgekehrt ist.

Von England ist es nicht mehr so weit nach Dänemark. Auf die Insel Thurø will ich dort, wo im Anwesen von Karin Michaelis, der langjährigen guten Freundin von Eugenie Schwarzwald, in der Emigration auch Bert Brecht und Helene Weigl Zuflucht gefunden haben.

Der Tod war keine Frage eines Landes. Für die Vernichtung der Juden war ein dichtes Eisenbahnnetz in Europa geknüpft worden, und am Ende lagen keine Bahnhöfe, sondern Gruben. Einige dieser Todesorte habe ich bereits besucht: Theresienstadt, Auschwitz, Riga, Modliborzyce, Minsk, Kaunas, Maly Trostinec und Buchenwald. Einige Vernichtungsorte fehlen noch, sie zu suchen, gebietet der Respekt. Zum Beispiel das Außenlager Kaufering bei München, ein Außenlager von Dachau. Dort starb Hans Georg Friedmann. Von diesem Jungen aus Wien Hietzing sind nur 13 Krimis erhalten geblieben. Im März 1945 ist er an Entkräftung gestorben.

Und sollte ich nicht doch auch nach Spanien reisen auf den Spuren des Spanienkämpfers Franz Petuelli? Mit ihm habe ich an manchen Tagen in der Früh um sechs Uhr in den neunziger Jahren des vorigen Jahrhunderts die »Volksstimme« vor dem Wilhelminenspital in Ottakring verteilt, wobei er von seinem Kampf gegen den Faschismus erzählt hat.

Und dann kehre ich zurück nach Krems, gehe auf den Friedhof und besuche den Erfinder des »Arierparagraphen« in seinem Ehrengrab, das ihm die Stadt bis heute zugesteht. Franz Xaver Kießling war nicht nur der Vorreiter der Ausgrenzer, sondern auch ein Heimatforscher. Auf dem Weg zu seinem Grab komme ich auch an einem Grab für sowjetische Soldaten vorbei, und ich wundere mich, dass niemand den Versuch unternommen hat, nach den Familien jener Rotarmisten zu suchen, die im Kampf vor Krems 1945 gefallen sind.

Kurt F. Svatek

Der oberste Gott, die Prinzessin und wir

Am Anfang stand ein zwar aufgeklärter, aber nie gesühnter Kriminalfall, weil der oberste Gott eben nicht zur Verantwortung gezogen werden konnte. Es sei denn, das Leben, damals ohne moderne Kommunikationsmittel, die mit dem Rest der Welt verbinden, wie Mobiltelefon, Fernsehen oder Internet, auf dem doch 2.900 Meter hohen Olymp, sommers wie winters, inmitten der überlieferten Eifersüchteleien und Intrigen war schon Strafe genug.

War Europa doch der Name dieser wunderschönen phönizischen Königstochter, die Zeus beim Baden beobachtete. Er begehrte sie und verwandelte sich, damit seine wohl zu Recht argwöhnische Gattin Hera nicht dahinterkam, daraufhin in einen Stier. Sein Bote Hermes trieb eine Kuhherde an den Strand von Sidon und Zeus entführte die Prinzessin als Stier aus der Levante, dem Siedlungsgebiet der Phönizier, nach Matala auf Kreta, um sie dort zu vergewaltigen. Manche Quellen benützen beschönigend den unverfänglicheren Begriff »verführen«. Nachher hatte er sie auf der Insel sich selbst überlassen. Sie gebar drei Söhne, die später berühmt werden sollten. Minos als König der Kreter, Rhadamanthys, der Liebling der Götter, der auf den Insel der Seligen herrschte, und Sarpedon, der mit seinem Bruder Minos so gar nicht klarkam und letztlich fliehen musste.

Dass der höchste Gott mit im Spiel war, nun gut. Was und wie er es tat, war mehr als verabscheuungswürdig. Beide Merkmale sollte der spätere Kontinent wohl niemals abschütteln können. Haben die Mythen nach Sigmund Freund doch mit der Projektion menschlicher Probleme und Erfahrungen auf übermenschliche Wesen zu tun. Soweit zur griechischen Legende.

Recht symptomatisch ist auch jene Geschichte, nach der Europa die Muttergöttin der Kreter war. Ihr Name bedeutete die »Großäugige«, denn sie war eigentlich die Mondgöttin. Sie besaß einen Zauberspeer, der sein Ziel niemals verfehlte. Da sie aber des Nachts nicht anwesend war, weil sie ja auf dem Mondstier ausritt, sollte ein riesiger Krieger aus Messing die Insel beschützen. Doch der versagte gegen die eindringenden Griechen kläglich. Aber ob einer aus dem Metallbereich der Seltenen Erden, nämlich aus Europium, mehr genützt hätte, sei dahingestellt, weil man dieses silbrig glänzende Schwermetall ja damals noch gar nicht kannte. Mit Sicherheit wäre es auch viel zu teuer, um daraus einen Riesen zu fertigen.

Nur wer bestimmt, woran wir uns erinnern, welche Mythen und Legenden überleben, in unser Leben eindringen, und welche Ereignisse verdrängt werden? Wer kritisiert aufklärerisch ihren unbedingten Wahrheitsanspruch in der Deutung der Welt?

Was war Europa ursprünglich? Vor Herodot eigentlich nur die Peloponnes. Er weitete den Begriff dann auf die Landmassen nördlich des Mittelmeeres und des Schwarzen Meeres aus und unterschied es von Asien und Afrika. Die Verheißung der Aphrodite über die Namensgebung des Kontinents war damit in Erfüllung gegangen. Die geographische Abgrenzung zu Afrika scheint klar zu sein, die zu Asien schon viel weniger. Die Grenze des westlichen Fünftels der eurasischen Landmasse wurde nämlich im Laufe der Geschichte so mancher Wandlung unterzogen und wird im Bereich des Kaukasus heute noch unterschiedlich betrachtet.

Aber was Europa tatsächlich ausmacht oder ausmachen sollte, hat mit Grenzen ohnehin reichlich wenig zu tun. Denn Europa mit seinen über siebenhundert Millionen Menschen hat weit mehr als geographische Aspekte aufzuweisen, nämlich historische, politische, wirtschaftliche, vor allem aber rechtliche, ideelle und kulturelle Gesichtspunkte. Nach Bernard-Henri Lévy, dem französischen Publizisten und Mitbegründer der Nouvelle Philosophie, ist Europa ohnehin »kein Ort, sondern eine Idee.« Damit kommt er dem, was Europa heutzutage sein sollte, wohl am nächsten. Nachdem es den kolonialen Mantel zumindest teilweise abgeschüttelt hatte, war es jahrzehntelang auf einem guten Weg dorthin. Dann begannen einige zu zögern, blieben lieber in einer Kneipe mit nur einheimischen Bier am Straßenrand zurück, anstatt weiterzugehen, neugierig auf Neues zu sein, wissbegierig auf noch nicht Dagewesenes oder weiter Entferntes.

Die Ideen der Aufklärung werden derart wieder einmal vergessen. Aber sie vermehren sich eben nicht so einfach und ungehindert wie Bakterien oder Viren. Sie müssen jedes Jahrzehnt, ja vielleicht sogar jeden Tag, nicht nur als historisches Verdienst in einer Museumsvitrine bewahrt, sondern neu in die Welt gesetzt werden. Vernunft und Toleranz haben es in manchen Zeitabschnitten eben schwer, sich gegen althergebrachte, starre Gewohnheiten durchzusetzen, die gern als schon überholt geglaubte Vorstellungen und Ideologien neu beleben möchten. Vorurteile, emanzipatorische Einschränkungen und die Leugnung naturwissenschaftlicher Erkenntnisse sind nur ein Teil davon.

Es gibt Gegenden in der Welt, oft gar nicht weit von Europa entfernt, in der eine heute siebzigjährige Frau, ein siebzigjähriger Mann keinen einzigen Tag Frieden erlebt haben. Auch da hat Europa seit dem Zweiten Weltkrieg wohl mehr gelernt als andere. Möge es sich dieses Friedensprojekt von niemandem miesmachen lassen und auch niemals verlernen. Falsche Propheten mit einfachen Antworten auf komplizierte Fragen sind nämlich immer unterwegs, *semper et ubique,* aber das gilt natürlich nicht nur für Europa, sondern für die gesamte Welt.

Ein unkonventioneller, ja womöglich sogar skurriler Vorschlag an so manche politische Meinungsbildner im Rahmen der Staaten der Europäischen Union: Wie wäre es, das Schwarz-weiß-Bild einfach dahingehend umzudrehen, dass nicht alles Regelwütige und Bürokratische, dem man in Brüssel wie selbstverständlich zugestimmt hat, nur von Europa kommt, und nicht alles Vorbildliche aus dem eigenen Land? Es könnte ja auch gesagt werden, dass Brüssel so manches ausbügelt, was im eigenen Bereich verbockt wird, im Sozialbereich, beim Umweltschutz, bei Erleichterungen für die wirtschaftliche Entwicklung, im Finanzsektor und in unzähligen anderen Bereichen. Könnte … Schwarz und Weiß ist eben nicht so einfach zu verteilen. Und meistens entstehen dann doch ohnehin überall unterschiedlichste Grauwerte. Das weiß zwar jeder, nur wer gibt das schon gern zu?

Groß gemacht haben Europa ohnehin die Gegensätze, wenn sie zivilisiert ausgetragen worden sind. Europa ist eben kein Einheitsbrei und isst auch keinen Einheitsbrei etwa zum Frühstück. Während die Franzosen ihren Café au Lait oder Kakao schlürfen und darin ein Croissant tunken, pur oder mit Schokolade gefüllt, oder es mit Butter und Honig oder Marmelade verzehren, lieben es die Schweden schon deftiger. Knäckebrot mit Käse, Schinken, ein warmer Brei aus Haferflocken, Heringssalat und Filmjölk, eine Art Dickmilch, auch garniert mit Apfelstücken oder Beeren; das alles ist möglich.

Die Italiener lieben ihr Cornetto oft in einem kleinen Lokal auf dem Weg zur Arbeit mit Espresso oder Cappuccino und die Spanier ein Croissant oder Muffin zum »café con leche«. Ein typisches Frühstück hierzulande oder in Deutschland braucht wohl nicht vorgestellt zu werden; auch nicht das üblicherweise in den Hotels zu bekommende kontinentale oder erweiterte kontinentale Frühstück.

Aus England seien nur die bekanntesten Komponenten wie Würstchen, Bohnen, Speck, gebratene Pilze, Ei in den verschiedensten Varianten oder Porridge zu nennen. Wenn es der Gastgeber in Schottland ganz besonders gut meint, legt er noch eine Schnitte Haggis dazu. Diesen mit Herz, Lunge und Leber gefüllten, gekochten Schafsmagen. Zugegeben, ein wenig gewöhnungsbedürftig für Kontinentaleuropäer, der nach dem ersten Bissen den Rest gern auf dem Teller lässt.

Der Grieche dagegen tunkt gelangweilt eventuell ein paar Kekse in seinen »Nes«, den kalten Nescafé Frappé mit viel Zucker und Dosenmilch.

Und trotzdem gibt es etwas, das alle verbindet. Auch Heinrich Heine war schon früh überzeugter Europäer und liebte doch die deutsche Hausmannskost. Eine afrikanische Weisheit kann da vielleicht helfen. »Ich brauche dich, um ich zu sein. Und du brauchst mich, um du zu sein.« Das Ich kann sich gemeinhin nur an einem anderen Ich entwickeln und schärfen, ohne dabei aber das Du, eben dieses andere

Ich, außer Acht und auch gelten zu lassen. Europa, wie jede Gemeinschaft, war immer groß, wenn das gelang.

Nicht viel anders verhält es sich mit den Landschaften, vom Mittelmeer bis zum Polarkreis, von Irland bis zum Ural. Gegensätzlicher geht es gar nicht, wie Menschen durch ihre Umgebung geformt werden können. Und dennoch ist da eine unsichtbare Klammer, die wenn schon nicht alles, so doch vieles zusammenhält.

Selbst wer mit Staunen vor dem babylonischen Sprachengewirr des Kontinents steht, muss sich von den Eurolinguisten sagen lassen, dass, einmal vom mit niemandem verwandten Baskischen abgesehen, alle unsere Sprachen auf nur zwei Sprachfamilien zurückzuführen sind; nämlich auf Indogermanisch und die uralischen Sprachen, die von Skandinavien bis zum Ural, einschließlich Ungarn, gesprochen werden. So unterschiedlich sie sein mögen, sind auch diesen beiden Sprachgruppen gemeinsame Merkmale zuzuordnen, die sie etwa von asiatischen Sprachen abgrenzen. Im Bereich der Lautbildung sei etwa nur das Fehlen der Klicklaute erwähnt, im Bereich gemeinsamer grammatikalischer Merkmale die Möglichkeit der Vergangenheitsform mit »haben« oder die Bildung des Passivs. Selbst das Kommunikationsmuster bei der Anrede oder in den Grußformeln ist mehr als ähnlich. Wenn also auch im ersten Augenblick so manche Zusammenhänge verschüttet scheinen, die Basis für Gemeinsamkeiten ist seit urdenklichen Zeiten vorhanden.

Am Anfang stand ein Kriminalfall. Und am Ende könnte womöglich wieder einer stehen. Der von vielen kleinen und kleinlichen Göttern und ihren Helfern gepflegte Egoismus, Separatismus und Revanchismus. Alle würden auf die Friedensidee einschlagen, sie verletzen und unter Umständen sogar töten. Diesen Schlägertrupps gilt es, sich entgegenzustellen. Die Morgenröte, nicht die Abenddämmerung müsste das Ziel bleiben. Selbst wenn sich Europa gern als Abendland bezeichnet, muss es lang nicht die Gegend sein, wo die Sonne auch tatsächlich untergeht.

Betrachtet die Aufklärung auch die Mythen als Vorstufe zum begrifflichen Denken und hielt sie für überwunden, der französische Jurist und Philologe Charles de Brosses sah darin im 18. Jahrhundert etwa ein Produkt der Unwissenheit und wies ihre allegorische Deutung zurück, belehrt uns die Gegenwart doch auch vom Gegenteil.

Wie ambivalent die Welt es immer sehen will, ohne Europa wäre sie nicht so, wie sie ist. Aber ist nicht fast alles Segen und Fluch zugleich? Und besser machen? Es ist noch lang nicht gesagt, dass andere es besser gemacht hätten. Auch wenn wir uns das wünschten und die Idee Europa es sehr wohl verdient hätte.

Dann wäre die Europahymne, bekanntlich die von Herbert von Karajan bearbeitete Ode an die Freude aus der neunten Symphonie Beethovens, auch wirklich eine Hymne und eine Ode an die Freude.

Gerald Szyskowitz

Das Ende der Welt

Der Bahnhof von Zahedan ist der traurigste aller Bahnhöfe, in denen ich jemals ausgestiegen bin. Zahedan ist die Grenzstadt in Persien, wenn man von Osten kommt, also mit der Bahn von Pakistan, von Lahore und Quetta.

Auf meinem Notizzettel stand, Zahedan hieß bis vor kurzem noch Dosdab, was auf Belutschistanisch so viel heißt wie Wasserdieb, und das leuchtete mir ein, denn rundherum war hier schon seit Stunden nichts zu sehen als die gelbe, trockene, belutschistanische Wüste. Die Engländer haben ihre Indische Staatsbahn sichtlich nur bis zu diesem Kopfbahnhof gebaut. Hier enden die britischen Geleise, weil auch die Herren aus England wohl empfunden haben, die Wüste hier, das ist das Ende der Welt.

Als ich im Jahr 1962 auf meiner ›Reise um die Welt‹ also hier an diesem Grenzbahnhof ankam, konnte ich das nicht glauben. Dass das ein Grenzbahnhof ist. Denn hier war absolut niemand. Kein Grenzbeamter, kein Bahnbeamter, nicht einmal die sonst hier üblichen Wasserverkäufer waren da, hier war es totenstill, denn hier war außer unserem Lokomotivführer einfach niemand.

Mit mir im Zug waren allerdings fünf Männer gekommen, aber die stiegen nicht aus. Die wollten offenbar im selben Waggon wieder zurück nach Quetta fahren. Mir waren sie aufgefallen, weil sie zu dem Zeitpunkt, als ich das Gefühl hatte, jetzt fahren wir endlich über die Grenze, alle ihre Gepäckstücke aus dem Fenster geworfen haben.

Aha, dachte ich, Schmuggler, aber da man auf einer Weltreise ja lernt, sich bloß nicht einzumischen in Vorgänge, die einem nicht wirklich vertraut sind, stieg ich in diesem Wasserdieb-Dorf Zahedan also nur still aus, ohne mich weiter um meine mittlerweile gepäcklosen Mitfahrer zu kümmern.

Die meisten Bahnhöfe sind in meiner Erinnerung grau und schmutzig, dieser aber war das nicht, er war nur total leer. Abgesehen von etwas Sand, den der Wind durch die offenen Türen geweht hatte, war absolut nichts in der Ankunftshalle zu sehen, kein Schalter, keine Bank, nicht einmal eine Uhr, dieses verlässlichste Bahnhofserkennungszeichen.

Auch den üblichen Bahnhofsvorplatz suchte ich vergeblich. Ich merkte nur die unangenehm hohe Luftfeuchtigkeit, sah mit zusammengekniffenen Augen ein paar rotbraune Lehmziegelhäuser ohne Türen und Fenster in einiger Entfernung und am Ende eines ansteigenden Sandweges auf einem flachen Hügel eine Art geduckten Vierkanthof, den ich bei mir hoffnungsfroh als ›Karawanserei‹ bezeichnete. Quasi als ›Persisches Bahnhofshotel‹.

Dieses Gemäuer aus der Seldschukenzeit sah von außen aus wie eine uneinnehmbare Festung, hatte allerdings einen kühlen Innenhof mit einem plätschernden Wasserbecken und schmalen, hellgrünen Bäumen, in deren Schatten kauende Kamele lagen.

An der einen Ecke des quadratischen Arkadenganges sah ich ein florales Muster von gelben und türkisfarbenen Keramikfliesen, und daneben stand reglos ein Mann mit einem bodenlangen, hellgrauen Kittel. Auch sein Bart und sein Haupthaar waren lang und grau. Eine urzeitliche Ruhe ging von ihm aus. Mir schien, in seinen dunklen Augen lag ganz Persien.

Dass der Mann eine Art Englisch konnte, war meine Rettung. Er sprach die Worte zwar sehr langgezogen aus und ständig mit diesen mir völlig ungewohnten Obertönen, aber er zeigte mir doch allmählich, dass unten im Arkadengang die Schlafplätze für die Kamele waren und dass wir anderen Lebewesen jeweils in den darüberliegenden, offenen Höhlen, die über schmale Leitern erreichbar waren, unseren Schlafplatz hatten.

Nur Toilettenpapier gebe es hier nicht, erklärte er mir in einer Art zarathustrischen Zeichensprache, dafür stehe aber in jeder dafür vorgesehen Ecke eine elegante, kupferne Wasserkanne. Da könne man sich danach die linke Hand säubern, denn mit der Rechten werde hier gegessen.

Und da geschah mein kleines Wunder. Er erklärte mir, im Küchenraum werde in verschiedenen Kesseln Essen vorbereitet, und ich könne jetzt schon auswählen, was ich abends würde essen wollen. Das gefiel mir außerordentlich gut, denn ich hatte wochenlang in Hinterindien und in Indien nur abwechselnd Reis mit Seetang und Seetang mit Reis gegessen. Ich war ja kein reicher Reisender. Aber hier schien jetzt alles anders zu sein, ich roch es gleich in dem hochgewölbten Küchenraum, in den er mich führte, hier roch es wie zu Hause in einem unserer oststeirischen Wirtshäuser, denn in einem der an Eisenhaken hängenden Kessel brodelte ein Schafsgulasch, in einem anderen eine Lammsauce und – das war mein größtes Glück – im größten Kessel brodelte ein echtes burgenländisches Rindsgulasch, das so herrlich roch wie zu Hause, und da wusste ich, jetzt bin ich wieder in Europa.

Claudia Taller

Europarat? – what the hell is that?

Ein möglicher Dialog

»Ich gehe für ein Jahr zum Europarat.«
Ein Jahr in Brüssel – Gratulation!
»Ich gehe nach Straßburg, in die Capital européenne.«
Ach, dieser Wanderzirkus? Einmal im Monat übersiedeln die Herrschaften von Brüssel nach Straßburg; weil sie ihnen dort so ein tolles Gebäude hingebaut haben.
»Du sprichst von der ›Europäischen Union‹, ich habe eine Entsendung zum ›Europarat‹.«
Bei der EU gibt es auch einen ›Rat‹!
»Sehr gut, setzen – aber das ist dann der ›Europäische Rat‹.«
Geht's noch?
»Gerne, der Europäische Rat der EU, das sind die Staats- und Regierungschefs der Mitgliedsstaaten, nicht zu vergessen den Kommissionspräsidenten.«
Aha, dann sitzt also dein ›Europarat‹ in diesem schönen gläsernen Gebäude am Fluss, an der Ill.
»Nein, dort tagt das Parlament der EU; wenn es nicht in Brüssel tagt. Der Europarat hat sein eigenes Parlament, in einem eigenen Gebäude.«
Das heißt, es handelt sich um klassische Parallelstrukturen; kurz, um Geldverschwendung.
»Stopp, stopp, der Europarat ist der Hüter der Menschenrechte, der Demokratie und der Rechtsstaatlichkeit.«
Alles Werte, die die EU nicht vertritt, oder wie?
»Freilich vertreten beide diese Werte, aber in unterschiedlichen Rollen; der Europarat setzt konkrete Schritte zur Durchsetzung dieser Werte, er kann völkerrechtlich verbindliche Abkommen abschließen, zu The-

men wie Menschenrechte, Terrorismusbekämpfung, Umwelt- und Naturschutz und, und …«
Okay, okay; da gibt es doch noch so ein schönes Gebäude, ganz in der Nähe, wie Waagschalen sieht das aus, von einem berühmten Architekten; der hat verboten, dass die Mitarbeiter Vorhänge aufhängen, damit von außen alles einheitlich ausschaut, wahrscheinlich dürfen sie auch keine Topfpflanzen in die Fenster stellen – das ist dein Europarat.
»Ich muss dich enttäuschen, das ist der Europäische Gerichtshof für Menschenrechte.«
Noch eine Parallelinstitution!
»Sorry, der Europäische Gerichtshof für Menschenrechte gehört zum Europarat.«
Mein Gott, ist das kompliziert; also, wo hast du dann dein Büro?
»Der Europarat residiert im ›Europapalast‹ oder ›Palais de l'Europe‹, einem Gebäude aus den 70er Jahren. ›Palast‹ ist leicht übertrieben, aber immerhin besser als das alte ›Europahaus‹ aus dem Jahr 1950.«
So alt ist dieser Verein?
»›Dieser Verein‹, wie du dich auszudrücken beliebst, wurde im Mai 1949 gegründet, von zehn europäischen Staaten, er ist damit die älteste politische Organisation europäischer Staaten; gegründet übrigens auf Betreiben des American Committee for a United Europe.«
Unglaublich!
»Da gibt es noch viel Unglaublicheres; die Vereinigten Staaten haben einen Beobachterstatus im Ministerkomitee, ebenso wie Japan und Kanada und Mexiko und der Heilige Stuhl.«
Und das nennt sich ›*Europa*rat‹?
»Ja, es handelt sich eben um eine europäische *internationale* Organisation; in der Parlamentarischen Versammlung haben übrigens noch Israel und Kanada und Mexiko den Beobachterstatus.«
Hast du sonst noch Infos bei der Hand?
»Zur Genüge – der Europarat hat weit mehr Mitglieder als die EU, nämlich 47, und alle EU-Mitglieder sind auch Mitglieder im Europarat.«
Also doch Doppelstrukturen!

»Ich würde sagen ›Zusammenarbeit fördernd‹; EU und Europarat haben 2007 ein ›Memorandum of Understanding‹ unterzeichnet und verwenden dieselbe Flagge, die mit den 12 goldenen Sternen, und dieselbe Hymne.
Und es gibt einen Verbindungsgang zwischen dem Europapalast und dem gläsernen Gebäude am Fluss.«
Unter dem Fluss? Ein Geheimgang?
»Sehr geheim ist er nicht; etliche, die beim Europarat arbeiten, marschieren Mittag für Mittag da hinüber – das Mittagessen ist drüben, bei den EUlern, einfach besser.«
Dafür haben sie den Gang gebaut?
»Nein, natürlich nicht; von 1977 bis 1999 haben die Plenarsitzungen des Europäischen Parlaments im Europapalast stattgefunden.«
Also irgendwie war der Europarat immer schon da.
»So könnte man es sagen; das Europäische Parlament wurde erst 1952 gegründet, der Europarat 1949, als direkte Konsequenz des 2. Weltkrieges, um in Europa Frieden, Demokratie und Stabilität wiederherzustellen. Die EU stützt sich häufig auf Normen des Europarates, auch Flagge und Hymne hat die EU vom Europarat übernommen, nicht umgekehrt, und zwar im Jahr 1986.«
Wie kommt es dann, dass der Europarat nicht so berühmt ist wie die EU?
»Relativ simpel – der Europarat hat nicht so viel Geld wie die EU. Zudem – er arbeitet vorwiegend mit Experten und Expertinnen, zur Verfügung gestellt von den Mitgliedsstaaten, für eine gewisse Zeit, Entsendungen eben – so wie ich jetzt. Und Experten sind vielleicht nicht so lautstark wie Politiker …«
Alles, was du mir da erzählst – wie viele Menschen wissen das eigentlich?
»Zu wenige – und doch – jetzt, einer mehr.«

Christine Tidl

Meine Vision für Europas Mission

Wir liebten die Sonntagvormittage. Ließ es das Wetter zu, sich im Freien aufzuhalten, fuhren wir mit Vater per Straßenbahn in die Umgebung Wiens, um uns »auszulüften«. So nannte Vater seine »Lehrausgänge« in den Wienerwald, wenn das Wetter gut und es einigermaßen warm war. Bäume, Sträucher, Blumen und Käfer, ihr sinn- und beispielhaftes Mit- und Füreinander öffnete uns ein Gespür für die Zusammenhänge des Lebens.

So sehr wir diese Ausflüge in die freie Natur, unsere Entdeckungen und Vaters Erklärungen genossen, so waren uns, wenn sich das Wetter von seiner weniger guten Seite zeigte, auch die Besuche in den Museen ein willkommenes Abenteuer, eine Entdeckungsreise in die Entstehungsgeschichte der Welt und des Mit- und Gegeneinanders ihrer Bewohner durch die Jahrtausende.

Wenn der Wind nasskalt um die Ohren pfiff und wir nach dem Kirchgang im Haus bleiben durften, saß unser Vater eingekeilt zwischen seinen beiden Töchtern im großen Ohrensessel. Auf seinen Knien lag ein dickes, in Leder gebundenes Buch mit vielen bunten Landkarten.

Während wir Vaters Erzählungen lauschten, glitten unsere Finger über Kontinente, Länder und Meere, fügte sich Geschichte um Geschichte zu einem großen Ganzen, dem wir manchmal auch mit noch so geduldigen Erklärungen über die Zusammenhänge von Kriegen und den Ereignissen, die dazu führten, nicht folgen konnten und auch nicht wollten, denn Kriege brachten Leid, das hatten wir bereits erfahren. Unsere Oma trauerte um ihren Sohn, der im Zweiten Weltkrieg gefallen war, Vater wäre auch bald nicht nach Hause zurückgekommen und Großvater erzählte von den Schrecken des Ersten Weltkrieges.

Bei unseren Besuchen im Arsenal betrachteten wir mit Entsetzen die blutige Uniform Erzherzog Ferdinands und den offenen Wagen, mit dem das Thronfolgerpaar an jenem verhängnisvollen Tag durch Sarajevo gefahren worden war. Zwischen den Schlachtenbildern hin- und herlaufend fragten wir Vater, woran denn »die Guten« zu erkennen wären. Das war eine der wenigen Gelegenheiten, bei denen mein Vater keine Antwort wusste.

Nein, kein Kriegsheld der Geschichte konnte uns begeistern, weder Cäsar noch Leonidas, weder Marc Anton noch Napoleon. Wir verabscheuten Hitler, der schuld am Tod unseres Onkels war, der so viel Leid über die Völker gebracht hatte, und erfuhren doch noch nichts von den Gräuel, die in seinem Namen auch von den Deutschen und Österreichern begangen worden waren, die den Krieg und seine Auswirkungen jetzt verfluchten und nicht wahrhaben wollten, selbst Teil dieses mörderischen Unternehmens gewesen zu sein, es aktiv oder passiv unterstützt zu haben.

Im Bücherregal meines Vaters entdeckte ich einen Roman, der mich tagelang gefangen hielt; geschrieben von einer Frau vor dem ersten Weltkrieg, einer Österreicherin, die mit dem Friedensnobelpreis ausgezeichnet worden war, Bertha von Suttner. Leidenschaftlich hatte sie versucht, die Welt aufzurütteln, den kriegsbegeisterten Zeitgenossen die Schrecken eines Krieges vor Augen zu führen. Ihr Versuch, die Staaten des europäischen Kontinents zu vereinen, um Kriege in Europa zu verhindern, scheiterte. Ihr Postulat zur Gründung von Schiedsgerichten, die Konflikte mit friedlichen Mitteln beilegen sollten, zur Errichtung einer Friedensunion, die mit gemeinschaftlicher Kraft Angriffe der Staaten untereinander zurückweisen sollte, und ihr Aufruf zur Etablierung eines internationalen Gerichtshofs sollte das Recht im Namen der Völker vertreten. Doch der immer weiter um sich greifende Nationalismus, verbunden mit den weltpolitischen Gegensätzen des Imperialismus führte letztlich zum Krieg, den sie zu verhindern suchte und der nur der Vorläufer wurde zu einem weiteren erbitterten Kampf, der den europäischen Kontinent verwüstete und für lange Zeit zweiteilte.

Das Bildnis dieser bewundernswerten Vorkämpferin für ein Vereintes Europa auf dem Tausendschilling-Schein bekam ich erst viel später zu Gesicht, als ich mein erstes eigenes Geld ausgezahlt bekam, die Wunden des Zweiten Weltkrieges langsam vernarbten.

Als Kind erlebte ich den Abzug der Alliierten, den freien Übergang zwischen den Bezirken einer bis dahin viergeteilten Stadt mit Ausweispflicht. Anlässlich eines Besuchs bei den Eltern meines Vaters, drückten wir unsere Nasen an den Fenstern platt, die uns über die Prinz-Eugen-Straße hinweg den Blick freigaben zum Belvedere. Gemeinsam mit all den Menschen, die sich im Park des Schlosses versammelt hatten, hörten wir die Worte Außenminister Figls »Österreich ist frei!«, brachen wie sie in Jubel aus, tanzten durch die Wohnung, umarmten einander. Mein Vater und die Großeltern hatten Tränen in den Augen. Wir bekamen eine Extraportion Vanillepudding mit Himbeersaft.

Wenn Ausflüge in den Wienerwald und Museumsbesuche meine Kindheitsjahre prägten, so formten die Frühstücksgespräche an den Samstagvormittagen meine Jugendjahre im Elternhaus.

Neben politischen Themen, die Wien und Österreich betrafen, erörterten wir unsere Berufs- und Studiums-Wünsche, unsere Freundschaften und Probleme des täglichen Lebens. Wir diskutierten die Bemühungen um ein Vereintes Europa und um einen gemeinsamen Wirtschaftsraum, die sich vorerst in der Bildung der Montanunion niederschlugen, ein erster Schritt hin zum wirtschaftlichen Aufschwung der Mitgliedsländer durch den Wegfall der Zölle auf Kohle und Stahl. Vertraglich sollte die Sicherung des innereuropäischen Friedens durch die Kontrolle über diese kriegswichtigen Güter gewährleistet werden sowie der Wiederaufbau nach dem Zweiten Weltkrieg. Dieser Wirtschaftsbund zwischen den souveränen Staaten Belgien, Bundesrepublik Deutschland, Frankreich, Italien, Niederlande und Luxemburg eröffnete eine Möglichkeit der friedlichen Zusammenarbeit, gegenseitiger Unterstützung von Nationalstaaten bei Wahrung ihrer eigenständigen Besonderheiten und legte den Grundstein für ein Vereinigtes Europa.

Großbritannien war der Idee eines wirtschaftlichen Zusammenschlusses gegenüber insofern aufgeschlossen, als es diesen einerseits als Bollwerk gegenüber der Sowjetunion sah, ihn andererseits als geeignet empfand, die deutsch-französische Annäherung zu gewährleisten und die Wirtschaft am Festland wiederaufzurichten. Als Inselstaat jedoch sah sich Großbritannien nicht als Mitglied, sondern lediglich als Befürworter einer Europäischen Integration, soweit es das Festland betraf.

Richard Graf Coudenhove-Kalergi berichtet darüber in seinem Buch »Ein Leben für Europa« aus dem Jahr 1966.

Das Königreich Großbritannien war stolz auf seine Unabhängigkeit und seine besondere Insellage, wollte seine Souveränitätsrechte, seine Entscheidungshoheit weder wirtschaftlich noch politisch einer überstaatlichen Behörde unterordnen. Diese Grundhaltung hat in der Geschichte der Bestrebungen zur Errichtung einer Europäischen Union immer wieder schwierige Situationen heraufbeschworen, fügt auch in diesen Tagen durch den bevorstehenden »Brexit« der Gemeinschaft Schaden zu.

Als wir mit unserem Großvater das Non-Stopp-Kino am Graben in Wien besuchten, um die Krönung Königin Elisabeths II. mitzuerleben, wussten wir von der politischen Haltung Großbritanniens gegenüber den europäischen Einigungsbestrebungen ebenso wenig wie über die Auswirkungen dieses ersten Zusammenschlusses westlicher, ehemals verfeindeter Länder zu gemeinschaftlichem wirtschaftlichen Handeln unter einer so genannten Hohen Behörde, die sich aus einem Gremium von jeweils zwei Mitgliedern aus Frankreich, Deutschland und Italien und je einem Mitglied aus den Benelux-Staaten zusammensetzte. Der Sitz dieser Behörde war Luxemburg.[1]

Vaters Begeisterung für diesen Zusammenschluss stand ich damals mit Unverstand gegenüber. Ich zeigte mich interessiert, weil er sich begeisterte und ich ihm zu gefallen bestrebt war.

»Du wirst sehen«, sagte er bedeutungsvoll, »eines Tages wird ganz Europa geeint sein und dann werden wir immer in Frieden leben können!« Ich nickte, erzählte meinem Teddy, dass es nie wieder Krieg geben und Papa immer bei uns bleiben würde.

Während der nächsten eineinhalb Jahrzehnte geriet das Interesse an den innereuropäischen Verhältnissen und ihren politischen wie wirtschaftlichen Zusammenhängen in den Hintergrund. Teils waren es gesundheitliche Fragen, die meinen Vater mehr und mehr beschäftigten, teils löste ich mich peu à peu aus dem Familienverband.

Ich hatte mich verliebt und war in Begriff, mit dem Mann meiner Wahl nun selbst eine Familie zu gründen.

In Erinnerung an die spannenden Sonntagvormittage meiner Kindheit und die angeregten Diskussionen über alle möglichen Themen an den Samstagen, war es nur natürlich, dass diese auch in meiner eigenen Familie ihren Platz fanden.

Mittlerweile hatte sich einiges in der Welt getan. Durch den Fall der Mauer war Deutschland wiedervereinigt, der Eiserne Vorhang war gefallen und hatte den Besuch der an Österreich grenzenden, jetzt mitteleuropäischen Länder, Ungarn, Tschechien, Slowakei und Slowenien erleichtert.

Die Auflösung der Sowjetunion hatte es Österreich ermöglicht, den Beitritt zur Europäischen Union zu erwägen.

Wir führten hitzige Debatten des Für und Wider bzw. der Notwendigkeit eines EU-Beitrittes Österreichs, wo es doch unter Beachtung seiner Neutralität bereits zu einem Freihandelsabkommen mit den EWG-Ländern gekommen war.

Auch die westliche Ausrichtung der Europäischen Union, die unserer Meinung nach dadurch gegeben war, dass Deutschland zwar vereint, d. h., dem direkten Einfluss Russlands entzogen war, das Land jedoch immer noch durch die Mitgliedschaft bei der NATO in gewisser Weise in einem Abhängigkeitsverhältnis zu den Vereinigten Staaten von Amerika stand. Würde auch Österreich durch einen Beitritt zur Europäischen Union der NATO beitreten müssen und seine Neutralität verlieren?

Trotz all dieser Bedenken, die auch in den politischen Debatten im österreichischen Parlament erörtert, jedoch nicht wirklich dem Volk verständlich gemacht wurden, überwog doch der Gedanke der wirtschaftlichen Vorteile bzw. der Isolation Österreichs am Rande Europas, wenn es nicht zu einem EU-Beitritt kommen sollte.

Zu unserer großen Freude stimmte Österreichs Bevölkerung für den Beitritt. Im Juni 1994 unterzeichnete Bundeskanzler Franz Vranitzky mit Außenminister Alois Mock den EU-Beitrittsvertrag.

Die Erwartungen waren groß, schlugen auch mit offenen Grenzen, der Freizügigkeit zwischen den einzelnen Mitgliedsstaaten, der einheitlichen Währung und den finanziellen Unterstützungen zu Buche, die für unterentwickelte Regionen Österreichs (wie z.B. dem Burgenland) zur Verfügung gestellt wurden.

Die wirtschaftlichen Möglichkeiten schienen sich durch den Beitritt Ungarns, Tschechiens, Sloweniens, der Slowakei und Polens zur Europäischen Union auszuweiten. Österreich war von seiner europäischen Randlage befreit, rein geopolitisch nach Mitteleuropa gerückt und hoffte, davon auch wirtschaftlich zu profitieren, denn die stützenden Gelder aus der Gemeinschaft, die vor allem der Landwirtschaft zugutegekommen waren, flossen spärlicher und drohten ganz zu versiegen, während die an die Gemeinschaft zu zahlenden Beiträge anstiegen.

Die Finanzkrise, ausgelöst durch die Immobilienblase in den USA, schwappte nach Europa über, verunsicherte den gesamten Wirtschaftsraum, der sich bis dahin als in ständigem, garantiertem Aufschwung wähnte. Verluste an den Börsen erschreckten die Nationen. Wie eine Spinne überzog die Angst vor einem totalen Crash wie in den 20er Jahren des 20. Jahrhunderts die Länder der Europäischen Union.

Ein zaghaftes Aufatmen gelang durch die Errichtung des Europäischen Rettungsschirms, durch die Senkung der Leitzinsen, die Sparen nun zwar unattraktiv erscheinen ließ und Vermögensbildung auf legalem Weg für den Durchschnittsbürger, die Durchschnittsbürgerin regelrecht verhinderte, jedoch das große Ganze des Europäischen Staatengebildes vor dem Zusammenbruch bewahrte.

Auch unsere kleine familiäre Welt erlebte gravierende Veränderungen. Unsere thematischen Auseinandersetzungen finden nun nur mehr zweimal jährlich statt, Ostern und Weihnachten, wenn die Familie aus den verschiedenen Teilen Österreichs im Elternhaus zusammenkommt und dann wie selbstverständlich das Ritual des Aufeinandertreffens von Meinungen und Ansichten auflebt. Eine wichtige Stimme fehlt. Sie ist uns vor einigen Jahren verloren gegangen und nimmt nur mehr spekulativ an unseren Diskussionen teil, wenn wir herauszufinden versuchen, wie sie die Weltsituation heute beurteilen würde.

Die liberale Weltordnung, getrieben von Globalisierung und dem Streben nach immer mehr Wirtschaftswachstum, ist aus den Fugen geraten. Die Politik in der digitalisierten Welt untersteht dem Diktat der Global Player, die die Produktionsstätten von Gütern nach dem Lohngefälle der verschiedenen Länder ausrichten, unter Androhung wachsender Arbeitslosigkeit wie selbstverständlich Steuergeschenke einstreifen, die das jeweilige Land wegen seiner sozialen Verantwortung eigentlich gar nicht gewähren könnte, weil dadurch die Belastung des schwindenden Mittelstandes mehr und mehr zunimmt, sich folglich überall auf der Welt die Kluft zwischen Arm und Reich stetig vergrößert.

Europa muss einen anderen Weg einschlagen. Es ist Zeit, sich von der Illusion eines unbegrenzten Wirtschaftswachstums zu lösen und ein System aufzubauen, das ökologisch nachhaltig und sozial gerecht, sich von quantitativen Strebungen verabschiedet und sein Wachstum nach qualitativen Kriterien in Vielfalt ausrichtet.

Längst hat die Klimaerwärmung durch Treibhausgase die Forderungen des Kyoto-Protokolls und des Pariser Klimaabkommens zur Reduzierung der Erderwärmung als viel zu gering entlarvt. Die Bemühungen um alternative Energie gehen viel zu langsam voran.

Nicht nur die Kriegshandlungen in Syrien und auf der arabischen Halbinsel, auch die durch die Klimaerwärmung rasch fortschreitende Ausbreitung der Wüstengebiete in den zentralafrikanischen Staaten veranlasst Menschen weiter nördlich in Gebiete zu fliehen, um mit ihren Kindern zu überleben.

Hätte Europa, vor allem jene Staaten, die im vergangenen Jahrhundert die Arbeitskraft der indigenen Bevölkerung durch Kolonialisierung weiter Teile Afrikas versklavten, in den Plantagen auch heute noch zu Hungerlöhnen ausbeuten, hier nicht die Aufgabe, durch Errichtung z.B. von Sonnenkollektoren in den Wüstengebieten, dem Kontinent zu helfen, seiner Bevölkerung durch nachhaltige Energiequellen neue Perspektiven zu geben?

Während meines dreiwöchigen Aufenthalts in Tansania musste ich entsetzt feststellen, dass auf den Märkten in den kleinen Siedlungen, von der nächst größeren Stadt weit entfernt, jene Kleidungsstücke zum Kauf angeboten werden, die wir in Europa in Sammelbehälter stopfen, um sie loszuwerden. Die hauptsächlich nomadischen Massai, deren Rinder und Ziegen halb verhungert durch die Dürregebiete taumeln, müssen jene Tiere, für die sie kaum Geld erhalten, verkaufen, um sich mit unserem Abfall zu kleiden. Andererseits wird die Erzeugung der Stoffe in den typisch afrikanischen Mustern und Farben, die früher die Menschen in ihren Fabriken vor Ort beschäftigte, nun billig in China oder auch in Europa bewerkstelligt und nach Afrika transportiert.

Dem Land zu helfen, die eigene Industrie wiederaufzubauen, um der Bevölkerung vor Ort die Existenz zu ermöglichen, wäre ein anderer Aspekt des globalen Handelns, der den Flüchtlingsströmen auf andere Weise Einhalt gebieten könnte als durch die Internierung in Lagern, die nur zu Verzweiflung, Radikalisierung und Terror beitragen.

Einige europäische Staaten liefern Waffen an den afrikanischen Kontinent, bereichern sich durch Beihilfe zu Krieg, Tod und Verwüstung und wundern sich dann, dass sich Menschen aufmachen, um dem Verderben zu entgehen.

Ja, Europa muss dem Flüchtlingsstrom Einhalt gebieten – aber nicht dadurch, dass Menschen abgewiesen werden, in Lagern dahinvegetieren oder auf ihrem beschwerlichen Weg zugrunde gehen, sondern durch Bildung und Hilfe zur Selbsthilfe wie sie Europa nach dem Zweiten Weltkrieg durch den Marshallplan erhalten hat, damit die Menschen den Wiederaufbau ihrer Heimatländer bewerkstelligen können.

Viele, vor allem junge Menschen, die den Weg nach Europa gefunden haben, hier Asyl beantragt haben und sich nun auf unserem Kontinent in verschiedenen Berufen ausbilden lassen wollen, sollten hier auch die Möglichkeit erhalten, ihre Ausbildung zu beenden, bevor sie in ihre Heimatländer zurückkehren. Dies wäre Entwicklungshilfe auf kurzem Weg, die dem Aufbau in den Herkunftsländern der Flüchtlinge dienen könnte und die gleichzeitig den Radikalismen in den eigenen und fremden Reihen entgegenwirkten, denn die Flüchtlingsströme haben Ängste und Ressentiments, die schlummernden Nationalismen Europas wiederaufleben lassen.

Ein von unbestimmter Angst gesteuertes Unsicherheitsgefühl, von verantwortungsloser Politik einiger Mitgliedsländer geschürt, vor allem der Visegrád-Staaten, weckt latent immer noch vorhandene Aggressivität und Hass, die sich auf alles Fremde entladen und Gegenbewegungen in Gang setzen.

Die derzeitige österreichische Regierung arbeitet mit Vehemenz daran, durch immer verschärftere Sicherheitsmaßnahmen die persönliche Freiheit des Individuums zum angeblichen Gemeinwohl einzuengen. »Ein Staat, der überall Subversion, Unterwanderung, Bereitschaft zu Gewalt und Terror wittert und alles daransetzt, jede mögliche Gefährdung der ›freiheitlichen Ordnung‹ schon im Keim zu ersticken, vernichtet als erstes die Freiheit selbst.«[2]

Freiheit ist ein vieldeutiger Begriff. Er kann missdeutet oder aber auch missbraucht werden und wird als Wert meist erst dann erkannt, wenn man seiner verlustig geworden ist.[3]

Aber nicht nur Flüchtlinge und Migranten ängstigen Europa. Der Austritt der Vereinigten Staaten aus dem Atomabkommen mit dem Iran, die Kündigung des Übereinkommens zur nuklearen Abrüstung zwischen Russland und den USA haben Europa wieder in das bereits überwunden geglaubte Spannungsfeld des neuerlich erstarkten »Kalten Kriegs« zwischen den beiden Supermächten gerückt. Europas wirtschaftliche Stärke, seine offenen Märkte stehen der These Donald Trumps »America First« entgegen und die wirtschaftlichen Sanktionen gegen Russland aufgrund der Krise in der Ukraine haben die bilateralen Beziehungen erschwert.

Großbritannien schwächt Europa zusätzlich durch seine Bestrebungen, die Europäische Union zu verlassen. Die Auswirkungen eines geregelten oder möglicherweise harten Brexit, wie er derzeit im Raum zu stehen scheint, sind in ihrer Tragweite noch kaum abschätzbar und bedrohen zusätzlich den innereuropäischen Zusammenhalt durch das schon erwähnte Wiedererstarken der Nationalismen und der populistischen Parteien, die sich die fragile Situation zunutze machen, um die Grundprinzipien der europäischen Einigung Schritt für Schritt zu unterhöhlen.

Wir dürfen nicht müde werden, unsere Regierungen an den Werten der Europäischen Union immer wieder zu messen und unser Wahlverhalten danach zu richten, denn die Achtung der Menschenwürde, Freiheit, Demokratie, Gleichheit, Rechtsstaatlichkeit und die Wahrung der Menschenrechte einschließlich der Rechte der Personen, die Minderheiten angehören, sind allen Mitgliedsstaaten in einer Gesellschaft gemeinsam, die sich durch Pluralismus, Nichtdiskriminierung, Toleranz, Gerechtigkeit, Solidarität und die Gleichheit von Frauen und Männern auszeichnet.[4]

Europa sollte sich seiner diplomatischen Fähigkeiten entsinnen und als neutrale Staatengemeinschaft zwischen Amerika und Russland eine Vermittlerrolle einnehmen, all seine Kräfte darauf verwenden, seine Einheit entsprechend seiner Verfassung zu stärken und dankbar derjenigen gedenken, die ihr Leben dieser Friedensinitiative und der Prosperität der Gemeinschaft Europas gewidmet haben.

1 Coudenhove-Kalergi, Ein Leben für Europa, Kiepenheuer & Witsch 1966

2 Kurt Wimmer, Die Unfähigkeit, Freiheit zu ertragen, Kleine Zeitung, 25. Dez. 2018, S. 8

3 Ebendort

4 Siehe Artikel 2 EUV in der Fassung des Vertrages von Lissabon 2009

Ilse Tielsch

Mein Identitätsproblem*

Wo man angefangen hat, Mensch zu sein, spielt eine Rolle, ob man das wahrhaben will oder nicht, wo man die Augen geöffnet, Farbflecke wahrgenommen hat, Umrisse, Bilder, Gerüche und Töne, wo man gelernt hat, die Stimme der Mutter von anderen zu unterscheiden, wo man zum ersten Mal vor dem Lärm der Welt erschrocken ist, wo man zu weinen gelernt hat, wo man gelernt hat, sich zu fürchten, auch sich zu freuen, die Entdeckung der Schatten, das Erlebnis erster Freude und früher Angst. Licht fiel durch die Fenster, Laute drangen von außen ins Zimmer, das Rumpeln der Räder von Bauernwagen, das Schnauben und Wiehern der Pferde, das Geräusch der mit Eisen beschlagenen Hufe auf dem Granitsteinpflaster, die Zurufe der Bauern, tschechisch und deutsch, das Klappern der Metallteile an den Geschirren, im Winter das Klingeln der Glöckchen von Pferdeschlitten, menschliche Stimmen. Jede der Türen hatte ihren eigenen Klang, Fensterflügel klapperten im Wind. Wenig später die Namen der Märchenfiguren, Rotkäppchen, Schneeweißchen und Rosenrot, aber den Namen von Melusina, der Windsbraut, die in den Kaminen sang, betonte man auf der ersten Silbe und Felix, der kluge Kater, wurde, wie das tschechische Original, Kocour Felix genannt.

Kein Gegeneinander von Sprachen, was das alltägliche Leben betraf, sondern ein Miteinander, aus beiden Sprachen gegenseitig übernommene Worte, Wendungen, die man lebenslang nicht mehr vergessen wird. Die Namen bestimmter Gegenstände, Gerichte oder Gemüse in der anderen Sprache werden sich auch später, im einsprachigen Umfeld, hartnäckig erhalten. Grußformeln bot man dem anderssprachigen Gegenüber jeweils in seiner Sprache. Das alles war selbstverständlich, darüber dachte man gar nicht nach. Das Gegeneinander, das es zweifellos auch gegeben hat, spielte sich auf anderen Ebenen ab, war gewissermaßen in amtliche Sphären verlagert, damit hatten Kinder wie ich nichts zu tun.

Ich rede von Mähren. Böhmen war für mich in meiner Kinderzeit eine Art Land hinter den sieben Bergen, von Geheimnis umgeben, Rübezahl trieb sich dort in den Wäldern herum, böhmisch kannte ich als Synonym für tschechisch, ein Wort für Böhmen gibt es im Tschechischen nicht. In Böhmen waren die Leinenweber zu Hause, in Böhmen waren die Gläser geschliffen worden, die in der Vitrine glänzten, wenn Sonnenschein durch die Vorhänge fiel. In den Dörfern, in denen die Glasschleifer lebten, glitzerte der Staub auf den Wegen vielfarbig in der Sonne, das hat mir viel später eine Freundin aus Haida in Nordböhmen erzählt. In Böhmen, wusste ich von meinem Vater, gab es sehr arme Leute. Viele Menschen litten dort bittere Not. In unserer Gegend hatte auch die ärmste Familie genug zu essen, das allerkleinste Feldstück trug genügend Frucht, um sie zu ernähren. Mähren, die Markgrafschaft, Böhmen, das Königreich, berühmt durch seine Geschichte, Mähren das sanftere Land. Einen Ausgleich zwischen den Nationalitäten, wie es der Mährische Ausgleich von 1905 gewesen ist, hat man in Böhmen nicht zustande gebracht.

In der Kleinstadt, in der ich mit meinen Eltern lebte, konnte jedes deutsche Kind etwas tschechisch, jedes tschechische Kind konnte etwas deutsch. Verstehen konnten wir mehr von der jeweils anderen Sprache, als wir selbst zu sprechen imstande waren, Verständigungsschwierigkeiten hatten wir jedoch nicht. Wer jüdisch war, wusste man, es war aber nicht wichtig. Die kleine Lebensmittelhandlung der Frau Hirsch führte den besten Schinken in der Stadt, die Frau Fischer am oberen Stadtplatz hatte die schönsten Seidenstoffe. Ich habe zugesehen, wie die Seidenballen entrollt wurden, wie die Frau Fischer mit Maßband und Schere hantierte. Die Schwestern Waxmann, die man allgemein nur die Waxln nannte, führten in ihrem winzigen Laden alles, was an Tüchern, Täschchen, warmen Unterhosen, Bändern und allerlei im Haushalt nötigem oder auch unnötigem Kram vorstellbar war. Vielleicht haben es die Waxln, sagte meine Mutter, wenn sie etwas benötigte, was in den anderen Geschäften nicht zu bekommen war, hatten es die Waxln nicht, konnten sie es häufig beschaffen. Hatte man das Gewünschte selbst zu besorgen, dann fuhr man nach Brünn, in besonderen Fällen nach Wien, in die ehemalige Kaiserstadt.

Ich rede von einer Zeit, die so weit hinter mir liegt, als hätte ich sie auf einem anderen Stern erlebt, ich rede von Mähren, genauer gesagt vom südlichen Teil, Weinland wie jenseits der Grenze, Hügelland, die schwarze Humuserde auf den Feldern war so dick wie in der Ukraine und der Lös auf den Hängen trug die üppigsten Weinreben, dies auf beiden Seiten der Thaya, die durch die Felder und Weinberge floss. Ich rede, um es genau zu sagen, von einer Zeit, auf die sieben Jahre des Schreckens folgten, Kriegsjahre, auf diese, beinahe ausnahmslos für alle Bewohner nicht nur dieser fruchtbaren Gegend, viele weitere Jahre der Not verschiedenster Art. Damals hat die Frau Fischer wahrscheinlich gar nicht gewusst, wo Theresienstadt liegt, dort aber ist sie nur wenige Jahre später gestorben. In ihr Geschäft auf dem oberen Stadtplatz zog ein Fahrradhändler ein. Was man den Waxln angetan hat, wissen wir nicht. Den tschechischen Kaufmann, in dessen Geschäft meine Mutter oft eingekauft hat, hat man umgebracht. Meine Großeltern mütterlicherseits haben mit Sicherheit nicht gewusst, wo der winzige Ort Röttenbach in Süddeutschland liegt, dort aber wurden sie gegen Ende der fünfziger Jahre begraben. Die Familie, die in ihren Bauernhof einzog, dürfte aus dem Inneren Böhmens gekommen sein. Darüber aber wollte ich gar nicht reden.

Wovon ich reden will, sind meine ersten Lebensjahre in Mähren. Dass Lebensanfänge formen, ist heute weitgehend bekannt. Meine Aversion gegen Monokulturen hat ihre Wurzeln zweifellos in der Tatsache, dass die Jahre, in denen ich angefangen habe, die Welt zu erfahren, in jeder Hinsicht vielfarbig gewesen sind. Was diese Tatsache betrifft, war ich ein glückliches Kind. Meine Ohren haben die verschiedensten Sprachen und Dialekte wahrscheinlich schon gehört, ehe ich selbst zu sprechen imstande war, die Grenze zur nahen Slowakei war keine wirkliche Grenze, Kroaten kamen aus ihren unweit liegenden Dörfern, hanakische Bauern und ihre Frauen verkauften uns ihr Gemüse, an Markttagen bot unser Stadtplatz ein Bild, von dem ein

Filmregisseur heute nur träumen kann. Braunes Tongeschirr lag auf glänzendem Stroh, auf Holztischen häuften sich Feldfrüchte und Obst, Stoffballen und Leibwäsche, Barchent- und Blaudruckwaren, Kinderspielzeug und Türkischer Honig, alles wurde lautstark und wortreich angeboten, Sprachen und Stimmen klangen durcheinander, Äffchen und Braunbären tanzten, der Anblick der verschiedenen Trachtenkleider, der bunten Röcke, die sich über zahllosen schneeweißen Unterröcken bauschten, der seidenen, unter dem Kinn geknoteten Kopftücher gehörte zu meinem Alltag und war mir vertraut. Zigeunerfamilien kampierten auf den Wiesen am Stadtrand. In meiner Familie wurden Menschen niemals nach ihrer Sprache oder Religion unterschieden. Nie mehr habe ich in späteren Jahren eine so selbstverständlich empfundene Vielfalt erlebt wie damals in unserer kleinen mährischen Stadt. Ich glaube nicht, dass ich mit dieser Behauptung übertreibe. Von dem, was trotzdem vor sich ging, was sich im Dunklen schon anschlich, was von außen her über die Grenzen griff, wuchernde Schatten verbreitend, habe ich während meiner ersten acht Lebensjahre kaum etwas gespürt.

Mein Kinderfräulein hieß Sletschno und sollte mir wahrscheinlich frühzeitig das Tschechische beibringen, leider hat sie es nicht getan. Die ersten tschechischen Kinderlieder hat mir unsere Josefa vorgesungen, die wir Joschka genannt haben und die unsere Familie als die ihre betrachtet hat, deshalb auch mich als ihr eigenes Kind. An ihrem mächtigen Busen habe ich manchen Kinderschlaf geschlafen und manche Kinderträne geweint. Als sie, mehrere Jahre nach meiner Geburt, dem Glasermeister von der Unteren Herrengasse ihr Jawort gab, hat sie mich zur Drittelwaise gemacht, aber auch meine Mutter, die nach anfänglichen Machtkämpfen gelernt hatte, sich ihrer Herrschaft in Wohnung und Küche folgsam unterzuordnen, stand fassungs- und hilflos da. Anna, Rosa, Marie, wie lieb und wie fleißig die Mädchen auch waren, die ihr während der auf diese Katastrophe folgenden Jahre zur Seite gestanden sind, keine konnte unsere Joschka ersetzen, ich durfte sie wenigstens in ihrem neuen Imperium besuchen. Ich habe sie geliebt und habe ihr verziehen, dass sie meine Eltern, die im Mai fünfundvierzig völlig verstört vor ihrer Haustür standen und um ein vorübergehendes Obdach baten, nicht aufgenommen hat. Die Angst, die sie gehabt hat und die sie so handeln ließ, muss sehr groß gewesen sein.

Diese Angst kam über die Menschen, als man sie auseinanderriss und nach Sprachen und Religionen sortierte. Wie einer sprach, sollte von einem Tag auf den anderen seinen Wert in der Gesellschaft bestimmen, wie einer sich seinen Gott vorstellte, gab den Ausschlag, ob er weiterleben durfte oder nicht. Diese Angst zerstörte Familien, zerriss Bindungen und entfremdete Freunde. Sie begann in unserer Kleinstadt im Herbst achtunddreißig und sie hörte dort beinahe ein halbes Jahrhundert lang nicht auf. Sie bewirkte, dass man seine Haustür vor Menschen verschloss, die in Not geraten waren. Nicht jeder Mensch ist zum Helden geboren.

Als ich Mähren an einem Tag im April fünfundvierzig verließ, gab es noch Leute, die dachten, nach dem Ende des Krieges würde alles wieder so werden, wie es früher gewesen war. Meine Mutter glaubte das nicht. Sie versuchte zu lächeln, als ich mit meinem Koffer den Zug bestieg, von dem niemand ihr sagen konnte, wohin er mich bringen würde, aber unter diesem Lächeln hat sie geweint. Ich erinnere mich sehr deutlich an ihr armes, blasses Gesicht, auch daran, dass ich wusste, dass dieser Abschied von dem Land, in dem ich bis zu diesem Tag gelebt hatte, ein Abschied für immer war.

Die zahlreichen Autobiografien bekannter und weniger bekannter Personen beweisen, dass Lebensanfänge unverwischbare Spuren hinterlassen. Was ich damit meine, geht über das genaue Erinnern alt gewordener Leute an Landschaften, Häuser, Gegenstände und Menschen hinaus. Am Beginn des bewussten Lebens, vielleicht, wie moderne Psychologen meinen, sogar schon vorher, entstehen Gravuren, die jenseits des Materiellen liegen und nicht selten den Ablauf des weiteren Lebens bestimmen. Eine mögliche Antwort auf die Frage, wer man ist, kann nur gefunden werden, wenn man weiß, wie man zu dem oder der, für den oder die man sich hält, geworden ist.

Frau Tielsch, wie ist denn das mit der Identität? Das fragte mich ein wohlmeinender Kollege, als ich nach einer Preisverleihung auf dem Podium saß. Er meinte, das würde mir gefallen, jetzt würde ich loslegen und reden. Ich redete nicht. Erstens gehöre ich zu jenen Leuten, denen erst längere Zeit nach einer Diskussion oder nach einem Interview einfällt, was sie eigentlich hätten sagen müssen, zweitens war das, was zu sagen gewesen wäre, schwer in wenige Sätze zu fassen, es war einfach zu viel. Was zum Beispiel hätte ein Düsseldorfer geantwortet, dessen französische Vorfahren im sechzehnten Jahrhundert nach Deutschland gezogen sind, weil sie Hugenotten waren? Etwa um die gleiche Zeit sind die deutschen Vorfahren meines Vaters aus einer Gegend, die wir nicht kennen, in das böhmisch-mährische Adlergebirge gezogen. Sind sie deshalb zu Mährern geworden oder sind sie Deutsche geblieben? Haben sie durch ihre Ansässigkeit im Land Mähren durch vier Jahrhunderte, durch ihren Fleiß, durch ihre Arbeit in diesem Land das Recht erworben, sich Mährer zu nennen? Die Frage beschäftigt mich. In der nahen Verwandtschaft meiner Mutter gibt es tschechische Namen, ihre Vorfahren sind aus dem tschechischen Gebiet Mährens zugewandert, wahrscheinlich also echte Mährer gewesen, trotzdem war die Familie deutsch, dies weitgehend ohne von nationalen Ideen belastet zu sein.

Der in Deutschland lebende Nachkomme französischer Hugenotten hätte wahrscheinlich ohne nachzudenken geantwortet, dass er Deutscher sei. Was oder wer aber bin ich? Einmal ganz abgesehen davon, dass ich seit mehr als einem halben Jahrhundert in Österreich lebe und Österreicherin sein darf, was meine Eltern bei ihrer Geburt ebenfalls waren. Ich bin eine Zugelaufene, das Land, das heute Österreich heißt und mich aufgenommen hat, hat mich, nach einigem Zögern, nur adoptiert. Ich wurde zum Adoptivkind mit allen Rechten, die einem im Land geborenen Staatsbürger zustehen, schließlich zur fanatischen Österreicherin, das gebe ich zu, ich verteidige das Land, das jetzt mein Land ist, soweit ich dazu in der Lage bin, mit Zähnen und Krallen.

Trotzdem bleibt ein Rest an Fremdheit, den ich nicht in wenigen Sätzen erklären kann. Was, frage ich mich, bin ich, abgesehen davon, dass man mir bei meiner Geburt die tschechoslowakische Staatsbürgerschaft bestätigt, mich und die Meinen dann aber vorübergehend von Amtes wegen zu Reichsdeutschen gemacht, mir diese Staatsbürgerschaft wieder weggenommen hat, mit meiner deutschen Sprache im mährischen Umfeld eigentlich gewesen? Der um die Jahrhundertwende erdachte Sammelbegriff »Sudetendeutsche« ordnet mich ein, rettet mich aber nicht.

Wenn ich schon in ein anderes Land gehen musste, sagt eine in Prag geborene Freundin, die nach ihrer Vertreibung und nach dem in Deutschland abgeschlossenen Studium nach Frankreich gezogen ist, dann sollte es gleich ein Land mit einer anderen Sprache sein. Die Überlegung hat einiges für sich. Wenn man weiß, dass das Wasser, in das man springen muss, kalt ist, erschrickt man beim Eintauchen nicht so sehr.

Identität ist die in sich und in der Zeit als beständig erlebte Kontinuität und Gleichheit des Ich, behauptet ein Nachschlagewerk in lexikalischer Kürze und überlässt es dem nach verständlicher formulierter Information Suchenden, ob er damit zurechtkommt oder nicht. Es würde als Beweis dafür gelten, dass ich nicht damit zurechtgekommen bin, wenn ich mich frage, auf welches Ich in dieser Zeit die Begriffe Kontinuität und Beständigkeit zutreffen könnten. Von den Leuten, mit denen ich näheren Umgang habe, kommt sicherlich niemand in Frage. Kein Ich, das nicht Risse und Sprünge aufweist, das nicht in der Zeit und durch sie geschädigt und damit verändert worden wäre. Von dem arabischen Architekturstudenten, der mir täglich meine Zeitung verkauft, dem slowenischen Dichter, dessen Frau nach dem Besuch in ihrer Heimat einen Nervenzusammenbruch erlitten hat, von dem ägyptischen Arzt und der thailändischen Krankenschwester, von der türkischen Freundin meiner Tochter, deren Ehen in immer kürzeren Abständen scheitern, von meiner Nachbarin, die ein kleines Mädchen war, als sie ihre Heimat verlassen musste und die immer noch ihren donauschwäbischen Dialekt spricht, von dem jüdischen Freund, der aus dem New Yorker Exil nach Wien zurückgekommen ist, wo er seine frühe Kindheit verbracht hat, und jetzt versucht, die Teile seines zerstückelten Lebens wieder zusammenzubringen, will ich gar nicht erst reden.

Frau T., wie ist das mit der Identität?, fragte der wohlmeinende Kollege, er hätte fortfahren können: Wie weit können Sie, was Ihr Ich betrifft, von in der Zeit als beständig erlebter Kontinuität sprechen, wie tief sind die Prägungen ihrer frühen Jahre geblieben oder wie sehr haben sie sich verwischt, wie weit haben Sie sich von Ihren Anfängen entfernt, was ist aus Ihnen geworden? Lassen Sie uns von Ihren Sehnsüchten reden, Frau T., von Ihrem Wunsch, aus Ihrem zerschnittenen Leben ein Ganzes zu machen, nur verwenden Sie dabei nicht das ebenfalls durch häufigen Missbrauch beinahe zu Tode gebrachte Wort Wurzeln, es könnte Ihnen im Hals steckenbleiben und sie brächten kein anderes Wort mehr heraus. Üben Sie Selbstzerfleischung, Frau T., reden wir von Ihrem Zugehörigkeitsgefühl.

Zu bemerken ist, dass mir mit zunehmendem Alter der erste Teil meines Lebens immer wichtiger wird. Ich weiß heute, dass alles, was ich später geworden bin, damals seinen Anfang genommen hat, dass die wenigen Jahre, die ich in der südmährischen Kleinstadt und ihrer Umgebung zugebracht habe, bestimmend für mein späteres Leben gewesen sind. Ich fühle mich jedoch keineswegs versucht, jene Jahre in rosafarbenem Licht zu sehen, denn die Kindheit hat auch ihre Schattenseiten. Was ich weiß, ist nur, dass sie mich geformt haben, wie kaum eine Lebensphase späterer Zeit. Hier wäre Stefan Zweig zu zitieren, der im Hinblick auf eine auf lange Sicht unmögliche Heimkehr, an seinen Freund Felix Braun schrieb – »und es wäre auch kein richtiges Nachhause mehr.« Wie hätte er sich wohl gefühlt, hätte man ihn einen »jüdischen Mitbürger« genannt? Wie würde man mich, gesetzt den Fall, dass mir eine Rückkehr mit allen Rechten gestattet würde, in meinem früheren Heimatland nennen? Wäre ich wieder eine Zugewanderte, die man mit Misstrauen beobachtet und die niemand zu kommen gebeten hat?

Seit einiger Zeit sehe ich in einer Art Tagtraum immer wieder das gleiche Bild. Ich sehe das Haus, in dem ich geboren wurde und in dem ich als Kind gelebt habe, wie es damals gewesen ist, es ist Winter, Schnee fällt in dicken Flocken. Ich würde gerne in dieses Bild eintreten, von dem eine große Ruhe ausgeht, in den still herabsinkenden Schnee eintauchen, mich in das Bild zurückziehen, aber ich weiß zugleich, dass mir das nicht möglich ist. Psychologen würden diesen Traum vermutlich damit erklären, dass ich Sehnsucht danach empfinde, aus meiner mit Problemen aufgeladenen Gegenwart in eine behütete Kindheit zurückzufallen, dass ich mich nach seelischer Ausgewogenheit und nach Ruhe sehne. Wenn es mir gelänge, in die stille Kleinstadtstraße einzutreten, würde der unaufhörlich vom Himmel herabsinkende Schnee mich wie ein schützender Mantel umgeben. Ich würde vielleicht dieses Gefühl der Geborgenheit empfinden, das den Menschen unserer Tage verloren gegangen ist. Der Schnee dämpft den Lärm und schirmt zugleich ab. Vielleicht muss es auf meinem Bild aber auch deshalb immer Winter sein, weil dadurch der immerhin vorstellbare Wunsch nach einer Heimkehr in die Wärme angedeutet wird. Die im Haus zu erwartende Wärme steht symbolhaft gegen Gefühlskälte und Isolation. In dieser Deutung, die viel für sich hat und durchaus einleuchtend erscheint, gibt es jedoch einen Aspekt, der mir zu denken gibt. In meinem Traum bleibt die Türe des Hauses stets geschlossen, in keinem der Fenster brennt ein Licht. Selbst wenn es mir gelänge, die winterlich stille Gasse zu betreten, müsste ich vor dem Haus stehen bleiben. Der Eintritt in jenen Bereich, in dem ich einst, mit allen meinen Schwächen und Fehlern, als unbedingt zugehörig angenommen war, bliebe mir verwehrt. Die Tatsache, dass es mir nicht gelingt, mich als Person in das wiederholt geträumte Bild zu projizieren, dazu das verschlossene, sichtlich unbewohnte Haus, beweisen mir, dass ich von der Unmöglichkeit, dorthin zurückzukehren, wo mir diese Gefühlssituation selbstverständlich gewesen ist, überzeugt bin. Der Augenblick meiner erzwungenen Abtrennung von diesem Ort hat diese bis dahin selbstverständliche Situation grundlegend verändert. Fortan hatte ich mir Zugehörigkeit durch Anpassung, die gelegentlich bis zur Selbstverleugnung reichte, zu verdienen.

»Ich finde die Identität mit meinem Ich nicht mehr!«, schrieb Stefan Zweig in der Emigration und an anderer Stelle – »man verliert von seiner geraden Haltung, wenn man nicht die eigene Erde unter sich hat, man wird unsicherer, gegen sich selbst misstrauischer«. Er starb am Heimatverlust.

Wir gingen nach dem Ende des Krieges nicht nach Brasilien, obwohl sich die Gelegenheit dazu geboten hätte, wir gingen auch nicht nach Paraguay, Kanada oder Argentinien, wir kamen um den Abschub nach Deutschland herum und blieben in Österreich, schließlich in Wien. Aber durch die nun wieder existierenden Grenzen waren wir rechtlose Zuwanderer geworden und wir benahmen uns, wie Zuwanderer sich zu allen Zeiten verhalten haben. Wir versuchten nach Möglichkeit, in keiner Weise unangenehm aufzufallen, wir baten, ersuchten, bewarben uns höflichst, bedankten uns für jedes noch so kleine Zugeständnis, das man uns machte, mindestens einmal zu oft. Wir passten uns an und fügten uns ein. Wir wurden unsicher, misstrauisch gegen uns selbst. Ich war jung und unbekümmerter als meine Eltern, aber wenn ich meinen Vater beobachtete, schien mir, als habe er etwas von seiner geraden Haltung verloren. Das Gefühl, nur mit Vorbehalt geduldet zu sein, bog ihm den Rücken krumm. Es wäre für sein Selbstgefühl wahrscheinlich besser gewesen, wenn er sich dazu hätte entschließen können, in ein anderes, ihm völlig fremdes Land auszuwandern.

Er habe sich, schrieb Stefan Zweig, seit dem Verlassen der Heimat nie mehr als mit sich selbst zusammengehörig empfunden. »Etwas von der natürlichen Identität mit meinem ursprünglichen und eigentlichen Ich blieb für immer zerstört.« Meine Eltern hatten Heimat und Besitz verloren, aber sie hatten die Hoffnung gehabt, in Wien keine Fremden zu sein. Sie hatten die Temperatur des Wassers, in das sie sprangen, unterschätzt.

Ich, wie gesagt, war jung und entschlossen, mich zu behaupten, aber all das betraf mich doch und es hatte seine Auswirkungen auch auf mich. Ich wehrte mich und lehnte mich auf, indem ich versuchte, mich von meiner Vergangenheit zu lösen. Ich wollte in der Gegenwart leben und nicht an der Vergangenheit leiden, ein begreiflicher Wunsch, wenn man bedenkt, dass ich siebzehn Jahre alt war. Es war eine Art Selbstschutz, der auch irgendwie funktionierte. Es dauerte lange, bis ich zu fühlen begann, dass der erste Teil meines Lebens, wenn es sich auch um den weit kürzeren handelte, für meine ganze Existenz bestimmend gewesen war. Wenn ich versuchte, mich von ihm abzutrennen oder gar ihn zu verleugnen, zog ich mir selbst den Boden unter den Füßen weg. Nachdem mir dies deutlich bewusst geworden war, begann ich darüber zu schreiben. Meine Bücher zu dieser Thematik waren eine Art Therapie, die ich mir selbst verordnet hatte.

Ich habe einmal versucht, einen Universitätsprofessor ungefähr meines Alters, der aus einer zum Zeitpunkt seiner Geburt vermutlich in Böhmen ansässigen, mit großer Wahrscheinlichkeit ebenfalls Deutsch sprechenden Familie stammt, über seine Meinung zu meinem Problem zu befragen, weil ich dachte, dieser historisch gebildete Mann müsste es wissen. Allem Anschein nach wusste er es auch nicht, denn er erwiderte, leicht irritiert: Wem sagen Sie das? Mehr sagte er nicht, er wendete sich von mir ab, ich hatte ihn unsicher gemacht.

Schau dich doch um, sage ich mir, die Welt ist voll von Menschen, denen es ebenso geht wie dir, aber das hilft mir nicht. Es nützt nichts, wenn ich mir sage, dass mir die Tatsache, nicht in eines der vorgegebenen Muster zu passen, eigentlich ein Gefühl der Unabhängigkeit, ja der Freiheit vermitteln müsste, das andere nicht haben. Schon während ich diesen Gedanken hinterfrage, weiß ich, dass ich diese Art von Freiheit gar nicht haben will, der Wunsch nach Zugehörigkeit überwiegt. Ich habe ein Identitätsproblem, das ist klar. Immerhin bin ich, wie die Reaktion des Professors bewiesen hat, damit nicht allein.

* Zuerst erschienen in: Schriften der Sudetendeutschen Akademie der Wissenschaften und Künste, Band 30, S. 29 ff., München 2010

Walter Weiss

Die Freude der Freiheit

Freude, schöner Götterfunken,
Tochter aus Elysium!
Wir betreten feuertrunken,
Himmlische, dein Heiligtum!
Friedrich Schiller
Beginn der »Ode an die Freude«, 1785

Die »Ode an die Freude« von Friedrich Schiller bildet die Grundlage für den Schlusschor aus dem 4. Satz der 9. Symphonie von Beethoven (1770–1827). Die Europa-Hymne hat sich diese Melodie »geborgt« – und die Europa-Hymne stellt damit eines der Symbole Europas dar.

Wie weit aber deckt sich der Inhalt der Schiller'schen Ode mit der Realität der Geschichte – und mit den Intentionen der Europäischen Union? Lässt sich die »freudentrunkene« Ode des enthusiasmierten Romantikers wirklich nahtlos in das moderne, postaufgeklärte Denken des idealen Europäers übertragen? Ist das ja doch zumeist säkularisierte Verständnis des EU-Bürgers mit den romantisch verbrämten Idealen des Sturm-und-Drang-Dichters in Deckung zu bringen? Hat Schiller tatsächlich der Freiheit zwar nicht eine Gasse, aber eben diese Ode gewidmet? Oder war es nur leere dichterische Schwärmerei? Sollte sie tatsächlich erstmals wirklich werden in den hohen Idealen der Europäischen Union?

Deine Zauber binden wieder,
was die Mode streng geteilt.
Alle Menschen werden Brüder,
wo dein sanfter Flügel weilt.
Seid umschlungen Millionen!
Diesen Kuß der ganzen Welt.

Das *Urbild* des Menschen, Adam, steht jedenfalls von Anfang an im Zeichen Gottes: Da bildete Gott, der Herr, den Menschen aus dem Staub der Erde und hauchte ihm den Odem des Lebens ins Angesicht (Genesis 2,7). Dieser »Odem des Lebens«, der von Gott in den Menschen übergeht und der von Anfang an die »Verwandtschaft« des Menschen mit Gott dokumentiert, der im Judentum, im Christentum und im Islam *unverändert* Gültigkeit besitzt, ist in allen drei Religionsgründungen durch die ihnen folgenden Konfessionen freilich gehörig missverstanden und entfremdet worden. Die herrlich wahre und philosophisch nicht mehr überhöhbare Idee der Teilhabe des Menschen an Gottes Größe wird durch das ursprünglich aus dem arabischen stammende Wort *kasama* (= verteilen) wunderbar ausgedrückt: Wir sind Ebenbild Gottes! Das davon abgeleitete islamische Wort »Kismet« will also gar nichts anderes ausdrücken, als dass der Mensch mit Gott (= Allah) in Verbindung steht und Anteil hat an ihm.

Was aber ist aus dieser Idee geworden? Das unerbittliche Schicksal, das sogar zum »Fatum«, zur unbeeinflussbaren Vorsehung, zum Gang der Geschichte geworden ist, dem der »Gläubige« chancenlos ausgeliefert ist … Und in den christlichen Religionen verkam die ursprüngliche Idee des Anteils der menschlichen Freiheit an der Freiheit Gottes gar zur »doppelten Prädestination«, nach der Gott »von Anfang an« die von ihm uneinsehbar und unnachvollziehbar »Auserwählten« (!), aber auch die von ihm »Verworfenen« bestimmt habe … Keine Spur mehr vom »Anteil-Haben an der Freiheit des Allmächtigen«, und weit und breit keine Eigenverantwortung des »in seine Freiheit« Entlassenen mehr – für die immerhin der Gottessohn am Kreuz hingerichtet worden ist.

Was ist aus dem ursprünglich jüdisch-christlichen GLAUBEN AN SICH UND AN DEN NÄCHSTEN im Laufe der Religionsgeschichte geworden? Wie sehr ist der mythologische BAUM DES LEBENS, dieser Inbegriff der Freiheit und Eigenverantwortung, dieses Symbol für die Überwindung des Todes als Synonym für Abhängigkeit und Unfreiheit des Menschen, entfremdet und ist von seinem Wesen(tlichen) abgesehen worden? Schon die Pharisäer haben die BOTSCHAFT DER

FREIHEIT nicht verstanden gehabt und den Rabbi Joshua verlacht und verhöhnt. Dessen zwölf Getreuen aus den niedersten Volksschichten haben ihn zwar auch nicht verstanden gehabt, aber sie sind ihm immerhin gläubig gefolgt. Ihre erschütternden Berichte sind über die vier Evangelisten, die Apostelgeschichte und die Briefe des Apostels Paulus auf uns gekommen. Doch schon die Geheime Offenbarung des hl. Johannes ist ein Musterbeispiel von Missverständnis der »Frohen Botschaft« und wildester Interpretationen durch die frühe Nachwelt (APOKALYPSE). Nichts zeigt deutlicher als diese Geheime Offenbarung, wie sehr die FREIHEITSBOTSCHAFT CHRISTI missverstanden worden ist: Hat doch diese Geheime Offenbarung nichts anderes zum Thema als den bevorstehenden Untergang der Welt, der genau beschrieben wird (die vier apokalyptischen Reiter) – als ob es das Ziel der Bergpredigt gewesen wäre, als sich daran Ausrichtender alsbaldigst unterzugehen anstatt etwas weiterzubringen in der Welt, in der sich zu bewähren ja zu den vordringlichsten und nobelsten Aufgaben der wahrhaft Gläubigen – egal jetzt welcher Konfession – gehörte. Dazu Schiller:

Ja, wer auch nur eine Seele
sein nennt auf dem Erdenrund!
Und wer's nie gekonnt, der stehle
weinend sich aus diesem Bund!

Auch die frühen Christen haben diese tiefe Botschaft der FREIHEIT, ausgedrückt in und durch den Glauben an Christus, nicht verstanden. Die eben erwähnte Geheime Offenbarung des Johannes galt ihnen als Tröstung für das schon bald erwartete Ende. Wieder aus der »Ode«:

Ihr stürzt nieder, Millionen?
Ahnest du den Schöpfer, Welt?
Such ihn überm Sternenzelt!
Über Sternen muß er wohnen!

Der letzte Prophet nach muslimischem Glauben, Mohammed (570–632), mag noch aufrichtig versucht haben, das seiner Meinung nach gescheiterte Judentum und Christentum zu erneuern und als ISLAM neu zu gestalten. Was aus diesen Bemühungen allerdings geworden ist, zeigt das Leitmotiv dieser Religion: totale Hingabe an den Willen Allahs unter Verzicht auf jede Eigenverantwortung. Selbst die Terrorbrigaden der Al Quaida und des IS lassen sich mit solcher Gehirnwäsche zu den abscheulichsten Verbrechen verleiten – und tun dies im Glauben an ihre religiöse Sendung und Vorsehung (!):

Küsse gab sie uns und Reben,
einen Freund, geprüft im Tod,
Wollust ward dem Wurm gegeben
und der Cherub steht vor Gott.

Auch die spätere Reform *Luthers* (1483–1546) mündete noch zu Lebzeiten des Kirchenreformers in der totalen Entfremdung durch Calvin: Nur durch Reichtum »zeige« Gott seinen Auserwählten, wo und wie es langginge … Der Calvinismus gipfelte in der menschenverachtenden Politik der südafrikanischen Apartheid:

Freude sprudelt aus Pokalen;
in der Traube goldnem Blut
trinken Sanftmut Kannibalen
der Verzweiflung Heldenmut.

Auch die weltliche Aufklärung durch den deutschen Idealisten und Kritiker *Immanuel Kant* endete zweifach: im Mystizismus eines *Schelling* und im Materialismus *Marxens.* Hatte Kant die Freiheit noch postuliert und als höchstes Gut gepriesen, wurde sie durch den Hegelschüler Marx geleugnet und der unerbittlichen Dialektik geopfert, der Natur und Gesellschaft blind und hilflos unterworfen seien …

Freude heißt die starke Feder,
in der ewigen Natur,
Freude, Freude treibt die Räder
in der großen Weltenuhr.
Blumen lockt sie aus den Keimen,
Sonnen aus dem Firmament,
Sphären rollt sie in den Räumen,
die des Sehers Rohr nicht kennt.

Bis heute ist der amtskirchlich gläubige Katholik nicht wirklich frei, da er unter dem Unfehlbarkeitsdogma seines jeweiligen Papstes leidet, und der GNADE, also der Zuwendung des HEILS »OHNE VERDIENST« des Gläubigen, hilflos ausgeliefert ist: Entweder sie wird ihm von Gott zuteil oder eben nicht. Nach wie vor gilt, dass das Erringen dieser Gnade ein menschliches Mitwirken von entscheidendem Ausmaß ausschließt. Der Menschen kann um Gnade nur bitten (BETEN).

Freiheit? Eigenverantwortung?

Dagegen Schiller:

Brüder, fliegt von euren Sitzen,
wenn der volle Römer kreist;
laßt den Schaum zum Himmel spritzen:
Dieses Glas dem guten Geist!
Den, der Sterne Wirbel loben,
den, der Seraphs Hymne preist,
dieses Glas dem guten Geist.

DIE FREIHEIT IN LIEBE, obwohl sie in allen alten Büchern mythologisch verbrämt dargestellt (z.B. als »Baum des Lebens«) und ihr Kommen angekündigt wird (als Messias), ist:

a) im Judentum noch nicht den Menschen geschenkt; die Juden warten immer noch auf den Messias; um sein Kommen zu »erzwingen«, terrorisieren die Ultrarechten (Schas-Partei) und die Bewohner von

Mea Shearim in Jerusalem alle der Freiheit und Eigenverantwortung Verpflichteten;

b) im Christentum in der Gestalt CHRISTI wahr geworden *(Du bist das Lamm Gottes und nimmst hinweg die Sünden der Welt)* und als Lehre der LIEBE von ihm vorgelegt und gepredigt worden (Bergpredigt). Die ihm folgenden Kirchen, die vorgeben, in seinem Namen zu lehren, haben seine Botschaft zunichtegemacht (Kreuzzüge, Inquisition; Segnen von Waffen z.B. durch Kardinal Spellman im Vietnam-Krieg; und heute wie vor 55 Jahren: Nord-Irland – Stichwort: Brexit);
c) im Islam völlig zum FATALISMUS entartet, obwohl sie im KISMET (= Verteilung) als Aufgabe zur Eigenverantwortung bahnbrechend angedacht worden war;
d) in der Philosophie vor Christus nur idealistisch gesehen worden *(Plato)*, nicht aber verwirklicht worden *(Sokrates)*;
e) in der nachchristlichen Philosophie (für rund 1600 Jahre zu katholischer THEOLOGIE entfremdet) geleugnet worden; (»Der Großinquisitor«; Opus Dei; der österreichische Kardinal Schönborn und sein Vorbild, der Ex-Großinquisitor und Ex-Papst Benedikt XVI.; und der KKK, in dem – von Schönborn redigiert – der Atombombe Anwendungsrecht eingeräumt wurde …)
f) in der Philosophie des Deutschen Idealismus zwar gesehen, aber idealistisch »geknebelt« worden (*Hegels* »List der Vernunft«);
g) im Marxismus schlichtweg geleugnet worden (»Diamat«);
h) im Existentialismus zwar gesehen, anerkannt, aber nicht gelebt worden (Negativphilosophie);
i) in der Person *Erich Fromms* erstmals wieder einem breiteren Publikum vorgestellt und in ihrer Verknüpfung zur LIEBE (v)erklärt worden.

Und für sie, für diese FREIHEIT und LIEBE, ist bereits vor 2000 Jahren Jesus Christus am Kreuz gestorben. VERGEBLICH? Dazu Schiller in seiner »Ode an die Freude«, 2. Abschnitt:

Wem der große Wurf gelungen,
eines Freundes Freund zu sein
wer ein holdes Weib errungen,
mische seinen Jubel ein!
Ja, wer auch nur eine Seele
sein nennt auf dem Erdenrund!
Und wer's nie gekonnt, der stehle
weinend sich aus diesem Bund!

Gott, Vaterland, Ehre und Glaube sind seither zu VEHIKELN irdischer Machtausübung geworden. Sie degradieren die Menschen zu MARIONETTEN, entmenschen sie, verdinglichen sie. Die Pflicht, für das Vaterland zu sterben, die Pflicht, für die Zukunft zu darben, für die Ehre zu leiden und für solchen Glauben sein Leben zu geben, wird den Menschen von klein auf indoktriniert: Wem, außer den Mächtigen, die ihre Macht zu verteidigen haben, dienen solche Begriffe? Überbewertete Ehre hat früher zum DUELL geführt, führt heute zu Mord und Selbstmord; in Japan zeitigte dieser »Ehrbegriff« die KAMIKAZE, die für ihren Gott-Kaiser (den Tenno) und ihr faschistisches Vaterland starben; jedes Militär degradiert den Menschen zum bloßen BEFEHLSEMPFÄNGER, VERBIETET ihm die FREIHEIT, VERLANGT seine bedingungslose UNTERWERFUNG. Bush: »Wer nicht mit uns ist, ist gegen uns!« Trump: »America first!«

Ihnen seien Schillers Zeilen entgegengeschleudert:

Unser Schuldbuch sei vernichtet!
Ausgesöhnt die ganze Welt!
Brüder – überm Sternenzelt
richtet Gott, wie wir gerichtet!

Welche Welt! Welche Religionen! Welche Ideologien! Welche Mächtigen! Aber auch: WELCHE MENSCHEN!

Dagegen Schiller im 6. Abschnitt seiner Ode:

Groll und Rache sein vergessen,
unserm Todfeind sei verziehn,
keine Träne soll ihn pressen,
keine Reue nage ihn.

In der Realität werden aber die Freiheit des Menschen, seine GEWISSHEIT DES WOLLENS dem »Glauben« an die SPEKULATION, an PHATASMATA, an WAHNGEBILDE geopfert.

Die Poesie und die Theologie
sind eben beide Phantasie.
Nur die eine erfindet ihre Gestalten,
die andre spielt mit den vorhandenen alten.

Pointierter hätte *Franz Grillparzer* (1791–1872) nicht formulieren können.

Wieviel Elend ist aus der Phantasie des Fatalismus, aus dem Glauben an die Vorsehung *(Hitler)*, aus der Spekulation der Prädestination *(Augustinus)* über die Menschen gekommen? Die gesamte Geschichte ist letztlich nur GLAUBEN AN DIE VERWIRKLICHUNG VON GEGLAUBTEM! Wenn freilich das Geglaubte PHANTASMATA sind, wird der Glaube daran zu WAHNSINN.

Schiller wusste es:
Göttern kann man nicht vergelten,
schön ist's, ihnen gleich zu sein.
Gram und Armut soll sich melden,
mit den Frohen sich erfreun.

Ergänzend sei noch hingewiesen, dass die dänische Kirche den Religionsphilosophen *Sören Kierkegaard* (1813–1855) bekämpft hat, weil dieser die FREIHEIT in immer erneuter persönlicher Entscheidung gefordert hat, von der (und NUR der) das EWIGE LEBEN abhängig sei. *Kierkegaard* lehrt daher auch die ANGST, diese Entscheidung zu verfehlen, und wurde der Vater des EXISTENZIALISMUS schlechthin, freilich eines religiös motivierten und letztlich negativen, da ihm die Angst zum Bestimmenden geworden war.

Auch die anderen EXISTENZIALISTEN werden von der Kirche bekämpft, *Sartre* galt und gilt als Antichrist. Sein Argument: »*Gäbe es einen Gott, so könnte der Mensch nicht frei handeln*«, hat ihm das Verdikt von kirchlicher Seite eingetragen – ohne zu erkennen (oder zu fragen), WELCHEN Gott Sartre gemeint hat und WAS tatsächlich ABSURD ist: das BEKENNTNIS zur FREIHEIT oder das BEKENNTNIS zu einem GOTT, wie ihn die Kurie nach wie vor verteidigt, und ihn die Amtskirche weiterhin propagiert!

Denn: KEINE kirchliche Hierarchie kann es sich leisten, ihre »Gläubigen« in die Freiheit zu entlassen: Die Religion würde sich damit entbehrlich machen und selbst überholen. Dass Christus diese Freiheit freilich vorgelebt hat, dass Christus letztlich der KÜNDER VON FREIHEIT UND LIEBE gewesen ist: Diese WAHRHEIT hat Augustinus zu verschütten begonnen; diese Wahrheit ist immer mehr in Vergessenheit geraten – und war leider selbst im beginnenden und sich gegen Judentum und Christentum stemmenden ISLAM verankert gewesen.

Eine der wichtigsten Aufgaben der – endlich säkularisierten – Europäischen Union muss daher sein: Seine Bürger endlich in diese seit zweitausend Jahren verkündete Freiheit tatsächlich zu *entlassen* und sie ihnen *zuzumuten.*

DIE FREIHEIT IST DEM MENSCHEN ZUMUTBAR!

Sie zu *proben,* sie zu *wagen,* bedarf es aber jenes *Freiraums,* den nur ein Staat, ein Staatenbund, eine Union, die sich aus Freiheit gebildet haben, garantieren kann. In diesem Zusammenhang seien die Schlusszeilen des romantischen Idealisten Schiller in seiner »Ode an die Freude« zitiert:

Festen Mut in schweren Leiden,
Hilfe, wo die Unschuld weint,

Ewigkeit geschwornen Eiden,
Wahrheit gegen Freund und Feind,
Männerstolz vor Königsthronen –
Brüder, gält' es Gut und Blut:
Dem Verdienste seine Kronen,
Untergang der Lügenbrut!
Schließt den heil'gen Zirkel dichter!
Schwört bei diesem goldnen Wein,
dem Gelübde treu zu sein …

Peter Paul Wiplinger

Europa ist ein Kontinent

europa und die neuen toten
boote im meer überfüllt mit flüchtlingen dem schicksal ausgelieferten menschen alle haben sie den schleppern viel geld bezahlt für die überfahrt nach europa an einen rettenden strand tagelang nächtelang nur der himmel und das meer aber der himmel ist nicht gnädig niemand ist da gnädig schon gar nicht die fluchthelfer diese gewissenlosen banditen aber nein bitte nicht mit einem nach betroffenheit sich bemühenden gesichtsausdruck auf diese banditen-fluchthelfer zeigen und sagen die sind schuld an den vielen toten die im meer treiben nein bitte nicht von dringend notwendigen maßnahmen sprechen von einer gesamt-europäischen lösung des flüchtlingproblems bei gleichzeitiger beteuerung dass es keine sofortlösung gibt für dieses problem dass erst eine rechtsbasis geschaffen werden müsste weil wir in einem rechtsstaatlichen europa leben nein das ist für die menschen auf den schiffen mitten im meer völlig unwichtig hier geht es nur ums überleben auf dieser überfahrt das ist völlig unwichtig für die frau die mit ihren drei kleinen töchtern im meer treibt und sich nicht entscheiden kann welches der drei kinder sie zuerst loslassen und dem tod überlassen soll da sie am ende ihrer kraft ist zum schluss hat sie nur noch ein kind bei sich das sich an sie klammert und beide treiben völlig erschöpft und hilflos mitten im meer nein nicht diese konferenzen von innen- und außenministern und die beteuerungen man werde alles tun damit es keine neuen toten mehr gäbe derweil die menschen zu hunderten in den völlig überfüllten und desolaten booten stehen und dann entweder irgendwo im meer treiben und ertrinken oder schließlich doch an einem strand ankommen dann werden diese völlig erschöpften menschen irgendwohin gebracht die toten werden in folien eingepackt nebeneinandergelegt und dann entsorgt eine mannschaft in weißen

overalls erledigt das und während die nachricht vom tod hunderter menschen im mittelmeer über die medien in alle welt verbreitet wird kentert schon ein nächstes schiff und wiederum ertrinken hunderte menschen seit jahresanfang sind es schon nein zählen wir nicht mehr die toten es sind hunderte tausende die schlepper zählen die banknoten jeder bekommt seinen anteil der kapitän etwas mehr aus ihrer heimat mussten sie fliehen um eine chance zum überleben zu haben sie alle möchten nur irgendwo in frieden leben was ist da schon ein heimatverlust verglichen mit dem drohenden oder wirklichen lebensverlust hier geht es nur ums überleben und um sonst gar nichts aber viele überleben nicht nein bitte jetzt nicht das wort *schicksalhaft* verwenden sondern die wörter *verantwortungslos gewissenlos* die welt schaut zu das ist die schuld europas und der welt börsengeschäfte aktiengewinne und aktienverluste aber lebensverlust dort eine unvergleichbare realität diese menschen verlieren ihr leben weil sie dem ungestörtsein-wollen in europa geopfert werden sie sind miteinkalkuliert dafür es sind bloß zahlen das vereinte europa die europäische union schert das alles in wirklichkeit doch überhaupt nicht und die toten treiben als treibgut im meer *rechtsstaatlichkeit und demokratie* sagt ein feiner herr in der tv-diskussion aber bei den menschen in den booten geht es nur ums überleben um sonst nichts

grenzziehung

grenzen ziehen grenzen setzen für sich selber für andere für die anderen überhaupt sich eingrenzen sich ausgrenzen den anderen ausgrenzen alle anderen ausgrenzen diesseits und jenseits der grenze grenzzäune stacheldraht grenzen bewachen das staatsgebiet das hoheitsgebiet flüchtlinge an grenzen auf der einen seite das militär auf den anderen seite die flüchtlinge zu tausenden tagtäglich der strom reißt nicht ab tausende kommen an neuen grenzen an im niemandsland verweilen dort denn diese grenzen sind geschlossen streng bewacht unüberwindbar dann für eine weile geöffnet in gruppen werden die menschen eingelassen durchgelassen zu fuß geht es weiter in versorgungslager von dort dann wiederum weiter zu einer anderen grenze dort dann wieder nur warten in einem zwischenlager versorgung notdürftig ein nachtlager zu hunderten in einer halle auf campingliegen oder auf dem boden schreiende kinder viele mütter die männer extra zu wenige toiletten keine duschen nur kaltes wasser die grenze der leistungsfähigkeit erreichen und doch noch immer mehr strapazen die einen kommen durch die anderen nicht und alle wollen sie ins gelobte land nach germany dieses land ist ein begriff für offene grenzen für refugees welcome für reichtum und wohlstand für gute aussichten auf ein neues leben man redet von integration da wie dort von europäischen werten die deutsche sprache lernen möglichst schnell und möglichst gut ist unumgänglich notwendig den asylstatus oder auch nicht alles ist sowieso nicht mehr kontrollierbar die pegida demonstriert ein parteiführer schwadroniert von rechtsstaatlichkeit und dass der eigene staat gesetze bricht die staatsgesetze nicht jene ungeschriebenen der menschenrechte nötigenfalls schießbefehl sagt er und er hat bereits die politische mehrheit in unserem land unsere grenzen müssen geschützt werden sagt er nein nicht der mensch der zuflucht sucht vor den mördern vor dem mörderischen krieg muss geschützt werden nicht die millionen flüchtlinge brauchen schutz nein unsere heimat braucht schutz einen heimatschutz meint er und sein outfit ist topmodisch und er ist braungebrannt vom urlaub auf ibiza nicht unweit von dort setzen die flüchtlinge über aus afrika in vollbesetzten booten in überladenen booten in booten die kentern wobei jene menschen die sich keine schwimmwesten mehr leisten konnten ertrinken die schlepperbanden diese organisierte mafia verdient an der not am elend der flüchtlinge sie gehören bekämpft ist man sich in brüssel einig aber man tut nichts an den eu-außengrenzen von europa man spricht viel von flüchtlingsquoten an die sich niemand hält und hundertausende flüchtlinge hoffen auf eine neue bessere welt

heimat hier und anderswo
heimat bist du großer söhne/töchter singen der bundespräsident die nationalratspräsidentin der bundeskanzler der vizekanzler der außenminister die innenministerin die anderen minister und ministerinnen die

staatsbeamten die staatsspitze die staatsrepräsentanten singt das gemeine volk stehend und erhobenen hauptes singen bisweilen manche fußballer oder spitzensportler auf einem podest stehend oder in einer reihe stehend mit erhobenem haupt mit gesenktem kopf singen die schüler und schülerinnen im chor und alle singen mit ruft der herr direktor ruft die direktorin und tatsächlich singen alle mit können den text oder auch nicht können die melodie oder auch nicht deutschland deutschland über alles sangen sie damals draußen im reich so sagte unsere fanni in österreich singt man anders weil man hier anders denkt fühlt handelt lebt weil es hier anders ist als woanders denn unsere heimat ist österreich jedenfalls für jene die hier geboren worden sind und/oder die hier (noch) leben oder die wiederum hier leben weil sie heimgekehrt sind ins heimatland ins vaterland in ihre heimat dorthin wo sie angeblich zuhause sind weil sie glauben dass sie hier zuhause sind obwohl sie nicht wissen jedenfalls nicht genau wissen wo sie überhaupt zuhause sind weil sie wissen oder auch nicht wissen was heimat ist was ihre heimat ist was das ist das sie heimat nennen weil sie eigentlich nie darüber nachgedacht haben und nie zu einem denkergebnis gekommen sind bei der fragestellung was nun heimat ist was heimat ausmacht weil sie auf die frage was heimat ist für sie oder überhaupt keine antwort jedenfalls keine klare keine endgültige antwort geben und somit auch nicht sagen können was heimat überhaupt ist dieses oder jenes ein ort ein verbundensein mit einem ort mit einer landschaft mit einer sprache mit einer kultur mit einer anderen person mit dem/der liebsten mit sich selbst vielleicht eben auch nicht in einer genau festgelegten art und weise von wem und wann denn fragen sie sich in welcher art zu leben und dieses leben zu empfinden als etwas das mit heimat zu tun hat auch wenn sie diese heimat schon längst verlassen haben verlassen mussten auch wenn sie diese heimat schon längst verloren haben auch wenn es diese heimat so wie sie einst war schon längst nicht mehr gibt *heimat deine sterne* singt karl schmitt-walter 1942 oder jemand anderer das schmalzige lied ertönt von der alten schellack-schallplatte her und freddy quinns *heimatlos sind viele auf der welt* haben viele mitgesungen obwohl sie daheim waren oder eben auch nicht weil sie sich vielleicht heimatlos gefühlt haben in der eigenen heimat was weiß ich was heimat ist sagt ein intellektueller und beginnt gleich einen pseudophilosophischen vortrag oder essay zu schreiben oder zu halten stellt fragen und gibt sich selbst die antworten darauf ob gültig oder nicht egal hauptsache das wort heimat gibt es auch wenn so viele menschen unter heimat so viel verschiedenes verstehen jedenfalls versteht ein jeder dieses oder jenes versteht oder empfindet jeder etwas anderes als heimat das er aber weder genau bezeichnen noch beschreiben kann früher einmal dort wo ich daheim war als kind da sagte eine alte frau oder ein alter mann *heimat* und seufzte dabei wir haben eine neue heimat gefunden sagen die ausgesiedelten sie haben die heimat verloren sie mussten die heimat aufgeben und verlassen sagen die flüchtlinge die asylanten wir haben keine heimat mehr sagen sie in unserer heimat ist mord und bürgerkrieg ist genozid hinter sich gelassen haben die flüchtlinge die heimat in überfüllten und von schleppern gecharterten kaputten booten sind sie auf dem meer zur überfahrt in eine neue heimat die sie oft nicht erreichen weil sie zu hunderten zu tausenden ertrinken im mittelmeer oder sonstwo mehr als fünfzig millionen menschen sind auf dieser welt auf der flucht sie haben keine heimat mehr sie finden keine neue heimat sie sind gestrandet sind heimatlos sie haben auch keine heimat mehr in die sie wieder einmal zurückkehren könnten oder wollten ohne heimat ist es sehr schwer das leben sagt ein mann mit fremdem akzent und in gebrochenem deutsch mit schwarzer hautfarbe zu mir und ich gebe ihm fünf euro und schäme mich dabei doch er bedankt sich höflich ja fast untertänig so als wäre es keine selbstverständlichkeit dass wir die so viel heimat haben mit allem drum und dran diesen armen menschen helfen ein wenig etwas abgeben von unserer heimat weil das was wir abgeben und mit ihnen teilen ja gar nichts ist im vergleich zu dem was sie verloren haben weil uns in unserem leben nichts wirklich fehlt weil wir genug an heimat haben sodass wir vieles auch mit anderen die keine heimat mehr haben doch teilen könnten wenn wir nur wirklich wollten aber da kleben dann plakate irgendwo und darauf steht das heimatland ist unser vaterland ist nur für uns und niemanden sonst ein satz der wie ein scharfes messer unsere gesellschaft entzwei schneidet der vor allem jenen schmerzende wunden zufügt die keine heimat mehr haben und die keine weiteren wunden brauchen ihr heimatverlust ist schon genug sodass sie keine weiteren ihnen von uns zugefügten wunden mehr verkraften können ihre wunden bräuchten heilung die wir ihnen geben sollten wir die wir so viel an heimat haben oft mehr als wir überhaupt brauchen oder ertragen können wir die wir so viel heimat in heimatgetue medial aufbereitet und ausgebreitet haben als lederhosen- und dirndl-romantik als gabalier-gesangel und gedudle also heimatlieder über eine heimat die man weder in sich noch überhaupt in wirklichkeit noch hat die man nur vorgibt dass man sie hat weil es so für den tourismus als marke weil es für unser österreich-bild im ausland gut ist und am ende glaubt man dann sogar noch selbst daran glaubt dass diese kitschwelt das sei was man sonst heimat nennt nur weil man ständig heimat heimat sagt und dieses wort hinausjault in die welt weil dieses heimatgedudle so leicht geht weil diese heimatduselei diese falsche und verlogene heimatromantik dieses heimat-heimatland-gefasel alles andere zudeckt alles was unsere heimat irreparabel beschädigt schändet und zerstört vom landschaftsbild bis hin zur architektur von der lebenskultur bis hin zur lebensunkultur und der medial verbreitete blödsinn zur massenverblödung führt mit einem getue und mit einem gehabe mit etwas in das man so leicht eintauchen kann bei dem man so leicht mitmachen kann so wie man auch früher einmal so leicht mitgemacht hat weil alle mitgetan haben bis auf wenige ausnahmen und dabei nichts schlechtes fanden weil sie kein gewissen kein ethik-bewusstsein hatten weil man sich von dem verblenden ließ was andere diktierten von dem was andere heimat nannten die geifernd sagten dass die juden ein heimatloses volk seien und die zigeuner asoziale elemente und später sagten sie sie hätten nur befehle ausgeführt und ihre pflicht getan so erledigten sie bedenkenlos den völkermord an millionen von menschen und sagten später so war es halt im krieg im krieg für's vaterland im feindesland ermordeten sie alles was ihnen so im wege stand es gehe um die heimat die verteidigt werden müsste sagten sie und deshalb müsse man auch opfer bringen und wo gehobelt wird da fielen halt auch späne so einfach sei das und aus den soldatenmündern kam das lied *in der heimat in der heimat da gibts ein wiedersehn* aber für viele für tausende für hunderttausende gab es kein wiedersehn die kehrten nie mehr heim die lagen unter eis und schnee vergraben im feindesland in stalingrad oder unter dem sand im wüstenland bei tobruk und heute faseln nein schreien dschihadisten vom dschihad dem heiligen krieg und sie schlachten feige und brutalst unschuldige menschen ab und sie vertreiben durch gewalt und krieg millionen von menschen aus ihrer angestammten heimat und die vegetieren dann heimatlos und schutzlos in zelten es ist winter und es ist kalt es ist sommer und es ist heiß es gibt zu wenig wasser und im winter zuviel schnee so ist das mit der heimat denke ich und fühle wie verbitterung in mir aufsteigt und fühle mich dabei ertappt dass ich weder danach fragen noch eine antwort hören möchte auf die frage was heimat ist was heimat denn nun wirklich ist sein könnte oder müsste obwohl ich weiß wie sehr gerade dieses wort missbraucht wird sodass kein begriff dafür mehr stimmt dass vieles längst verdorben ist was man unter heimat noch versteht doch habe ich bisweilen heimweh nach einer heimat nach meiner kindheitsheimat danach wie einmal alles war dann fahre ich nur weil ich heimweh habe wiederum hinauf in meine heimat ins mühlviertel das meine heimat ist jedenfalls ein teil davon und dann stehe ich oben an der grenze in afiesl in oed in innenschlag in guglwald oder sonst wo und blicke an einem herrlichen sonnigen tag hinab auf die vor mir ausgebreitete wunderschöne landschaft und erinnere mich dann an meine kindheit an ein damals das es einmal gab und fühle dann so etwas in mir von dem ich glaube dass man es heimat nennt

Alfred Zellinger

Eine imaginäre Metropole Europas

Ilias und Odyssee, Ovids Metamorphosen und Vergils Aeneis.
Diese Ecktürme abendländischer Literatur
von denen verschiedene Ausgaben und Übersetzungen
sich in jedem meiner Bücherlager befinden
ob Wien, Gmunden oder auf einem Boot in Venedig
– sie begründeten meine europäische Identität
lange vor einer Europäischen Union

Was wäre bezeichnend, was unverkennbar für Europa?
Michelangelos David?
Da Vincis Homo Vitruvianus?
Dessen Mona Lisa?
Botticellis Geburt der Venus?
Picassos Guernica?
Homer? Vergil? Ovid? Dante? Goethe?
Die Königstochter Europa und der verliebte Zeus
in Gestalt eines Stieres?
Ist es die griechische Agora?
Oder das Wiener Kaffeehaus?
Oder vielleicht eine segelnde Barke
wie sie in der Geschichte auftaucht
im Zweistromland Mesopotamien
dann im Nildelta, schließlich auf dem Mittelmeer
wo sie von kleinasiatischen Küsten ablegt
zu anderen Ufern gesegelt wird?
Das Mittelmeer, schifflos für Jahrtausende
trennt die Menschen erst, verbindet sie dann
mit der Seefahrt beginnen Wasser und Land zu leben

Segel tauchen auf zwischen den Inseln
Neugier, Entdeckungsfieber, Gewinnstreben
Machtsinn und, ja, heute auch Sportsinn
treiben Menschen auf die Meere
Orient und Occident treffen aufeinander
Waren, Waffen, Kenntnisse und Techniken werden ausgetauscht
Kulturen breiten sich aus
die zu europäischen werden …
Wir bewohnen einen Kontinent geprägt von
arabischer Algebra, Astronomie und Philosophie
mesopotamischen Schriften und ägyptischer Medizin
von Ideen und Erfindungen
die Segler mit sich führten, als sie westwärts strebten.
Es gäbe keine europäische Zivilisation ohne diese Segelbarken

Ich bin Segler, Europäer und Schriftsteller
– was miteinander zu tun hat:
seit ich gehen kann, segle ich
und seit ich denken kann, denke ich als Europäer
als Segler entstand meine europäische Identität
als Schriftsteller schreibe ich darüber.
Und egal auf welchen Meeren ich kreuze
in welchen Buchten den Anker werfe
in welchen Häfen das Boot festmache
sehe ich Zeichen und Zeugnisse früherer Kulturen
sehe versunkene Schiffe auf dem Grund der Gewässer
mit ihren Menschen, Waren und Geschichten
sehe Spuren tausender Jahre europäischer Geschichte
– wie sie von Seglern bestimmt und erzählt wurde.

»Sailing Poetry« ist der Titel meiner Kolumne
im österreichischen Yachtmagazin »Ocean7«
nunmehr im dritten Jahr
soll bald auch der Titel eines als Buch geplanten Textes sein

in dem ich über eine »Italienische Reise« schreibe
nicht über die von Goethe
mit Pferd und Kutsche
sondern über die mit der »Katawa«
einer Grand Soleil von 46 Fuß
der Werft Cantiere del Pardo
rund um Italien, als segelnder Flaneur
auf Kursen des Odysseus
und über die Meere meiner europäischen Identität.

In den Bars der Häfen, die ich dabei anlaufe
treffe ich auf Schriftsteller
deren Werke und Biografien ich kenne
mit denen ich etwas gemein habe
ohne in jedem Fall definieren zu können, was es ist
und mit denen ich dann bei einem Glas Wein
launige Gespräche zu führen imstande bin
von denen ich erzähle
wie Segler seit je ihre Geschichten erzählen
von Hafen zu Hafen.

Und so wie als Segler durch Meere
streife ich als Flaneur durch Europas Städte
teile sie mir in Fragmente, füge sie zur Collage
einer persönlichen, imaginären Metropole
schwebend irgendwo, ohne konkrete geographische Koordinaten
zwischen Rom, Triest, Venedig, Wien, Paris und London
notiere Geschichten, wo immer ich auf sie treffe
zitiere, konzentriere und montiere Sprache
im Takt der Schritte, im Rhythmus der Stadt
von Ornamenten befreit / wirklicher als Wirklichkeit

Es sind reale und virtuelle Geschichten
Begegnungen mit Lebenden und mit Toten:

Börsentrader in der City of London
an der Roof-Top-Bar auf dem Heron Tower
oder auf ihren Yachten in den St. Katharine Docks
fünf Minuten von der City
gleich unterhalb der Tower Bridge
es ist Friedrich Nietzsche in einer Hafenbar von Rapallo
der dort in einem euphorischen Schaffensrausch
an seinem Zarathustra schreibt
es ist George Gordon Lord Byron in Viareggio
ein veritabler Segler, der von Schiffbruch und Tod
seines Freundes, des Dichters Percy Shelley erzählt
es ist Napoleon, gefangen in seiner Villa auf Elba
den Byron in einer Ode kritisiert
es ist Odysseus auf dem Weg vom Kap Circeo
zu Skylla und Charybdis, heute die »Straße von Messina«
bei dessen Boot wir längsseits gehen
vor jenem Vulkan, den man heute den Stromboli nennt
der in der Antike »Leuchtfeuer des Mittelmeeres« hieß
es ist der Fürst von Lampedusa, Il Gattopardo
in einer finsteren Hafenbar von Reggio di Calabria
der angesichts der politischen Umbrüche eines Garibaldi erklärt
»Es muss sich alles ändern, damit alles bleiben kann, wie es ist«
in Otranto ist es der österreichische Leutnant
Kriegsheld und Segler Egon Lerch
Kommandant des in Fiume gebauten U-Bootes SM U-12
der 1914 in der Straße von Otranto
einen französischen Dreadnought torpediert
mit einer Enkelin des Kaisers ein marinebekanntes Verhältnis führt
und 1915 vor Venedig mit seinem Boot auf eine Mine läuft
in Vieste, wo ich das Land der Phäaken verorte
ist es Homers Geschichte der verliebten Königstochter Nausikaa
und des heimkehrwilligen Odysseus
in Brindisi ist es der sterbende Vergil, vom Fieber hingestreckt
auf einem Boot im Geschwader des Augustus

das ihn von Athen abholte
im Gepäck das Manuskript der Aeneis
des Gründungsmythos' des römischen Reiches
an dessen Vernichtung er denkt
es ist Dante in Ravenna
mit dem wir uns im Caffè Alighieri darüber amüsieren
dass sein kleines Mausoleum jetzt bewacht werden muss
weil man islamistische Anschläge befürchtet
da er im 29. Gesang seiner Komödie
die man später erst die »Göttliche« nannte
beschreibt, wie er, in Vergils Begleitung, auf Mohammed trifft
der dort in der Hölle streng bestraft wird
im Triestiner Caffè degli Specchi
sind es James Joyce und Italo Svevo
die an ihren Jahrhundertwerken schreiben
und es ist Giacomo Casanova
der nach achtzehn Jahren Verbannung
hier auf die Erlaubnis zur Rückkehr nach Venedig wartet
es ist Peggy Guggenheim
im Palazzo Venier die Leoni am Canal Grande
die den Kunstkanon ihres Jahrhunderts bestimmt
es ist Ernest Hemingway in Harrys Bar
der an seinem Venedigroman arbeitet
der zur unfreiwilligen Parodie seiner selbst wird
es ist Thomas Mann im Grand Hotel de Bains am Lido
der über einen Tod in Venedig schreibt
mit einem Aschenbach, der Mahlers Züge trägt
es sind Schriftsteller auf Sylvia Beachs Pariser Partys
in ihrem Buchladen Shakespeare & Company:
Samuel Beckett, Marcel Proust, Henry Miller, Anaïs Nin
und wieder Joyce, der hier auf Hemingway trifft
es sind Künstler bei Gertrude Stein in der Rue de Fleurus
und im Wiener Café Hawelka
es sind der Schönberg-Kreis und Alma Mahler

in Wiens Café Museum
es ist Thomas Bernhard im Gmundner Café Brandl
Richard Gerstl auf der Flucht
mit Schönbergs Frau Mathilde
es sind die fathers of minimal music
Terry Riley und Michael Nyman
mit mir beim Segeln auf dem Traunsee
in Philippe Starcks Pariser Café Costes sind es
Zola, Heine, Bourdieu, Debord, Baudrillard, Foucault
es ist Walter Benjamin in seinem Pariser
und Friedrich Engels in seinem Londoner Exil
es ist eine Schöne im Porto di Roma, die sich Circe nennt
mit der ich das von des Aeneas Söhnen gegründete Rom besuche
es ist wieder Nietzsche mit Lou Salome
schreibend in einem Beichtstuhl des Petersdoms
es ist Ovid am Kapitol
Horaz auf dem Forum Romanum
es ist der 18-jährige Giacomo Casanova in Roms Caffè Greco
und der junge Goethe in der Via del Corso
im Porto di Roma, südlich der Tibermündung
dort wo sein Aeneas landete
ist es wieder der Dichter der augusteischen Zeit, Vergil
dem ich danke, dass er mir die Idee des Abendlandes begründet hat
– eine innere Biographie, Bilanz von Jahrzehnten
eines lesenden und schreibenden Europäers.
In den 80er Jahren hatte ich zwei Bücher
einem Flaneur gewidmet
in seiner heutigen Metropole
den ich den »Stadtwolf« nannte.
Es könnte jener »Stadtwolf« sein
der diese Texte jetzt notiert:
Mythen eines alten Europa
und Geschichten eines neuen
entstanden in den Jahrhunderten seither

eine europäische Flanerie
verdichtet zu einer europäischen Erzählung
und einer vielleicht neuen europäischen Identität.
Und ich weiß: Anmaßung!

Zu meiner Theorie der »Imaginären Metropolen«
kam ich in Paris
im von Philippe Starck designten Café Costes.
Es ist in den Achtzigerjahren
als ich dort an der Bar auf Starck stoße
und ihm zu diesem schönen Café gratulierte.
Die große Uhr auf der Treppe, sagte ich
soll uns wohl an unsere Vergänglichkeit erinnern.
Nein, antwortete er, sie soll uns sagen,
dass wir in diesem Café Zeit haben
und Zeit vergehen lassen können
so wie es üblich ist
in den Cafés bei euch in Wien.
Ich habe Ihnen zu danken, Maitre Starck, fahre ich fort
besuche Ihr Café jetzt schon seit Jahren
und heute fiel mir auf
aus welchem Grund auch immer
dass ich öfter dieses Café hier in Paris besuche
als die meisten Cafés in Wien
der Stadt, in der ich überwiegend wohne.
Das Wiener Café »Rapid« etwa besuchte ich noch nie
weshalb das Café Costes hier in Paris
mehr zu meiner konkret genutzten Stadt gehört als jenes
ebenso wie das Pariser Centre Pompidou
in dem ich häufiger an Veranstaltungen teilnehme
als etwa in der Wiener Stadthalle
– eine Erkenntnis, die ich eben im Begriff bin
zu einer Theorie zu erweitern
und wofür ich Ihnen danke, Maitre.

Habe vorhin einen Namen dafür notiert, fahre ich fort
»Theorie der Imaginären Metropolen«.
Schöner Name, sagt Starck
und wer verstünde diese Theorie besser als ein Designer.
Ja, fahre ich fort und gerate ins Deklamieren
in der Absicht, einige Gedanken genauer zu formulieren
laut und vor einem klugen Zuhörer:
Mehr als in geographischen
leben wir in virtuellen Metropolen
bestehend aus Fragmenten realer Städte:
von hier Ideen, von dort die Mode
dieses Design, diese Architektur, diese Technik
diese Kultur, all das gefügt zur Collage
der eigentlichen, persönlich genutzten Stadt
die ohne geographische Koordinaten ist
keinen Namen trägt
auf keiner Karte verzeichnet ist
und doch existiert im Bewusstsein ihrer Nutzer …
Habe indessen begonnen, mir Notizen zu machen:
genau genommen lebe ich in jeder Stadt wie in einem Dorf
einem Dorf allerdings
dessen Bewohner ich selbst gewählt habe
und dieses Dorf finde ich in jeder Stadt
bewege mich also im vertrauten Ambiente
wo immer ich mich gerade aufhalte.
Triests Caffè degli Specchi liegt für mich
gegenüber dem Wiener Café Hawelka
und das Florian in Venedig gegenüber dem Rosati in Rom
Londons New Bond Street sehe ich
als Verlängerung der Pariser Rue de Rivoli
die Menschen, mit denen ich mich umgebe
sind mir nicht durch den zufälligen Umstand
des gemeinsamen Wohnsitzes verbunden
sondern durch gemeinsame Interessen

und das Gemeinsame eines Lebensstils.
Identität hängt nicht an einer bestimmten Stadt
sondern schafft sich das eigene Umfeld
und die Imaginäre Metropole ist ihr Ort.
»Change for another world«
dieser unsichtbare Slogan von Konsummarken
ist auch der verborgene Slogan dieser Metropolen:
zwischen deren Welten man wechseln kann
wie zwischen Destinationen auf einem Flughafen.
Jede Stadt lädt ein, wie auch jede Marke
mit ihr in eine andere Welt zu wechseln.
Ein konsequent vollzogener Stil
ist nicht bloß das Zeichen für etwas
sondern das Bezeichnete selbst
seine Form ist zugleich der Inhalt
der Stil ist die Tat …
notiere das in Stichworten
Starck hatte sich inzwischen
mit einer eleganten Verbeugung verabschiedet

Eine der für mich schönsten, jüngeren Geschichten
dieses Kontinents will ich aus meinem Europabuch zitieren
»Flaneurgeschichten aus der imaginären Metropole Europas«:
Stoße auf die Geschichte von Patrick Leigh Fermor
britischer Schriftsteller, im Krieg Geheimdienstmajor
der 1944 in einer kühnen Aktion Heinrich Kreipe entführt
den kommandierenden deutschen General auf Kreta
und sich mit seinem Gefangenen in die Berge absetzt.
Als dieser bei einer Marschpause auf einem Berggipfel
angesichts des Meeres und der arkadischen Landschaft
einige Verse von Horaz murmelt
setzt Fermor diese fort.
Der deutsche General ist überrascht
und in diesem Moment ist der Krieg beendet

für den britischen Major und den deutschen General:
sie hatten aus derselben Quelle geschöpft.
Welchen Text der General zitierte
wird nicht berichtet
vielleicht war es der Satz aus den Epoden
der auf der Fassade meiner alten Schule stand
oben über all dem Efeu:
BEATUS ILLE QUI PROCUL NEGOTIIS …
und der Major hätte fortgesetzt:
SOLUTUS OMNI FAENORE!
Man hätte gelacht und sich bei einem Glas Wein verbündet

Ein Europa der Sinne?
Als Kopfgeburt, getrieben bloß von ökonomischen Motiven
bliebe ein geeintes Europa ein Missverständnis
dafür genügten Handelsverträge.
Nicht die Währung, nicht die Kursrelationen
nicht die Maastricht-Kriterien
nicht die Transitabkommen sind Europa
wer diesen Kontinent als Einheit erschaffen will
muss europäisch fühlen statt nur zu denken.

Ein Europa der Sinne.
Für mich ist es das seit Jahrzehnten.
Nach Paris eines neuen Bauwerks, eines neuen Museums wegen
wozu ich in den 80ern nahezu jedes Jahr Anlass sah
das Centre Pompidou
das Musée d'Orsay
das Institut du monde arabe …
die Cité des sciences et de l'industrie
das Hochhausviertel La Défense
die neue »Grande Arche«
das neue Picasso-Museum
der dritte Louvreflügel

die neue Bibliothèque nationale …
oder nach Venedig zur Kunstbiennale
und danach zum Redentore-Fest
oder zu einer Party bei Peggy Guggenheim
auf dem Dach ihres Palazzos Venier dei Leoni
ins Caffè Florian / zum Tee / mit Thomas Mann …
oder ins Caffè Greco bei Roms Piazza di Spagna
wo der junge Giacomo Casanova eine Dummheit bedauert
die ihn zwingt, Rom wieder zu verlassen
oder Goethe, der in Rom, Neapel und Palermo
seinen Homer neu entdeckt
und der Nausikaageschichte nachspürt
oder D'Annunzio, der im Caffè Rosati eine seiner Tiraden hält …
oder ins Caffè degli Specchi
auf der Piazza dell'Unità d'Italia in Triest
wo James Joyce nachzudenken beginnt
über eine kleine Novelle, die er »Ulysses« nennen will
und sein Freund Ettore Schmitz alias Italo Svevo
mit der ironischen Biographie beginnt
eines »Zeno Cosini«
oder ins Wiener Café Museum
wo der Schönbergkreis residiert
und über eine neue Musik spricht
oder im Café Hawelka, wo ich eben diese Zeilen schreibe
oder in Philip Starcks Pariser Café Costes
wo Walter Benjamin an seinem Passagenwerk schreibt
und Bourdieu vermerkt, dass jetzt auch Europas Oligarchen
seine Theorie vom kulturellen Kapital zu verstehen beginnen
oder zu jenem kleinen Kaffeehaustempel
gelegen auf einer schmalen Landzunge
der stillen Yachtmarina St. Katharine Docks
inmitten von London, unterhalb der Tower Bridge
wo die City Boys ihre Yachten liegen haben …
Orte, die ich besser kenne und intensiver nutze

als zahlreiche Fragmente jener Stadt
die ich geografisch überwiegend bewohnen mag ...
Dazu die tägliche Schrift der Blätter
die Bücher, von denen immer ein Monatsbedarf
auf dem Rücksitz meines Wagens
und ein Jahresbedarf in den Regalen meines Bootes liegt
die Museen und Galerien alter und neuer Kunst
die Konzertsäle, die Staatsopernkirche
nah der Sirk-Ecke des Karl Kraus ...
mein Europa der Sinne

Ja, meine Bücher entwarf
und schrieb ich in Europas Cafés
meist im Hawelka in Wien
bis auf das eine aus dem Caffè Rosati in Rom
und das andere aus dem Caffè degli Specchi in Triest
und bis auf das aus dem Florian in Venedig
und das aus dem Dickens Inn
in den St. Katharine Docks in London
und das aus dem Café Costes in Paris ...
Das Kaffeehaus, genau genommen jenes
in dem man nicht nur auf Menschen trifft
sondern diese Menschen auch nicht sehen muss
solange man sich den heiligen Schriften widmet
ist typisch für Europa
zumal es, wie einst die griechische Agora, ein Platz ist
auf dem man sich den Blicken der anderen aussetzt
um ihnen standzuhalten

Ja, gut, es ist Anmaßung
wie ich sie schon eingestand
bei der Konzeption der Flaneurgeschichten
meines Europabuches:
Wo fände man die Geschichten eines neuen Europa

wo die Visionen eines neuen europäischen Lebensgefühls
wo die Mythen einer neuen, alten Welt
wie entstünde eine europäische Identität
die hinausgeht über bloße Ökonomie?
Wer könnte sie aufspüren, wer davon erzählen
wenn nicht Literaten
die in Kenntnis seiner alten und neuen Geschichten
den Kontinent wieder sinnlich erfahrbar machten
ihn mit Inspiration erfüllten
und den Bogen schlügen
von den Mythen des klassischen Europa
*zur Identität und zum Selbstverständnis eines neuen?**

Und die »Pax Romana«
beginnend mit einer »Pax Augusta«
die dem erweiterten Kontinent
samt Maghreb und Kleinasien
mehr als 200 Jahre überwiegend Frieden brachte
Prosperität und Sicherheit
wie es seither Politiker nie wieder geschafft haben
sollte einst von einer »Pax Europeana«
übertroffen worden sein.

* Aus: Alfred Zellinger, »Flaneurgeschichten aus der imaginären Metropole Europas«, Wien 2019

Autorenverzeichnis

DATO BARBAKADSE, geb. 1966 in Tbilissi/Georgien, ist ein georgischer Schriftsteller und Übersetzer. Seine letzten Gedichtbände in deutscher Sprache sind: *Meditation über den gefallenen Baum* (2016), *Das Gebet und andere Gedichte* (2018), *Wenn das Lied sich vom ermüdeten Körper befreit* (2018).

MICHAEL BENAGLIO war Leiter des »Forum Club Literatur«. Er ist Mitgestalter der »Literaturblüten« in Graz und Mitherausgeber der Literaturzeitschrift *Pappelblatt,* Chefredakteur der Literaturzeitschrift *Die Feder* sowie Preisträger der Gesellschaft der Lyrikfreunde.

ANA BILIĆ, geb. 1962 in Zagreb, ist Autorin und Filmemacherin. Sie schreibt Prosa und Lyrik sowie für das Theater. Info: www.ana-bilic.at.

MARZANNA DANEK, geb. in Krakau, hat Polonistik und Theaterwissenschaft an der Jagiellonen Universität in Krakau studiert. Sie unterrichtet die polnische Sprache an österreichischen Schulen und ist Gründerin polnischer Bibliotheken in Niederösterreich sowie im Burgenland. Sie ist Journalistin und schreibt Gedichte, Erzählungen, satirische Werke und Dramen.

WOLFGANG GEORG FISCHER, geb. 1933 in Wien, ist ein österreichischer Schriftsteller und Kunstexperte mit dem Spezialgebiet: die Wiener Klassische Moderne mit Klimt, Kokoschka und Schiele. Er war im Londoner Kunsthandel beschäftigt und führte die Kunstgalerie Fischer Fine Arts. Er war Präsident des österreichischen P.E.N.-Clubs und ist seit 2001 dessen Ehrenpräsident.

Frank Gerke, geb. 1965 in Bremen, hat Sinologie, Literatur, Linguistik, Vergleichende Religionswissenschaften, Chinesisch und Vietnamesisch studiert. Derzeit lebt er als Literaturwissenschaftler, Sprachlehrer, literarischer Übersetzer, Lyriker und Essayist in Ho-Chi-Minh-Stadt, Vietnam, und veröffentlicht auf Deutsch, Englisch, Vietnamesisch und Chinesisch.

Jacqueline Gillespie ist eine schottisch-österreichische Schriftstellerin. Sie hat Romanistik studiert, an der Wiener Neustädter Militärakademie die Ausbildung zur Reittrainerin absolviert und war viele Jahre in der Wirtschaft tätig. Sie schreibt Romane, Kurzgeschichten und Sachbücher. Info: www.gillespie.at.

Rüdiger Görner, geb. 1957, ist Professor of German Literature an der Queen Mary University of London. Letzte Veröffentlichungen: *Nausikaa oder: Die gefrorenen Wellen.* Roman (2015), *Hat man mich verstanden? Denkästhetische Untersuchungen zu Nietzsches (Selbst-)Wahrnehmungen* (2017), *Brexismus oder: Verortungsversuche im Dazwischen* (2018), *Thomas Manns erzählte Welt. Studien zu einem Verfahren* (2018), *Strandgut der Nacht.* Roman (2018); *Rendezvous im Immerwo.* Gedichte (2018), *Schreibrhythmen. Musikliterarische Fragestellungen* (2019).

Frank Hofmann, geb. Juli 1938 in Radebeul bei Dresden, ist Schauspieler. Ausbildung an der Otto-Falckenberg-Schauspielschule, München. Nach Engagements an Theatern in München, Graz, Basel, Dortmund und Köln ist er seit 1967 Mitglied des Ensembles Burgtheater Wien, außerdem Gründer und Leiter des *Güssinger Kultursommers,* Güssing/Burgenland.

Sarita Jenamani, geb. in Cuttack/Odisha, Indien, hat Wirtschaftswissenschaften und Management in Indien und Österreich studiert. Sie lebt in Wien und schreibt in Englisch, Hindi sowie in Oriya, ihrer Muttersprache. Zuletzt erschienen: *Inschriften auf Sanddünen/Inscriptures on Sand Dunes* (2017), *Is it the Sea you hear in me?* (2019, gemeinsam herausgegeben mit Manu Dash) sowie *Silence Between The Notes* (2019, gemeinsam herausgegeben mit Aftab Husain).

Angela Jursitzka, geb. 1938 in Böhmisch Leipa, lebt in Innsbruck. Sie ist verheiratet und schreibt seit ihrem 50. Geburtstag. Letzte Bücher: *Alle Kriege wieder* (2015), *Die Ehre der Frau Hitt* (2016) und die Biografie *Carl von Etzel* (2017 zusammen mit Dr. Pawelka).

Isabella Maria Kern, geb. 1968, ist Schriftstellerin und lebt in Oberösterreich. Derzeit schreibt sie an ihrem sechsten Buchprojekt. Mit ihrem Debütroman *Li – Tote Mädchen machen keinen Sex* (2016) hat sie das Thema Zwangsprostitution aufgegriffen. Sie setzt sich auch aktiv gegen Menschenhandel ein. Info: www.isabella-maria-kern.com.

Harald Kollegger, geb. 1955 in Bruck/Mur, war Nervenarzt in Wien und ist Vizepräsident des österreichischen P.E.N. Er hat Romane, Essays und Gedichtbände publiziert: *Sommerholz* (2001), *Nur Briefe* (2012), *Frisch geladen* (2013), *Nichts passiert* (2017), *Pallawatsch & Palaver* (2013). Er hat Gedichte von MK Ajay übersetzt (*Krallen in Wasserhaut,* 2019) und Anthologien mitherausgegeben.

Victor Klykov, geb. 1940 in Moskau, lebt seit 1983 in Österreich. Er hat zahlreiche Publikationen in internationalen, russischen und österreichischen Zeitungen, Zeitschriften und Anthologien publiziert und ist Autor von sieben poetischen Büchern.

Anna Krapfenbauer, geb. 1936 in Hohenwart, ist Kreativkursleiterin und Schriftstellerin. Sie ist Vizepräsidentin der Internationalen Friedensmission *Bertha von Suttner.*

Anja Krystyn, geb. in Ostrava, CSSR, emigrierte als Kind nach Österreich. Sie hat Medizin in Wien sowie internationale Beziehungen in Bologna studiert. Als Autorin lebt sie in Berlin. Sie hat Bühnenstücke zu gesellschaftspolitischen Themen, den Debütroman *Die Beine der Spitzentänzerin* (2015) sowie Kurzgeschichten *Alles Liebe?* (2017) publiziert.

Marlen-Christine Kühnel, geb. in Wien, war Exportleiterin, Eventmanagerin und Verlegerin. Sie hat zwölf Jahre im französischen Kulturinstitut gearbeitet und ist seit ihrer Jugend schriftstellerisch tätig: darunter diverse Veröffentlichungen in *etcetera, Literamus, LOG.* Lyrikbände, Romane, Erzählungen, literarische Fotokalender. Info: www.marlenchristine.com.

Karl Lubomirski, geb. 1939 in Tirol, lebt in Brugherio, Italien. Er hat 14 Lyrikbände in Deutsch publiziert, daneben Reisebücher, Aphorismen, Erzählungen, Bühnenstücke, Märchen und Rezensionen. Seine Lyrik wurde in 19 Sprachen übersetzt. Info: www.lubomirski.at.

Matthias Mander, geb. 1933, ist Autor von Erzählungen, Romanen und Dramen. Zuletzt: *Garanas oder die Litanei* (2001), *Der Brückenfall oder Das Drehherz* (2005), *Die Holschuld oder Garanaser Filamente* (2012), *Der Fall der Reichsbrücke* (2008), *Ledergeld* (2009), *Der Freispruch* (2010), *Geheimakte Tripolis* (2016).

Peter Miniböck, geb. 1946 als Peter Iwan Zaiser in Wien, ist ein österreichischer Schriftsteller und lebt in Mödling. Unter anderem hat er publiziert: *Die Unterredung* (2019), *Der Sandgräber* (2017), *Das Bukranion* (2016), *Die Unschuld des Verleumders* (2014), *Die Eigenart der Ereignisse* (2012), *Mutwillige Sommervögel* (2009), *wortkarg* (2008), *Iwan oder Die Stadt heißt immer noch Wien* (2006).

Helmuth A. Niederle, geb. 1949 in Wien, lebt in Wien und Streifing/NÖ als Autor, Übersetzer und Herausgeber. Er ist seit 2011 Präsident des Österreichischen P.E.N.-Clubs. Zuletzt erschienen die Gedichtsammlungen *Wandelgänge* (2017), *Bauplatz der Vergeblichkeit* (2018) und *Galerie der Ahnungen* (2019).

Elfriede Ott, geb. in Wien, ist Schauspielerin: Anfänge am Burgtheater, die nächsten 60 Jahre am Theater in der Josefstadt. Sie ist Gründerin der Schauspielabteilung des Konservatoriums der Stadt Wien, anschließend der *Ott-Akademie – Studio der Erfahrungen.* Mit Hans Weigel gründete sie zudem die *Nestroyfestspiele auf Burg Liechtenstein.*

Alfred Pfeifer, geb. 1946 in Wien, war Wiener Sängerknabe und hat eine Schauspielausbildung absolviert. Engagements u.a.: Schauspielhaus Graz, Würzburg, Wiener Burgtheater, Volkstheater Wien, Schauspielhaus Zürich, Basel, Luzern. Er ist Dozent für Sprechtechnik und dramatischen Unterricht an der Musikhochschule Luzern, Gesangspädagoge und Leiter von Rhetorik-Seminaren für Führungskräfte.

Helmut Reinalter war Professor für Geschichte der Neuzeit und Politische Philosophie an der Universität Innsbruck und ist Leiter des privaten Forschungsinstituts für Ideengeschichte sowie Dekan der Europäischen Akademie der Wissenschaften und Künste in Salzburg. Seine Forschungsschwerpunkte sind: Politische Geschichte der Neuzeit, Ideen- und Mentalitätengeschichte, Freimaurerforschung, Politische Philosophie, Theorien und Methoden der Geisteswissenschaften.

René Rumpold sang und spielte an vielen internationalen Theatern in den Fächern Oper, Operette, Musical und Schauspiel. Zu seinen BühnenkollegInnen zählten u.a. Elfriede Ott, Fritz Muliar, Agnes Baltsa und Alfredo Kraus. Info: www.rene-rumpold.at.

Cornelia Schäfer ist Filmemacherin, Sprecherin & Poetin. Als Moderatorin & Sprecherin ist sie in Österreich und Deutschland tätig. Zwei Lyrikbände wurden im Verlag Edition Vabene veröffentlicht. Dokumentationen wie *Joseph Mayseder* oder *Das Fieber der Debütanten am Wiener Opernball* wurden u.a. auf ORF III ausgestrahlt.

Elisabeth Schöffl-Pöll wohnt und wirkt als Autorin und Erwachsenenbildnerin in Hollabrunn und Krumau am Kamp. Sie ist

Gründerin der Literaturinitiative Dichtermühle und der Schreibakademie Hollabrunn und hat zahlreiche Schriften publiziert, zuletzt *Väter im Himmel – Männergeschichten und andere Bagatellen.* Als Gastdozentin hat sie an Germanistischen Hochschulen Polens gelehrt.

Ana Schoretits, geb. in Zagersdorf, Burgenland, war langjährige Mitarbeiterin beim ORF, dann Leiterin des Medienbüros der Diözese Eisenstadt. Sie schreibt in kroatischer und deutscher Sprache Gedichte, Kurzprosa, Essays und Dramen; zuletzt: *aushalten – Gedichte und spirituelle Annäherungen an Gott* (2019).

Elisabeth Schrattenholzer, geb. in Wien, hat Poetik, Sprachgestaltung und verwandte Themen an mehreren Universitäten Österreichs gelehrt. Sie veröffentlicht Romane, Kurzgeschichten und Lyrik sowie Sachbücher zum Thema Sprache.

Mitra Shahmoradi-Strohmaier, geb. in Abadan, Iran, hat in Teheran und Wien Malerei und Grafik studiert und lebt als freischaffende Künstlerin und Poetin in Wien.

Clementine Skorpil, geb. in Graz, hat Sinologie und Geschichte studiert. Seit 2008 lektoriert und schreibt sie für die *Presse* und ist Lehrbeauftragte an der FH Wien. Sie hat Romane und Erzählungen publiziert.

Martin Stankowski, geb. 1950, ist Bürger von St. Margrethen (Schweiz). Er hat Kunst- und allg. Geschichtswissenschaft studiert und war in der Praktischen Denkmalpflege in Süddeutschland sowie in der Schweiz tätig und hat ein eigenes Büro für Altbau- und Kulturberatung unterhalten. Er schreibt Kurzgeschichten, Novellen, Romane, Essays und Rezensionen.

Hans-Peter Stiegler, geb. 1958 in Wien, ist Facharzt für Gynäkologie und Geburtshilfe und niedergelassener Facharzt in Berndorf/

NÖ. Sein künstlerisches Schaffen umfasst Konzeptkunst, Installationen und Lyrik.

Robert Streibel, geb. 1959, ist Historiker und Direktor der VHS Wien-Hietzing. Er hat publiziert zu NS-Zeit, Widerstand, Exil und Eugenie Schwarzwald. Zuletzt erschienen: *April in Stein,* ein Roman über das Massaker im Zuchthaus Stein, und – gemeinsam mit Bernhard Herrman – *Der Wein des Vergessens* über die verdrängte Geschichte der Winzergenossenschaft Krems.

Kurt F. Svatek, geb. 1949 in Wien, ist Vizepräsident des NÖ P.E.N.-Clubs. Er hat bisher Gedichtbände, Aphorismen, Essays, Kurzgeschichten, Haiku sowie zwei Romane veröffentlicht. Außerdem ist er Verfasser mehrerer Artikel über Aspekte der Philologie und eines Lehrbuchs.

Gerald Szyszkowitz, geb. 1938 in Graz, war Regisseur und Dramaturg an verschiedenen Theatern in Österreich und Deutschland, Chefdramaturg des ORF, Fernsehspielchef des ORF, Aufsichtsrat des Burgtheaters, Direktor der Freien Bühne Wieden und Schauspieldirektor der Sommerspiele Schloss Hunyadi in Maria Enzersdorf. Er hat über 50 Theaterstücke und 21 Romane publiziert.

Claudia Taller war Psychologin beim Land Oberösterreich (Jugendwohlfahrt) und ist seit 2012 freie Schriftstellerin und Radiomacherin. Ihre Bücher: *Innensichten, MännerSichten, ich wollte dich anders, Der Tod sitzt auf Platz 31, PianoMorte, die nicht verzeihen* sowie *Im goldenen Geäst.* Info: www.claudia-taller.at.

Christine Tidl lebt in Seeboden, Kärnten, und ist römisch-katholische Religionslehrerin i. R., Psychologin und freie Autorin. Sie schreibt Lyrik und Kurzgeschichten und hat diese in Anthologien und Literaturzeitschriften publiziert.

Ilse Tielsch (auch Tielsch Felzmann), geb. in Südmähren, hat Zeitungswissenschaft in Wien studiert und ist Mitbegründerin des Literaturvereins *Podium*. Sie hat zahlreiche Bücher veröffentlich; zuletzt: *Manchmal ein Traum, der nach Salz schmeckt* (2011, Gesamtausgabe der Gedichte), *Das letzte Jahr* (2018).

Walter Weiss, geb. 1942 in Wien, war Philosophieprofessor an einem Wiener Gymnasium und Universitäts-Lektor an der Technischen Universität Wien für »Philosophie der Technik«. Er hat zahlreiche Bücher publiziert und den Verlag edition va bene gegründet und geführt. Zu seinen philosophischen Büchern zählen: *Religion ist Unheil, Atheismus, Selbst-Bewußt-Sein, Einstein und mehr, Gott. Wozu, Universum und Bewußtsein* und zuletzt *Im Anfang schuf ich Gott – ein etwas anderer Schöpfungsbericht* (2017).

Peter Paul Wiplinger, geb. 1939 in Haslach, Oberösterreich, hat Theaterwissenschaft, Germanistik, Philosophie studiert und lebt als Schriftsteller und künstlerischer Fotograf in Wien. Seine Gedichte wurden in mehr als zwanzig Sprachen übersetzt und als Gedichtbände publiziert.

Alfred Zellinger, geb. 1945 in Perg, Oberösterreich, lebt als Autor in Wien, Gmunden und Venedig. Er hat für Unilever, Procter & Gamble und die englische Werbeagentur Masius gearbeitet und war Marketingleiter bei Philips, Professor an der Kunstuniversität/Linz, Direktor der österr. Bank BAWAG PSK und zuletzt CEO von Bösendorfer.